KB137385

舟情의 화음사

모정의 한국사

초판 1쇄 인쇄 | 2009년 8월 25일
초판 1쇄 발행 | 2009년 8월 29일
초판 2쇄 발행 | 2010년 1월 7일

지은이 | 이은식
펴낸이 | 최수자
표지 · 본문 일러스트 | 주보희(ZOO BOY)
기획 · 제작 · 편집 | 고수형, 김수지
마케팅 | 신명선

표지 · 본문 디자인 | designstudio Rang
출력 | 동서출력
인쇄 | 대원인쇄
제본 | 경문제책
ISBN 978-89-962008-6-4 03900

펴낸곳 | 도서출판 타오름
주소 | 서울 은평구 녹번동 38-12 2층(122-827)
전화 | 02)383-4929
팩스 | 02)3157-4929
전자우편 | taoreum@naver.com
http:// blog.naver.com/taoreum

母情의 한국사

이은식 지음

타오름

홀륭하고 어진 어머니로 높이 추앙받는 현모賢母의 대표로는 맹자의 어머니가 늘 거론되곤 한다. 어린 아들을 위해 세 번씩이나 이사를 했다 하여 삼천지교三遷之敎란 말이 있고, 한때 맹자가 집을 떠나 공부하던 도중 집으로 돌아왔을 때 그 어머니가 칼로 베틀의 실을 끊으면서 "도중에 포기하는 공부는 베틀의 실을 자르는 것보다 더 어리석은 것이다"라고 훈계하여 공부를 지속하게 하였다는 단기지계斷機之戒라는 말도 유명하다.

학문에만 초점을 맞추어서 이야기했지만, 필자가 이 책을 통하여 말하고자 하는 바는 바로 이 땅의 수많은 어머니들이 예나 지금이나 자식의 장래를 위해서라면 고통과 멸시는 물론이요, 하나뿐인 목숨까지 버려가면서 오직 자식이 사람답게 살아주기를 염원했다는 숭고한 사실이다.

훌륭한 인물의 뒤에는 반드시 어질고 강한 어머니가 그림자처럼 존재하고 있다. 오늘날의 부모들은 물질적 풍요만을 최고의 가치로 여기고 행동으로 모범을 보여주지 않는 경우가 더 많은 듯하다. '착하고 정직하게 살아야 한다'는 가장 중요한 교훈을 말로만 떠들어대고 정작 행동으로는 보여주지 못하는 것이 대부분이니 말이다.

진정한 교육이란 장황한 말이 아니라 뼈를 깎는 아픔을 감수하는 행동으로 그 모범을 보여줄 수 있어야 할 것이며, 이것만이 자식의 앞날을 보장할 수 있는 유일한 희망이 될 수 있을 것이다.

어떤 사람은 다른 한두 사람의 선함과 성실함을 보고도 깨닫는 바가 있는

가 하면, 어떤 사람은 천 사람의 사적史籍을 보아도 그 유익함을 모르기도 한다. 오늘을 살아가고 있는 우리들은 선대 어버이들께서 살다 가신 흔적을 환하게 밝혀 놓아야 만이 후세인들이 지금의 우리처럼 우리의 길을 역사 속에 밝혀줄 것이라는 사실을 항상 염두에 두어야 할 것이다.

고금을 막론하고 현숙하고 희생적인 어머니들을 모두 기록한다면 몇 권의 책이 되어도 모자라겠지만 우리의 역사 속에서 필자가 개인적으로 감동받았던 몇 편의 이야기들을 묶어 보았다. 과거의 어머니들이 보여주는 현명한 교육의 자세가 현대의 모든 어머니들에게도 큰 감동과 지침이 될 수 있기를 바란다.

2009년 7월
신선이 노닐던 동네, 삼선동에서

아! 슬프도다. 돌이켜 생각하건데

하늘의 이치가 정상에 돌아오지 않고

남은 목숨이 떨어지게 되었는데

진실로 두렵거늘

우리 태부인의 좋은 말씀과 훌륭한 행실이 점차

암매瞎埋하여 후손에게 모범을 드리울 수 없으므로

감히 슬픔을 억제하며 아픔을 참고

손수 언행의 일통을 기록하여

몇 장을 등초해서

여러 조카에게 넘겨주는 것이다.

학자이자 대문호의 스승이었던 어머니

김만중의 어머니
|해평 윤씨|

학자이자 대문호의 스승이었던 어머니

김만중의 어머니 해평 윤씨

충신忠臣이면서 효신孝臣이었던 대문호 김만중

서포西浦 김만중金萬重하면 우리는 『구운몽九雲夢』, 『사씨남정기謝氏南征記』 등의 소설을 먼저 떠올린다. 그는 조선 중기 남인과 서인, 노론과 소론의 치열한 당쟁 속에서 늘 정의감을 가지고 앞장서서 왕에게 상소를 여러 차례 올렸으며, 이로 인하여 유배 생활을 세 번이나 겪어야 했다.

그러나 당쟁 속에서 옳고 그름을 가리고자 했던 정치가로서의 활약만큼이나 유배 생활을 통하여 드러난 김만중의 사상과 문학관은 더욱 매력적이다.

특히 김만중의 인간됨은 어머니에 대한 지극한 효에서 비롯되었다고 볼 수 있다. 김만중은 유복자로서 아버지를 보지 못하고 어머니의 가르침 아래서 자랐다.

도암陶庵 이재李縡는 김만중의 효도심을 평하기를

김만중 공은 성품이 지극히 효도스럽고 유복자로서 부공의 얼굴을 보지 못했음을 평생의 아픔으로 생각하였다. 거기서 모부인을 섬기기를 심히 사랑으로 한 나머지 모 부인의 뜻을 즐겁게 하는 것이 있으면 옛날의 효자 효래자孝萊子가 하던 병아리 울음소리와 어린아이의 울음소리까지 연출하였고, 모 부인이 즐기시던 옛 역사와 신기한 책으로부터 비관 잡기裨官雜記에 이르기까지 이들을 모아 밤낮으로 모 부인의 좌우에서 읽어 드려 웃음거리로 삼았고, 젊어서부터 늙을 때까지 공사公事가 아니고서는 모 부인 곁을 떠난 적이 없었으며, 매일 아침저녁의 신성晨省을 한번도 차질이 없었음을 이웃 사람들도 모두 알았다. 김 공의 지성스런 효도가 이와 같았다.

라고 할 정도였다. 이러한 김만중의 지극한 효심은 어머니인 윤씨의 애정어리면서도 엄격했던 훈육의 결과라 할 수 있을 것이다. 어머니의 지극한 보살핌 속에서 성장한 김만중의 일생을 잠시 살펴보도록 하자.

어려운 형편 속에서도 놓지 않은 헌신의 교육

김만중의 자는 중숙重叔, 호는 서포西浦, 시호는 문효文孝, 본관은 광산光山이며, 그의 부친은 병자호란 때 강화도에서 순절한 충정공忠正公 김익겸金益兼이다.

김만중의 부모는 병자호란 때 강화도로 피신하였는데, 청군에 의해 조정이 함락되자 울분을 참지 못한 김만중의 부친 김익겸은 순절하고 만다. 이후, 김만중을 잉태하여 만삭이 된 모친 윤씨尹氏가 강화도에서 서울로 귀경하던 중 배 안에서 김만중은 태어났다. 그래서 아명兒名을 선생船生이라 하였다.

모친 윤씨는 남편을 잃었기 때문에 강화도에서 나왔으나 오갈 데가 없어 형 만기萬基와 동생 만중 두 형제를 데리고 친정으로 갔다. 그렇지만 친정 역시 형편이 어려워 베틀을 돌리고, 수놓는 것으로 생계를 이어나갈 수밖에 없었다. 하지만 어려운 형편 가운데서도 혹시나 자식들의 공부에 방해가 될까 두려워 두 아들에게는 곤궁한 내색을 전혀 내보이지 않았다고 한다.

아들들에게 지식과 학문을 가르치기 어려운 형편을 감안하여 『소학小學』, 사략史略, 당시唐詩 등은 윤씨 자신이 직접 가르쳤고, 병자호란 이후로는 서적을 구하기가 어려워 『맹자孟子』, 『중용中庸』 등은 주식인 곡식을 많이 주고 사서 읽혔다.

한번은 『좌씨전左氏傳』 한 질의 값이 너무 비싸 자식들이 감히 사달라고 하지 못하자 생계의 수단이었던 베틀 가운데 있는 제일 좋은 베를 끊어서 사주었다고도 한다.

또 이웃에 살고 있던 홍문관 서리書吏를 통해 홍문관의 사서四書와
『시경언해詩經諺解』 등의 학업에 필요한 서적을 빌려서 윤씨가 하나
하나 손수 베낀 후 자식들에게 읽혔다고 하니, 윤씨의 자식들에 대한
학업과 훈도薰陶가 얼마나 정성스러웠는가를 능히 짐작하고도 남음
이 있다.

이러한 윤씨의 지극한 교육으로 김만중은 1665년(현종 6) 29세의 나
이로 문과에 급제하여 1674년(현종 15) 38세가 될 때까지 10년간 정언
正言, 부수찬副修撰, 헌납獻納, 사서司書 등의 벼슬을 역임하였다.

또한 30세 때는 그의 형 김만기가 조정 2품직에 올랐고, 35세 때에
는 질녀인 김만기의 딸이 세자빈(후일 인경 왕후)에 책봉되기에 이르렀
으니, 곤궁함 속에서도 교육의 끈을 놓지 않았던 어머니의 헌신이 두
형제의 영광을 통해 빛을 발하게 된다.

험난했던 정치 행보

다양한 김만중의 정치 활동 중에서도 중요 활동기는 숙종조인
1674년(현종 15)부터 1720년(숙종 46)까지이다. 숙종 재위 동안은 거의
사생활과 관련된 붕당정치가 가장 치열한 시기였으나, 왕권은 도리어
강화되어 임진왜란 이후 계속되어 온 사회 체제 전반의 복구와 정비
작업이 거의 끝나가면서 많은 치적이 남았던 시기이기도 했다.

숙종은 1674년에 즉위하였는데, 당시에는 예론禮論의 승리로 남인南人이 득세하였으나, 1680년(숙종 6) 허견許堅 등의 복선군福善君 추대 음모가 발각되어 남인들이 축출당하면서 서인西人들의 힘이 커지기 시작한다.

그 뒤 숙종은 숙원 장씨淑媛張氏를 총애하여 1689년(숙종 15) 장씨가 왕자 균均(후일 경종)을 낳자, 남인 정권은 세자 책봉 문제를 빌미로 다시 정계의 전면으로 나서면서 인현 왕후를 폐위시키고, 희빈禧嬪이 된 장씨를 왕비로 책봉하기에 이른다. 이때가 1690년(숙종 16)이다.

그러나 1694년(숙종 20) 폐출되었던 인현 왕후를 복위시킴으로써 남인은 정계에서 완전히 거세되었다. 반면 서인 또한 여러 갈래로 나뉘어 노론老論과 소론少論의 불안한 연정聯政이 지속되다가 1716년(숙종 42) 노론이 중용되기에 이른다.

여기에서 서포 김만중이 남해로 유배되는 기사환국己巳換局의 내용을 살펴보자.

인경 왕후仁敬王后 김씨金氏가 1680년(숙종 6)에 승하한 뒤 인현 왕후仁顯王后 계비繼妃 민씨閔氏가 1681년 왕비로 책립되었으나, 후사가 없자 후궁 소의 장씨昭儀張氏가 숙종의 총애를 받게 되었다. 장씨는 오라버니 장희재張希載를 중심으로, 인조의 서왕자 숭선군崇善君 징澂의 아들인 동평군東平君 항杭의 힘을 빌면서 농단이 심해졌고, 나중에는 궁중뿐만 아니라 조정에서까지 장씨 일당이 내사內事를 논간論諫하는 일까지 생겼다.

소의 장씨의 모친은 일찍이 조사석趙師錫의 비첩婢妾이었다. 그러나 장희빈과 장희재에 의해 조사석은 1687년(숙종 13) 우상右相까지 오르게 되고 영의정 김수항金壽恒은 파직되기에 이른다.

이때 김만중은 숙종에게 조사석과 김수항에 대한 처사가 부당하다고 상소하였다가, 이들의 신원伸寃은 왕을 능멸하는 행위라 하여 숙종의 노여움을 사게 되고 영의정 남구만南九萬, 예조판서 남용익南龍翼과 함께 1687년(숙종 13) 9월 14일 평안도 선천宣川으로 유배 보내진다. 이곳에서 김만중은 모 부인 윤씨를 위해 『구운몽』을 쓰기 시작하였고, 선천의 지명에 따라 서포西浦라는 호를 지었다. 선천의 유배 생활 중 장소의가 왕자 균을 낳아 이듬해에 특사로 풀려나게 된다.

그러나 1689년(숙종 15) 정월에 숙종이 왕자 균을 서둘러 세자로 책봉하려 하자 김만중을 비롯한 서인들은 강력하게 반대한다. 그러자 숙종은 장소의를 희빈으로 책봉하면서 원자의 명호名號까지 정하였다.

이때 송시열이 두 번이나 상소를 올려 원자 책봉의 시기가 아님을 주장하자 숙종은 이미 원자의 명호가 결정되었는데 그런 주장을 하는 것은 잘못이라며 분하게 여겼다. 그러던 차에 남인들이 송시열이 올린 상소를 반박하자 이를 계기로 삼아 송시열을 파직시키고 제주도로 유배시켰다가, 얼마 후에 다시 서울로 불러올리면서 전라도 정읍에 왔을 무렵에 사사하고 만다. 그때가 1689년으로 송시열의 향수는 83세였다.

당시 송시열의 의견을 따랐던 서인 다수가 파직되고 유배당하였는데, 김만중도 괘씸죄에 걸려 보사공신保社功臣의 칭호조차 삭탈당하고 절해고도絶海孤島인 남해로 유배를 가게 되었다. 이후 인현 왕후는 폐출되고, 장희빈이 결국 정비正妃가 된다.

　인경 왕후(김만기金萬基의 딸), 인현 왕후(민유중閔維重의 딸), 인원 왕후仁元王后(김주신金柱臣의 딸)는 모두가 소생에 왕자가 없고 희빈 장씨만 왕자를 낳았기에 인현 왕후와 서인 정권, 장희빈과 남인 정권의 치열한 싸움은 끊이지를 않았다.

　집권 권력에 따라 정치가 좌우되고 왕권 강화로 인한 후계자 선택 문제로 조정과 나라 안은 항상 시끄러울 수밖에 없었고, 이 중심에는 김만중이 존재하고 있었던 것이다.

뒤늦게 알게 된 어머니의 부고

　서포 김만중은 기사환국으로 인하여 1689년(숙종 15) 53세 되던 해에 남해로 유배를 오게 되는데, 이때의 광경이 『서포연보西浦年譜』에 다음과 같이 나와 있다.

　　남해의 적소로 가다. 윤 부인이 남성南城 밖 막차幕次에서 부군을 전송하게 되었는데 금오랑金吾郞[1]이 부군에게 자기네들만 먼저 출발하겠다고 청하여 말했다.

　　"들으니 대부인께서 나오셨다 하니 오늘은 잠시 머무르시고

---

1) 금오랑金吾郞: 의금부에 속한 도사都事.

내일 아침에 따라오셔도 무방합니다."

부군은 '그렇게 하는 것이 옳지 않다' 생각하고 함께 출발하자

고 하였다. 윤 부인이 말하기를

"나는 차마 네가 길 떠나가는 것을 보지 못하겠으니 먼저 돌아

가야겠다."

하고 가마에 올랐다.

부군은 가마 앞에서 절하여 하직하고 손수 가마의 주렴을 매

어드렸다. 윤 부인의 문 곁에 서서 바라보다 길이 구부러져서

가마가 보이지 아니하자 눈물이 흘러 문득 얼굴에 가득해져서

비로소 자리에 들어가 앉았다. 부인도 또한 거리가 약간 떨어

진 뒤에야 가마 안에서 소리 나지 않게 울어 우는 소리가 부군

에게 들리지 않도록 하였다.

이처럼 모부인 윤씨가 세상을 떠나기 전 김만중과의 마지막 상봉이

남해 유배지를 향하는 길에서 이루어졌다.

당시에 김만중뿐만 아니라 김만기의 큰아들 경헌공景獻公 김진구金

鎭龜는 제주에 유배되었고, 둘째 조카 김진규金鎭圭는 거제로 유배되

었다. 그리고 얼마 안 있어 셋째 조카 군수공 김진서金鎭瑞도 진도로

유배 가게 된다.

이러한 참담한 상황에서 김만중은 시 한수를 지어 자신의 심정을

드러낸다.

푸르고 아득하게 세 섬은 바다 구름 끝에 있고

방장方丈과 봉래蓬萊방와 영주瀛州[2]방가 가까이 잇닿아 있어

라.

삼촌과 조카, 아우와 형이 두루 나누어 차지하고 있으니,

사람들이 보기에 신선 같다 할 만도 하겠구나.

모든 것을 잃어버리고 현실과 유리된 유배지로 떠나는 서글픈 심정과 허무한 마음을 달래기 위해 쓴 시이다. 밖에서는 신선이 살고 있는 곳에서 신선 생활을 하는 것처럼 보이겠지만 적막하고 고된 자신의 처지를 위로하며, 신선과 같은 마음으로 적소謫所에서 생활하겠다는 심정을 담고 있다.

또한 효심이 극진했던 김만중이 그해 가을 유배지에서, 모 부인 생신일을 맞아 눈물로 쓴 시 한편이 전해진다.

사친思親

만목이 앞 다투어 얼어드는데

밤새 무심한 해풍海風만 뇌성처럼 우는구나.

등잔 앞에 홀로 앉아 주역을 읽나니

---

2) 방장方丈: 삼신산三神山의 하나. 동해에 있다고도 하며 지리산이라고도 한다.
　봉래蓬萊: 삼신산의 하나로 동쪽 바다 가운데 신선이 살고 불로초와 불사약이 있다는 영산.
　영주瀛州: 삼신산의 하나. 진시황과 한 무제가 불사약을 구하러 사신을 보냈다는 가상의 선경仙境.

한번 흘러간 세월은 돌아올 길 없구나.

오늘 아침 어머니 그립다는 말 쓰고자 하니

글을 미처 쓰기도 전에 눈물이 이미 흥건하구나.

몇 번이나 붓을 적셨다 도로 던져 버렸던가.

문집에서 바다 남쪽의 시는 빼버려야 하리.

　서포 김만중은 남해 유배지에 도착해서도 동요하지 않고, 먼저 남해 향교에 가서 『주자어류朱子語類』 전질을 빌린다. 그리고 날마다 완독하여 요점을 초록抄錄한 뒤 한 권의 책을 엮어 내니 후일 사람들이 『주자요어朱子要語』(주자찬요朱子纂要)라 하였다고 한다.

　김만중이 3년 동안 유배 생활을 한 곳은 남해읍에서 15킬로미터 정도 떨어져 있는 노도라는 섬이다. 노도는 남해군 상주면 백련리 행정 구역에 속해 있는 마을로서 자연 그대로의 모습을 간직하고 있다.

　현실과 고립된 이곳에서 서포 김만중은 생을 마감할 때까지 3년 동안 『구운몽』, 『사씨남정기』, 『서포만필』, 『주자요어』, 『윤부인행장』 등을 저술하였다.

　1689년 김만중이 남해로 유배를 왔던 해인 12월 22일에 어머니 윤씨는 세상을 떠났으나, 김만중은 해가 바뀐 1690년(숙종16) 1월이 되어서야 부고를 듣게 된다. 당상堂上에 앉아있던 김만중은 어머니의 소식을 듣고 깜짝 놀라 부르짖으며 정신을 잃고는 오랫동안 일어나지 못하였다고 한다.

　어머니의 상에 참여하지 못하는 김만중은 적소에 어머니의 위패를 모서놓고 곡을 하였는데 이를 들은 섬사람들 모두가 함께 슬퍼하고 마음 아파하였으며, 이웃의 할머니는 사립 밖에 앉아서 그의 곡이 그친 다음에야 자리를 떴다고도 한다.

그러던 중 1692년(숙종 18) 4월 30일에 동복童僕들이 지켜보는 가운데 김만중은 지병으로 세상과 하직하게 된다.

김만중이 작고하던 당시의 상황을 『서포연보』를 통해 살펴보자.

4월 경진작 기유일(30일)에 적사에서 고복하다

1692년(숙종 18) 4월에 김만중은 돌아가신 어머니를 몹시 그리워하느라 지나치게 마음 상하여 병이 되었다. 게다가 남녘땅이 찌는 듯 덥고 습해서 부습浮濕과 해수咳嗽와 혈담血痰[3] 등 증세가 해가 갈수록 차차로 심해졌다.

또 귀양살이하고 있는 여러 공公들이 차례로 세상을 떠났다는 소식을 잇달아 듣게 되자 3월에 육화공六化公 양거안梁居安에게 답장하는 편지에서는

'신상身上의 여러 증세들은 진실로 끝내 지탱해 낼 도리가 없고 같은 시기에 쫓겨난 신하들은 모두 세상을 떠나 거의 없으니, 인생은 진실로 한바탕 꿈인가 합니다. 지난 가을 형님과 걸

상을 마주하고 앉았던 일이 더욱 마음속에 또렷이 빛남을 깨
달았습니다.'

하였으니 아마도 병석에서 일어나지 못할 줄을 스스로 짐작했
던 것 같았다.

병이 심해져서 모시고 있던 사람이 약을 바치면 물리치며 말했다.

"내 병이 어찌 약을 쓸 병이겠느냐?"

마침내 이날 고복皇復하였다.

목사공은 이 부인을 뵈러 가서 아직 돌아오지 않고 단지 동
복 두어 사람만 곁에 있었다. 섬에 함께 유배 온 이가 안타깝게
여기어 염습을 해 드렸다.

5월에 다시 염습하여 널을 고향으로 옮기다

목사공이 급히 달려와 마지막 일을 소략하게 하였기 때문에
갖추어 다시 염습하여 널을 모시고 북으로 돌아왔다.

사위 이공(이이명)이 당시에 영해의 적소에 있었으므로 사람
을 보내어 제수祭需를 올렸다. 이윽고 부군의 뒤를 이어 남해
로 유배지를 옮기게 되었다.

순천의 영취산인 인성이 일찍이 부군이 있던 곳을 왕래하였는
데 이공을 내방하여 말이 부군에게 미치자

"맑고 깨끗하며 뛰어나 보통과는 다르고 또한 선어禪語도 능히
훤하게 알더니, 불행히도 여로에 오른 널이 섬을 나갔구나."

하고 드디어 눈물을 흘리며 서로 위로하였다.

부군이 적사謫舍에 일찍이 매화 두 그루를 심었는데 해마다 꽃이 피고 열매를 맺더니 이공이 섬에 들어오고 여로에 오른 널이 이미 북으로 돌아가자 두 그루의 매화는 황폐해진 뜰에 쓸쓸히 서서 초췌해 지면서 죽어가다가 이공이 자신이 살고 있는 집 앞에 옮겨 심으니 무성하게 다시 살아났다.

이공이 이르기를

"공(부군)이 매화를 좋아한 것은 바로 기미氣味가 서로 가까웠기 때문이고 매화가 공에게 살아 있을 때나 죽은 뒤나 한결같이 대했던 것은 진정 선비가 자기를 알아주는 이를 위하고 여인이 남편을 위하는 것과 같았으니 그 뜻이 슬퍼할 만한 것이 있다."

하고 부를 지어 칭송하였다.

김만중은 유배소인 남해 노도에서 자신의 불우한 처지와 어머니에 대한 걱정으로 인해 항상 실의와 병고로 지낼 수밖에 없었으며, 이러한 심경을 시들을 통해 표현하고는 하였다.

당시에 지어진 주옥같은 시들 중 역문한 몇 편을 소개하도록 한다.

남해 가는 길

물살 센 노량 해협이 발목을 붙잡는다.
선천서 돌아온 지 오늘로 몇 날인가.

윤 삼월 젖은 흙길을

수레로 천 리 뱃길로 시오리

나루는 아직 닿지 않고

석양에 비친 일몰이 눈부신데

망운산 기슭 아래 눈발만 차갑구나.

내 이제 바다 건너 한 잎

꽃 같은 저 섬으로 가고 나면

따뜻하리라, 돌아올 흙이나 뼈.

땅에서 나온 모든 숨 쉬는 것들 모아

화전을 만들고 밤에는

어머님을 위해 구운몽을 엮으며

꿈결에 듣든 남해 바다.

삿갓처럼 엎드려 앵강에 묻혀

다시는 살아서 돌아가지 않으리.

남쪽의 변방

서쪽 변방에선 해를 지낸 귀양살이

남쪽 변방에선 허연 머리의 죄수.

재처럼 사그라진 마음 거울 잡기 귀찮고,

피눈물 흘리며 정신없이 뗏목을 탔네.

해는 지는데 고향에선 서신도 없으니

가을 하늘 날아가는 기러기에 수심 띄우네.

여태까지 충효하기 소원이었는데

노쇠하고 시들어서 오래 쉴까 두렵네.

남해적사에 고목 죽림이 있음에

저 용문사龍門寺[4] 위에 한 뿌리에 자라난 나뭇가지도 어떤 것은
이미 병들어 사경에 있듯이 인간의 풍상도 서로 바꾸지 못하
는 것. 도끼로 나무를 찍듯 죽음만이 머뭇거리는구나. 아! 헤
어진 제형들이 무고들 하던 그때, 오색 비단 옷 입고 즐거이 놀
던 그때 그 얼굴들이 그립구나. 홀로 외로이 계시는 팔십 노모
사무친 한이 언제 풀리려나.

북풍이 매섭고 죽림으로 불어드는데 너[5] 생각 간절하고나. 남
쪽으로 유배되었으니 그 마음 얼마나 아팠겠느냐. 너마저 멀
리 남쪽 바다로 귀양 갈 줄 누가 알았으랴. 풍파가 거친 탓일
까, 반년을 두고 서찰이 끊겼네. 지금 내 병환은 낙조처럼 짙어
만 가는데 내 죽어 강변에 버려질 백골을 그 누가 거두어 줄까.

---

4) 용문사龍門寺 : 노도와 마주 보이는 신라 고찰.
5) 너 : 김만중의 조카들. 모두 제주도, 거제도, 진도 등에서 귀양살이를 하고 있었다.

효와 충을 바탕으로 한 자유로운 문학 세계

김만중의 가장 대표적인 문학 작품인 『구운몽』은 어머니 윤씨의 외로움을 위로하기 위해 지어졌으며, 『사씨남정기』는 숙종 때 기사환국의 잘못된 결정을 상징적으로 풍자한 것으로 알려져 있다.

여기에는 유교적 학문 소양뿐만 아니라 산수, 음악, 천문, 지리에도 능하였던 김만중의 폭넓은 세계관과 인습에 매이지 않은 개방적인 비판 정신이 들어 있다.

당시 퇴계를 비롯한 성리학자들은 불교는 물론이고 양명학까지도 선학禪學이라 하여 정신적인 학문을 이단으로 배격하였다.

그러나 김만중은 불교가 성리학에 미친 영향을 밝히면서 불교를 옹호하였고, 이러한 내용이나 그 사상은 『서포만필西浦漫筆』을 비롯해 그의 문학 전반에 반영되어 있다.

이처럼 김만중은 경직되어 있는 당대의 사회를 비판적으로 바라보면서 자유로운 지성으로서 학문을 연구하고 삶 속에서 실천하던 시대를 앞선 인물이었다. 그리고 본인도 한문학에 있어 일인자로 손꼽히는 대가였음에도 불구하고 한문학의 굴레에 꽁꽁 묶여 있는 관습을 비판하고 한글을 천대하던 사대부들의 세상을 극복하며 통속 소설을 써내기에 이른다.

김만중은 우리의 언어에 대한 앞선 견해에 대해 자신의 수필집 『서포만필』에서 다음과 같이 밝히고 있다.

사람의 심정이 입으로 발표되면 말이 되고 말에 절주를 붙이면 시가와 문부文賦로 된다. 여러 나라의 말은 비록 같지 않으나 진실로 언어를 잘 구사할 줄 아는 사람이 있어 각기 그 나라 언어에 맞게 절주를 붙인다면 모두 충분히 천지를 감동시키고 신명에 통할 수 있다. 이는 유독 한문만이 그런 것은 아니다. …(중략)

지금 우리나라의 시와 산문은 자기 나라의 말을 버리고 남의 나라 말을 배워 쓰고 있으니 설사 그것이 십분 근사하게는 될지라도 그것은 앵무새가 사람의 말을 흉내 내는데 지나지 않는다. 그러나 시골에서 나무하는 아이들이나 물 긷는 부녀자들이 부르는 노래가 비속하다고들 말하지만 그 참다움과 거짓을 가지고 말한다면 소위 사대부들의 시나 산문 따위와는 비교할 수조차 없다. …(후략)

김만중은 사대주의에 사로잡힌 양반들이 자신이 태어난 나라의 말과 글을 천시하고 힘이 큰 나라의 글을 숭상하면서 그것을 모방하고 답습하는데 급급해 하는 모습, 그리고 국문을 사용하는 문학을 격이 낮은 것으로 여기며 천대하는 잘못된 사상과 맞섰다. 기존의 권위와 틀에 대하여 다른 생각을 피력하는 일은 지금도 쉽지 않은 일이다.

김만중은 솔직하고 참다운 아름다움을 사실 그대로 받아들였으며, 한시보다도 국문으로 된 가사 작품들인 정철의 『송강가사松江歌辭』 중에서도 「관동별곡關東別曲」, 「사미인곡思美人曲」 등을 높이 평가하였다. 그가 『송강가사』에 대해 평한 글이 남아 있다.

> 「관동별곡」, 「사미인곡」, 「속미인곡續美人曲」 이 세 가지는 천
> 지조화의 미묘한 것이 스스로 나타난 것으로서 거기에는 비속
> 한 것이라고는 조금도 없다. 과거부터 지금에 이르기까지 조
> 선의 참다운 문장으로는 오직 이 세 편을 들 수 있을 것이다.

어느 나라 문학이든 모국어에 기초해야 한다는 견해는 당연한 일일
수도 있지만 현재의 우리에게도 강대국에 대한 사대주의가 분명 존재
하는 사실을 보았을 때, 당시 김만중이 밝힌 입장은 시대를 뛰어넘는
자주적이고 독창적인 것이었다.

김만중은 당시 인정받지 못했던 소설에 있어서도 깊은 이해를 가지
고 있었으며, 소설이 인간의 생각이나 감정에 갖는 영향력을 알고 있
었다. 대개의 양반들은 소설이 도덕과 풍기를 문란하게 하고 사람들
의 교양에 해로운 것으로 인식하였기에 소설을 창작하거나 그것을 읽
는 것에 대해 이상한 눈으로 바라보았으나 그러한 편견 속에서도 김
만중은 다수의 완성도 높은 국문 소설들을 창작하였다.

김만중은 소설의 역할에 대한 자신의 견해를 『동파지림東坡志林』의
말을 인용하여 『서포만필』에서 밝히고 있다.

> 항간에 옛날 책을 이야기하는 자가 있어 삼국 시대의 역사를
> 말할 때 유현덕이 졌다고 하면 눈물을 흘리고 조조가 패했다

고 하면 통쾌하여 좋아 날뛰었으니 이것이 나관중의『삼국지
연의三國志演義』의 권여인지 알 수 없다. 지금 진수의『삼국지
三國志』나 사마온공의『통감』같은 것으로는 올 사람이 없으니
이것이 통속 소설을 쓰는 이유이다.

김만중의 저서로는 한시 문집인『서포집西浦集』과 수필·평론집인
『서포만필』등 외에도 국문 소설과 시가도 많이 창작하였다. 국문 소
설『구운몽』과『사씨남정기』는 현존하나 국문 시가는 유감스럽게도
보존되지 못하였다.
다만『서포행장西浦行狀』에

악부가곡에 능하여『무산곡』,『연연곡』,『조첩곡』등의 가곡을
편곡하고『채상행』,『비파행』,『왕소군』,『두견제』등 수많은
가사를 지었다.

는 기록이 남아 있을 뿐이다.
김만중은 유배 생활 중 남해 노도에서 생을 마감할 것을 예견하였
는지 그동안의 모든 것을 정리하여 후세에 남겼다.

김만중의 주옥같은 문학 작품 중에서도 대표작인 『구운몽』과 『사씨남정기』를 간략히 소개하도록 한다.

구운몽九雲夢

김만중은 어머니에 대한 효심이 깊어 어머니를 기쁘게 하는 일이라면 무엇이나 다 해 드렸다고 한다. 어머니가 좋아하는 고대로부터 내려오는 옛날 이야기책들은 물론 중국의 소설책까지도 구해 드렸으며 또 그가 직접 어머니에게 옛날 이야기책을 읽어 드리기도 했다.

유배지에서 어머니를 위로해 드리기 위해 『구운몽』을 지었다는 이야기는 잘 알려져 있으며, 중국에 사신으로 들어갈 때 중국의 이야기책을 사가지고 오라는 어머니의 당부를 잊었다가 압록강을 건너와서야 생각하고 가마 속에서 쓴 『교중기』역시 어머니에 대한 김만중의 정성이 얼마나 지극했는가를 보여준다.

『구운몽』은 장회체 형식으로 된 장편소설로서 낭만주의적 성향이 짙으며 불가의 이야기를 빌어 온 작품이다.

| 줄거리 |

당나라 때 천상의 선녀인 위 부인은 상제로부터 명을 받고 선녀들과 함께 형산 연화봉으로 내려왔다. 이때 서역으로부터 육관 대사六觀大師란 도사가 와서 법당을 짓고

불법을 강설하고 있기에 동정호洞庭湖의 용왕도 사람으로 변하여 육관 대사의 불법을 듣고 갔다.

육관 대사는 용왕에게 사례하기 위해 수제자 성진性眞을 용궁으로 보내었고, 이에 위 부인은 팔선녀를 보내어 대사에게 인사를 드리게 한다. 팔선녀는 대사한테 왔다가 돌아가는 도중, 용궁에서 돌아오는 성진을 석교상에서 만나 잠시 대화를 나누었다.

이것이 죄가 되어 성진과 팔선녀는 인간세계로 추방되어 성진은 수주현에 사는 양 처사의 아들 양소유楊少游로, 팔선녀는 각기 화음현에 사는 사람들의 딸들로 태어나게 된다.

양소유가 태어난 후, 양 처사는 신선이 되어 승천하였고 양소유는 여덟 선녀와 우여곡절을 거치면서 차례로 만나게 된다.

그러던 중 토번이 침공하여 오자, 양소유는 대원수가 되어 출전하였고 진중에 있던 양소유는 어느 날 꿈을 꾼다.

양소유는 남해 왕자와의 강제 혼인을 거부하고 가출을 한 동정 용왕의 딸인 백능파에게 초대되어 평생을 언약한다. 이 사실을 안 남해 왕자는 양소유를 공격하지만, 그는 귀신 병사들의 도움을 받아 남해 왕자를 격퇴시키고 백능파와 함께 동정 용왕을 찾아 혼인 사실을 알리니 동정 용왕은 환대한다.

양소유가 꿈에서 깨 보니 적은 이미 패배하여 퇴각한 후였다. 개선하여 돌아온 양소유는 여덟 부인을 처첩으로 거느리고 60세가 넘도록 행복하게 살았다. 그러던 어느 날 생일을 맞은 양소유는 종남산에 올라 가무를 즐기던 중 옛 영웅들의 황폐한 무덤을 보고는 문득 인생의 무상함을 느끼게 된다. 출가를 결심한 양소유가 여덟 부인과 작별을 하려는 앞에 육관 대사가 나타나자 그는 자신을 정도正道로 인도해 줄 것을 청한다.

꿈같은 참선을 끝낸 성진은 자신이 기나긴 윤회의 꿈을 꾸었다고 생각하고 육관 대사의 앞으로 나가 "윤회의 끝없는 길을 걷게 될 몸인데 꿈을 깨게 해 준 스승에게 감사하다" 말하니, 육관 대사는 양소유에게 여전히 그가 꿈을 꾸는 중이라고 했다.

다시 몽롱해진 성진이 정도로 일깨워 달라고 간청하자, 육관 대사는 곧 손님이 찾아올 것이니 잠시 기다리라고 한다. 손님은 다름 아닌 팔선녀로 그들 또한 불법에 귀의하겠다고 하므로 육관 대사는 그들 앞에서 다시 『금강경金剛經』을 설법한다. 성진은 깨달음의 지혜를 얻게 되고, 제자 성진의 득도를 본 육관 대사는 의발을 성진에게 전해 주고 고국 인도로 귀국하였다. 성진은 스승의 자리를 이어 중생을 제도하고는 여덟 여인과 함께 극락세계로 돌아간다.

사씨남정기謝氏南征記

『구운몽』과 같이 장회체 형식으로 된 작품으로서 최초의 국문소설로 알려져 있다. 『사씨남정기』는 1688년(숙종 14) 숙종이 정실부인인 인현 왕후를 좇아내고 궁녀 장희빈을 왕비로 맞은 처사를 간지諫止하기 위하여, 즉 성심聖心을 회오悔悟시키기 위하여 썼다고 한다.

『사씨남정기』에 대하여 김만중의 종손인 북헌北軒 김춘택金春澤은

> 서포는 국어로 소설을 많이 썼는데 그중 『사씨남정기』는 보통 소설과는 달리 등한시할 수 없는 것이었다. 그렇기 때문에 내가 이를 한문으로 번역하고 거기에 다음과 같이 첨부하여 썼다. 언어 문자란 사람을 교화시키는 것이 중요한바 유교의 경서들이 모두 그러하다. …(중략)… 그러나 패관 소설들은 거의 황탄한 것이 아니면 부화한 것이 보통인바 인류 세교에 도움이 있는 것은 오직 『사씨남정기』이다.

라고 말하였다.

소설 『사씨남정기』는 숙종의 그릇된 처사를 간지하기 위한 직접적인 창작 동기를 넘어서 전반적인 봉건 사대부들의 모순과 갈등을 폭로하면서 축첩제도의 불합리함과 지배계급 내부의 부패상 등을 폭넓게 비판하였다.

| 줄거리 |

유연수劉延壽는 명나라 개국공신 유현劉炫의 후예로서 명문거족의 딸이면서 재색을 겸비한 사씨謝氏 부인을 맞이한다. 유연수는 사씨와 아무런 부족함이 없이 안락하게 지내었지만 슬하

에 자식이 없음을 항상 아쉬워하였다.

부인 사씨는 결국 교씨喬氏를 소실로 맞이할 것을 권유하게 된다. 그런데 소실 교씨는 성격이 고약하고 요사스러운데다가 질투심 또한 매우 강하였다.

교씨가 아들을 낳은 뒤 정실부인 사씨도 잉태하여 아들을 낳자 교씨는 사씨를 모함하게 되고, 그 간교에 넘어간 유연수는 사씨를 집안에서 내쫓고 만다. 집안을 독차지한 교씨는 시녀들을 이유 없이 학대하고, 문객인 동청과도 사통하면서 남편 유연수를 해치려는 음모를 꾸민다. 교씨의 계략에 휘말린 유연수는 결국 행주로 유배를 당하게 된다.

한편 현령이 된 동청이 백성들의 고혈膏血을 빠니 원성은 점점 높아가기만 했다. 이때 유연수가 유배에서 풀려나 북쪽으로 돌아온다는 사실을 알게 된 동청은 유연수를 죽이려 한다.

그러나 다행히 사씨의 음덕을 입어 간신히 위기를 모면하였고, 유연수는 사씨와 재회하여 교씨를 처벌한다.

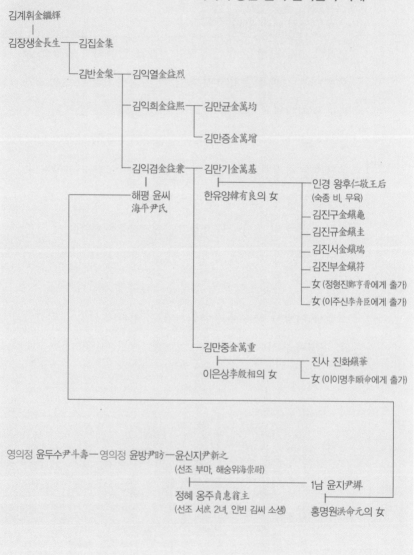

김만중의 어머니 해평 윤씨와
아버지 광산 김씨 김익겸의 가계

김계휘金繼輝
│
김장생金長生 ─┬─ 김집金集
　　　　　　　│
　　　　　　　└─ 김반金槃 ─┬─ 김익열金益烈
　　　　　　　　　　　　　　│
　　　　　　　　　　　　　　├─ 김익희金益熙 ─┬─ 김만균金萬均
　　　　　　　　　　　　　　│　　　　　　　　│
　　　　　　　　　　　　　　│　　　　　　　　└─ 김만증金萬增
　　　　　　　　　　　　　　│
　　　　　　　　　　　　　　└─ 김익겸金益兼 ─┬─ 김만기金萬基
　　　　　　　　　　　　　　　　　　　　　　　│　한유양韓有良의 女
해평 윤씨
海平尹氏
　　　　　　　　　　　　　　　　　　　　　　　┌─ 인경 왕후仁敬王后
　　　　　　　　　　　　　　　　　　　　　　　│　(숙종 비, 무육)
　　　　　　　　　　　　　　　　　　　　　　　├─ 김진구金鎭龜
　　　　　　　　　　　　　　　　　　　　　　　├─ 김진규金鎭圭
　　　　　　　　　　　　　　　　　　　　　　　├─ 김진서金鎭瑞
　　　　　　　　　　　　　　　　　　　　　　　├─ 김진부金鎭符
　　　　　　　　　　　　　　　　　　　　　　　├─ 女 (정형진鄭亨晉에게 출가)
　　　　　　　　　　　　　　　　　　　　　　　└─ 女 (이주신李舟臣에게 출가)

　　　　　　　　　　　　　　　　　　　　　　└─ 김만중金萬重
　　　　　　　　　　　　　　　　　　　　　　　　이은상李殷相의 女
　　　　　　　　　　　　　　　　　　　　　　　　　┌─ 진사 진화鎭華
　　　　　　　　　　　　　　　　　　　　　　　　　└─ 女 (이이명李頤命에게 출가)

영의정 윤두수尹斗壽 ─ 영의정 윤방尹昉 ─ 윤신지尹新之
　　　　　　　　　　　　　　　　　　　　(선조 부마, 해숭위海崇尉)
　　　　　　　　　　　　　　　　　　　정혜 옹주貞惠翁主
　　　　　　　　　　　　　　　　　　　(선조 서庶 2녀, 인빈 김씨 소생)
　　　　　　　　　　　　　　　　　　　　　　　　　　─ 1남 윤지尹墀
　　　　　　　　　　　　　　　　　　　　　　　　　　　홍명원洪命元의 女

어머니 해평 윤씨 가계의 내력

어머니 해평 윤씨의 **고조부 윤두수**尹斗壽는 1533년(중종 28)에 태어난 조선 시대의 문신으로 군자감정軍資監正 변忭의 아들이다. 자는 자앙子仰, 호는 오음梧陰, 시호는 문정文靖이다.

1555년(명종 10) 정시庭試에 장원급제, 1558년 대과大科에 급제, 전랑銓郎으로 권신 이양李樑이 아들을 천거하는 것을 끝내 거절하다가 파면되었으나 이양이 별안간 실각하자 수찬修撰으로 복직했다.

선조 때 이·공·형·호조의 참의를 거쳐 대사간과 대사헌에 이르렀으나 1578년(선조 11) 이수李銖의 옥사에 연좌되어 아우 근수根壽와 함께 파직당했다. 이후 대사간 김계휘金繼輝의 주청으로 복직되었다.

연안 부사로 나아가 1580년 흉년에 힘써 백성을 도와 어사로부터 표리表裡를 받고 표창되었다. 한성 좌윤, 오위부총관, 형조 참판, 전라도 관찰사를 거쳐 1590년(선조 23) 평안도 관찰사 때 종계변무宗系辨誣의 공으로 광국공신光國功臣 2등으로 책록되고 해원군海原君에 피봉되었다.

형조판서를 거쳐 대사헌 때 당론에 연좌되어 회령에 유배되었다가 특명으로 해주로 옮겨졌다. 1592년 임진왜란 때 선조에게 용서받고 관작이 복구되어 왕을 모시고 서행하여 개성에 이르러 어영대감이 되고 우의정에 올랐다. 평양에 도착한 후 좌의정이 되어 군국의 정무를 지체 없이 처리하였다.

왜군이 평양에 육박해 오자 여러 신하들이 함흥으로 옮기자 하고 왕도 뜻이 같았으나, 윤두수는 영변이 방어에 함흥보다 낫다 하면서 끝내 뜻을 관철시켰다. 후에 함흥이 함락되고 이어 두 왕자가 포박되자 그제야 그의 선견지명에 모두들 탄복하였다.

1594년(선조 27) 세자를 모시고 남하하여 3도 체찰사를 겸직하고, 1595년 판중추부사로 중전中殿을 모시고 해주에 다녀왔으며, 1598년 다시 좌의정, 1599년(선조 32) 영의정에 올랐으나 논난論難당하여 사임하고 1601년(선조 34) 남파南坡에서 여생을 마쳤다.

해평 윤씨의 **증조부 윤방**尹昉은 1563년(명종 18) 태어나 1640(인조 18)에 사망하였다. 자는 가회可悔, 호는 지천稚川, 시호는 문익文翼이다.

1588년(선조 21) 문과에 급제, 승문원정자承文院正字를 거쳐 1591년 예문관검열겸춘추기사관으로 있을 때 아버지 윤두수가 당화를 입어 귀양 간 후 병을 이유로 휴직하였다. 이때 조정에서 수차 불렀으나 나가지 않다가 임진왜란 때 윤두수가 다시 재상으로 기용되자 예조정랑이 되어 아버지와 함께 왕가王駕를 모시고 따라갔다.

병조랑兵曹郎, 수찬, 응교, 직강을 거쳐 사예로 있을 때 당론으로 인하여 윤두수가 퇴직당하자 대각臺閣을 그만두고 군기시첨정軍器寺僉正이 되었으며 경상도순어사慶尚道巡御使로서 성적을 올려 군기정軍器正에 승진한 후 평산平山 부사가 되었다.

1597년 정유재란丁酉再亂 때 선조는 둘째 아들을 옹주의 부마로 삼고 해숭위海嵩尉를 주었다. 윤방은 부친상을 치르고 동지사로 명나라에 다녀와 아버지의 작봉을 이어 받아 해평 부원군海平府院君에 피봉되고 부총관으로 병조참판을 겸하였다.

도승지, 한성판윤, 견지의금도총관을 거쳐 광해군 초에 형조판서에 이르렀으나 항상 근신하여 왕실 인척의 특은을 받지 않아 광해 난정 光海亂政 때 인척과 중신들이 모두 화를 입었으나 윤방만이 홀로 면할 수 있었다.

인조반정으로 우의정과 좌의정을 거쳐 1627년(인조 5) 영의정에 이르렀고, 1636년 병자호란 때 묘사제조廟社提調로서 묘사를 받들고 강화에 들어가 사위社位 40여 주를 땅에 파묻어 적화賊火를 면하게 했다. 그러나 난이 끝난 후 왕후 1위를 분실한 책임을 논하는 조론朝論에 인조도 하는 수 없이 연안延安에 귀양 보낸 후 곧 고향에 방환시켰고 이해 겨울에 영중추부사로 승진되었다.

해평 윤씨의 **아버지인 윤지**尹墀는 1600(선조 33)에 태어나 1644년(인조 22) 사망하였다. 자는 군옥君玉, 호는 하빈옹河濱翁이며 해숭위海嵩尉 신지新之의 아들이다.

20세에 문과에 급제하였는데 귀족의 자제로서 대과에 급제한 것은 처음이었다.

시강원설서侍講院設書에 이르렀으나 광해군의 난정을 보고 영달에 뜻이 없어 조정에 나오는 일이 드물었다. 인조가 반정한 후에 삼사三司를 역임하고 수원 부사가 되어 여씨呂氏의 향약鄕約을 본받아 교조敎條를 설정하고 백성을 교화시켰으며 부병府兵 3천 명에 대하여 장정壯丁으로 교체하고 군기軍器를 정비하여 정병精兵으로 개편하였다.

1636년(인조 14) 호란胡亂에 성균관으로 뛰어가서 생원 등 수인數人과 더불어 동서양무東西兩廡의 위판位版을 산에 묻고 오성십철五聖十哲의 위판을 받들고 남한산성에 들어가서 분향행례焚香行禮를 폐하지 않았다.

예조참판을 거쳐 전라도 관찰사가 되어 1638년(인조 16) 조부 방昉이 피소되자 삭직되기를 청하였으나 허락 받지 못하고 경기 감사에 옮겨 이듬해인 1644년(인조 22)에 사망하였다. 글씨를 매우 잘 썼던 것으로 유명하다.

아버지 광산 김씨 가계의 내력

김만중의 **증조부 김장생**金長生은 1548년(명종 3) 출생하여 1631년(인조 9)에 사망했다. 자는 희원希元, 호는 사계沙溪, 시호는 문원文元이다.

대사헌 계휘繼輝의 아들로 처음에 구봉龜峰 송익필宋翼弼에게 예학禮學을 배우고 뒤에 율곡栗谷 이이李珥에게 성리학을 배워 통달하였으며 학식이 높아 예학파 유학의 거두가 되었다.

나라의 전례典禮나 모든 행사에 의문이 있으면 다 김장생에게 상의하였으며, 인조가 생부 정원군定遠君을 원종元宗으로 추존할 때에도 역시 김장생에게 의견을 물었는데 그는 이에 반대하여 의견이 상반되자 관직을 사퇴하고 고향에 내려갔다.

사계의 예학은 다시 우암尤庵 송시열宋時烈에 전하여 서인을 중심한 기호학파에서 크게 성했으니 그 후 모든 의례의 규범이 되었다. 여러 번 나라의 부름을 받았으나 벼슬에 오래 머무르지 않았고 마지막에는 형조참판에 임명되었으나 받지 않았다.

성품이 너그럽고 순박하며 문장과 글씨에도 뛰어났다. 글을 읽다가 깨닫는 바가 있으면 그 자리에서 적어 책을 지으니 모든 사람들이 덕행 군자라 일컬어 추앙하였다.

김만중의 **아버지 김익겸** 金益兼의 자는 여남汝南, 시호는 충정忠正이다. 1636년(인조 14) 청나라가 사신을 보내 모욕적인 조건 아래 국교를 맺자고 하니 김익겸이 상소하여 청나라 사신의 목을 베자고 하였다.

이해 겨울에 병자호란이 터져 왕은 남한산성으로 피난하고 김익겸은 강도江都로 피하였다가 전세가 불리해지자 김상용金尚容과 함께 남문에서 화약에 불을 지르고 자결하였다. 뒤에 왕이 시호와 함께 영의정을 추증하였다.

김만중의 조카이자 **김만기의 아들 김진규** 金鎭圭는 1658년(효종 9) 태어났다. 송시열宋時烈의 문인으로서 1682년(숙종 8) 진사시에 수석으로 합격하고, 1686년 정시문과에 갑과로 급제하였다. 이조좌랑 등을 역임하던 중 1689년(숙종 15) 기사환국으로 남인이 집권하자 거제도로 유배되었으나, 1694년(숙종 20) 갑술환국甲戌換局으로 서인이 재집권함에 따라 지평으로 기용되었다. 이후 노론과 소론의 대립이 깊어지자 1695년 소론인 남구만南九萬에 의해 척신戚臣으로서 월권행위가 많다는 탄핵을 받고 삭직되었다. 1699년(숙종 25)에는 스승을 배반하였다는 명목으로 윤증尹拯을 공박하기도 하였다. 이후에도 여러 관직을 역임하였으며 병조참판으로 재직 당시 소론에 의해 유배당하였다가 2년 뒤 풀려나왔다.

문장에 뛰어나 반교교서頒教教書, 서계書啓를 많이 작성하였으며 전서, 예서 및 산수화와 인물화에 뛰어나 신사임당의 그림이나 송시열의 글씨에 대한 해설을 남기기도 하였다. 김진규의 글씨로는 「강화충렬사비江華忠烈祠碑」, 「대헌심의겸비大憲沈義謙碑」, 「증지평이령비贈持平李翎碑」가 있다. 대표적인 노론으로서 스승 송시열의 곁을 충실히 지켰다. 1716년(숙종 42) 세상을 떠났으며 거제의 반곡서원盤谷書院에 제향되었다. 자는 달보達甫, 호는 죽천竹泉, 시호는 문청文淸이다. 누이동생은 숙종의 비인 인경 왕후仁敬王后이다.

1766년(영조 42) 영조가 치제致祭하였으며 1773년(영조 49) 그 문집 간행에 재물을 하사하고 서문을 친제親製하였다. 문집으로『죽천집竹泉集』, 편서로『여문집성儷文集成』이 전한다.

연꽃과도 같은
삶의 행적

탄생 393년을 맞은 해평 윤씨 부인을 뵈러 가는 길

충신 박팽년이 마지막 문초를 받으면서 이제는 곧 황천객이 될 것을 알고 문초를 담당하던 수장 구치관을 불렀다. 구치관은 박팽년이 마지막 유언을 남기려 한다는 것을 알아차리고 잠시 들어보기로 하였다. 경학, 문장, 필법에 능숙한 집현전의 집대성이라고 추앙받던 학자 박팽년은 유언으로 시조 한 수를 남겼다.

금생여수金生麗水라 한들 물마다 금이 나며
옥출곤강玉出崑岡이라 한들 뫼마다 옥이 나며
아무리 여필종부女必從夫라 한들 님마다 다 좇으랴.

시를 듣고 난 구치관은 금세 얼굴이 벌개졌다. 세조에게 아부하며 이리저리 주관 없이 흔들거리던 간신배 무리들에게 던지는 날카로운 꾸짖음이었기 때문이었다.

모든 사람에겐 두 아비가 없는 것처럼 '참된 신하는 두 임금을 섬기지 않는다' 라는 말과 글은 조선조 519년 역사에서 으뜸으로 가리키고 배우는 글귀였다. 그리고 두 임금이란 곧 두 왕비를 통칭하는 뜻도 될 것이다.

우리나라 국민이라면 서포 김만중을 모르는 사람은 없을 것이다. 그는 정치적으로 학문적으로 또 예술적으로 모든 분야에서 두각을 나타내면서, 두 왕비를 섬길 수 없다는 조선조 충신의 모습을 일생을 통해 몸소 실천한 인물이었다.

그러나 김만중이 그렇게 훌륭한 인물로 되기까지의 과정에는 어머니 해평 윤씨라는 덕부德婦가 있었기에 가능했던 일이다. 김만중의 충신으로서의 행적은 어머니에 대한 지극한 효성에서 비롯되었으니 어머니의 교육이 일생의 지침이 되었던 것이다.

해평 윤씨 부인의 덕행에 대해서는 행록에서도 자세히 밝히고 있지만, 필자는 다음과 같이 평하고 싶다.

우리나라 사찰 어느 곳에 가도 쉽게 볼 수 잇는 만다라화(연꽃)가 있다. 이 꽃은 진흙 속에 살지만 더러움에 물들지 않고, 맑은 물에 씻는다 해도 결코 요염하게 보이지 않고, 꽃대는 속을 비우고 줄기는 곧아 화통하지만 소신이 뚜렷하며, 덩굴져 있어도 엉킴이 없고 가지가 없어 의견의 나누어짐이 없고, 향기는 멀수록 맑아 꽃 가운데 으뜸이라고 칭하는데, 부인의 삶이야 말로 이 만다라화와도 같다고 말이다.

부인께서는 당파의 회오리 바람이 세차게 몰아치던 1607년(광해 10)에 태어나 73년의 생애 동안 많은 교훈을 남기고 1689년(숙종 15) 하세하였다. 올해 2009년이 사후 유택을 마련한 지 321년 되는 해다.

부인의 유택은 한양에서 410리 밖에 있는 한밭이라는데

한밭은 경계가 없는 한 필지의 밭이라는 뜻으로, 한문으로 풀이하면 대전大田이 된다. 대전은 원래부터 집단체의 도시가 아니었다. 왜인이 이 나라를 점령했을 때 1914년 회덕군과 진잠군, 그리고 공주군 일부를 합하여 대전군大田郡이라 했고, 왜인들의 관청은 절대 받아들일 수 없다는 공주 유림들의 반대로 공주에 있던 도청 소재지가 바로 대전으로 옮기게 되었다. 1950년 6.25 동란시에는 그 해 6월 28일부터 7월 14일까지 잠시 대한민국의 임시 수도이기도 했다.

복잡 다난했던 우리 민족의 역사만큼이나 다변화되어 온 땅 한밭에는 전민동이라는 유서깊은 곳이 있다. 이곳 한 중심에 우뚝 솟은 산 중턱에는 광산 김씨 석학 사계 김장생의 아들인 허주虛舟 김반金槃과 증 영의정과 배위 안동 김씨, 계배위繼配位 연산 서씨의 유택도 함께 있다. 유택으로 자리 잡은 곳은 현재 유성구 전민동이었는데 도로 정비가 잘 되어 있어 어렵지 않게 찾을 수 있었다.

저 멀리 보이는 안내판과 표석은 김반 · 김익겸의 묘소가 이곳에 있

김익겸 묘소를 알려주는 표석과 안내판

허주 묘비

다고 알려주고 묘소 입구에는
'선비마을'이란 방부형의 낮은 안
내석이 뒷면에는 이 마을의 지명
유래라는 설명을 지고 있었다.

묘역 쪽을 보니 고인들의 체맥을 모신 자리라기보
다는 어느 학습 교육장에 온 듯하여 혹시나 하며 주
춤했는데, 바로 찾아왔다는 것을 알려주는 허주 선
생의 묘비가 보였다. 허주 선생의 묘비에는 생전 이
력과 벼슬이 모두 적혀 있었고 두 분의 배위가 함께
모셔져 있었다.

정경부인 안동 김씨는 우측에 정경부인 연산 서씨
는 좌측에 모셔져 있어 매우 중후한 느낌을 주었는

데 필자는 그곳에 앉아 숨을 고르며 머릿속에 그림을 그려 보았다.

선생의 유택은 풍수학적으로 본다면 망망대해를 항해하는 선박이었다. 그런 지형의 중앙에 자리잡은 선생은 아들 손자 등 많은 식구를 모두 배에 태웠으니 짐이 과하지 않은가. 허주라는 호는 생전에 지은 것일텐데, 하면서 이상하다는 생각이 들었다.

그러나 이 세상 모든 사물에는 각기 임자가 있다고 했으니

'그렇다면 처음부터 이 자리는 허주 선생의 유택으로 점지받은 것으로 보아도 좋지 않겠는가.'

라는 자문자답을 하면서 정경부인 해평 윤씨의 유택을 찾아보았다.

상하좌우로 모셔진 유택은 모두가 각기 석패石牌를 안고 있었는데 윤씨의 묘소는 눈에 띄지 않았다. 일반적인 상식으로는 부모의 아래쪽에 자손의 유택을 마련하는데 허주의 묘소 아래쪽에도 아무런 묘소가 없었다. 저 제일 위쪽에 모셔진 유택은 아마도 허주 선조의 묘소이리라 생각하고 올라가 보았는데 묘비를 보는 순간 필자는 깜짝 놀라고 말았다.

아버지 묘소 위쪽에 모셔진 아들

혹시나 하는 마음으로 다시 살펴보았지만 분명 정경부인 내외분이

었다. 필자는 혼잣말로 중얼거렸다. 조선조 5백년 역사 속에는 연리 광김延李 光金이란 말이 있다. '연안 이씨延安李氏와 광산 김씨는 이 나라 씨족 형성 과정에서 가장 으뜸가는 가문이다' 라는 말이다. 그런데 예를 누구보다 중시하는 광산 김씨, 그중에서도 사계 김장생의 후손 석학 김만기 형제의 부모 묘가 이렇게 모셔질 수가 있나 싶어 매우 당황스러웠다.

해평 윤씨 묘소 전경

유택은 송림松林을 겹겹이 머리에 이고 옆으로 울타리까지 쳐져 있었다. 아담하게 조성된 묘소 앞에는 두 기의 신구新舊 비석이 우람하지도, 나약하지도 않은 모습으로 마주 서 있었다. 유택의 주인이 정경

해평 윤씨 구 묘비

부인이라고 하지 않았더라도 고인의 생시 인품이 고결한 분임을 느낄 수 있는 모양새였다.

나이를 좀 더 먹은 묘비에는

有明朝鮮國 成均生員 贈 司憲府 持平

金公益兼 汝南之墓 貞敬夫人 海平尹氏

유명조선국 성균생원 증 사헌부 지평

김공익겸 여남지묘 정경부인 해평윤씨

라고 적혀 있었는데 옆에 있는 젊은 비문과는 내용이 조금 달랐다. 아마도 처음 비문은 시호를 받기 전의 것이고 후일 시호와 증직을 받게 되어 새로 세운 듯 했다. 새로운 비석에는

해평 윤씨 신 묘비

贈 輔祚功臣 議政府 領議政

光源府院君 諡 忠正公 諱

益兼之墓 貞敬夫人 海平尹氏 祔

증 보조공신 의정부 영의정

광원부원군 시 충정공 휘

익겸지묘 정경부인 해평윤씨 부

라고 쓰여 있는데 아마도 손녀

(김만기의 딸)가 숙종의 왕후 인경왕후가 되고 난 뒤 증직, 증호 되었으리라 보여진다.

필자는 오랜 망설임 끝에 김익겸 선생께 여쭈어 보았다.

"선생께서는 허주 선생의 육형제 중 셋째 아들로 태어나 1635년(인조 13) 약관 20세에 생원시에 장원하고 진사시에는 1등을 하였다니 그 뛰어난 학식은 감탄스러울 뿐입니다. 그러나 재주는 타고 나셨는데 수명은 어찌 그리도 짧게 타고 나셨습니까. 전란을 맞아 강도 江都(강화도江華島)에서 힘이 다 되었음을 판단하고 스스로 목숨을 던진 해가 1637년(인조 15)이니 그때 23세셨군요. 선생께서는 어찌할 수 없는 선택이었겠으나 출생한 만기와 유복자 만중을 남겨놓고 떠나셨으니 그 무겁고 힘겨운 짐은 모두가 정경부인이 몫이 되어버렸다는 것도 잘 알고 계시겠지요. 이제 이곳에서 함께 하신 지 321년이 되긴 했습니다만 항상 정경부인께 감사한 마음을 잊을 수 없을 겁니다. 저는 정경부인의 고귀한 삶을 마치 연꽃과도 같다고 생각합니다. 그런 부인이 계셨기에 아드님이신 서포 선생께서도 사육신 충정공 박팽년 충신이 마지막 남긴 시의 내용과 같이 결코 두 국모는 섬길 수 없다 하여 상상할 수 없는 고난의 세월을 보내다가 죽음을 맞이하였지만, 그 명성은 천추에 길이 남은 것이 아니겠습니까. 그러나 불행하게도 서포 아드님과 손자 진화鎭華는 자유롭게 왕래할 수 있는 남쪽에 있지 않고 휴

정여각 전경, 효자 충신孝子忠臣으로 시작하는 글귀 아래로 서포 김만중 석상이 놓여 있다. 아래 왼편 사진은 정여각 앞에 세워져 있는 숭모비崇慕碑.

전선 너머 개풍에 있으니 이 안타까운 현실이 애통할 뿐입니다. 비록 몸은 멀리 계시지만 부인의 목전에 있는 정여각이 효자 충신으로 시작하는 것처럼 아드님의 지극한 효심만큼은 항상 부인 곁에 있을 것이고, 큰아들 만기 선생께서 멀지 않은 곳인 군포에 정착하고 계시니 부디 이것을 마음의 위안으로 삼으셨으면 하는 바람입니다.”

그러자 조용히 듣고 계시던 정경부인께서 다음과 같이 답해 주셨다.

“나그네께서 이 부족한 여인을 너무 치켜올리는 듯하여 듣기가 매우 민망하다. 오늘 같이 이렇게 더운 날 4백리 길을 오느라 고생이 많으셨겠습니다. 저도 할 말이야 끝이 없을 정도로 많지만 어서 이 나라가 하나가 되어 우리와 같이 죽어서도 가족이 이별하는 슬픔을 그 누구도 겪지 않았으면 하는 마음뿐입니다."

필자는 곧 그리 되지 않겠느냐고 선선히 대답을 하였지만 서울로 돌아오는 길에 남북 정국이 다시 대치한다는 뉴스를 들어보니 정경부인의 소원은 쉽사리 이루어지기 어려울 것으로 보였다.

날씨는 혹독할 만큼 무더웠지만 손에 들려진 귀중한 사료들이 모든 피곤을 잊을 수 있게 해 주었다. 언제 끝날지 모르는 필자의 다음 역사 기행 일정을 혼자 그려보며 이번의 여정을 마무리 지었다.

유폐된 땅에서
서포를 만나다

노도로 가던 길

조그마한 섬 정도로 생각했었는데, 노도에 도착하면서부터 지금까
지 필자는 '노도가 이렇게 넓었나' 하는 중얼거림을 무의식적으로 계
속해서 내뱉고 있었다. 눈앞에 보이는 허묘를 향하는 229개의 계단이
까마득하기만 하였다.

허묘를 오르는 계단의 중간쯤에서 잠시 숨을 고르며 뒤를 돌아보니
멀리 금산 상사 바위가 태평양을 향해 사자후獅子吼를 토해내고 있었
다. 사자후의 음성에 힘을 얻은 필자가 다시 계단을 올라선 지 얼마나
됐을까. 계단의 끝에 평탄한 묏자리가 드디어 시야에 들어왔다.

서포의 넋도 포승에 묶여 신음하고 있을까

20여 평 남짓한 임자 없는 묏자리는 누가 성묘라도 했던지 잘 정돈되어 있었고, 허묘의 왼쪽에는 선생께서 잠시 쉬었다 간 곳임을 알리는 표석만이 외로이 자리를 지키고 있었다.

인생의 후반부를 차지하였던 유배와 단절이 죽어서까지도 이어졌던 것일까. 선생의 시신은 한 많았던 한양을 경과하여 개성까지 갔었다고 하니 성묘를 하지 못함도 또 다른 유배가 아닌가 싶다.

서포의 묏자리에는 옛날부터 전해오는 이야기가 하나 있다. 묘 주변에 나무가 전혀 자라지 않는다는 것이다. 소나무든 잡목이든 몇 그루쯤은 바람에 날려 와 뿌리를 내릴 법도 한데 그동안 어떠한 나무도 자라나지 않았다고 하니 신비스러울 따름이다.

허묘를 뒤로 하고 다시 계단을 내려와 서포가 본격적인 유배 생활을 했다는 초옥이 있었던 곳으로 향했다. 둘이서 걷기 힘들 정도로 좁을 길을 따라가니 오른쪽에는 언덕이, 왼쪽에는 칡넝쿨과 동백나무가 얽힌 계곡이 보였다. 나이를 알 수 없는 수많은 동백나무들이 칡넝쿨에 감겨 신음하고 있었다.

남해 노도에 머물 수밖에 없었던 서포의 넋도 저렇게 포승에 묶여 신음하고 있는 것일까? 영문도 모르는 어린 염소 두 마리가 목에 매인 줄에 끌려가며 걸어가는 모습이 마치 굵은 칼을 메고 호송되는 죄인처럼 보였다.

길고 좁은 평지를 지나니 가운데쯤에 '서포 김만중 초옥 터'라는

김만중의 초옥 터임을 알리는 비석

돌로 만든 푯말이 덩그러니 빈터를 지키고 있었다. 문득 김만중 선생이 노도에서 지은 시 한 구절이 떠올랐다.

> 끝없이 푸르른 바다에
> 삼신산과 같은 절승선경이 이웃하였으니
> 비록 슉질 체형이 모두 뿔뿔이
> 낙도에서 귀양살이를 하고 있건만
> 사람들은 마음 그 정도 모르고서
> 마치 신선놀음이나 하는 듯이 아는구나.

그랬다. 서포의 땅에서 바라본 바다와 금산의 절경은 아름답기 그지없었다. 그러나 부모, 형제와 떨어져 귀양살이하는 그 마음을 누가 알 수 있었으랴! 푯말 옆에는 김만중 선생의 무덤자리였음을 알리는 표석이 함께 자리하고 있었다.

혼자 마시기에도 모자라 보이는 조그마한 샘터는 이미 말라 있었다. 지난 3백여 년 동안 버려진 땅으로 유폐되었던 노도는 다시 살아 숨 쉴 수 있을까?

서포의 넋을 뒤로 하고 노도 선착장을 향해 돌아 내려오는 길에 예전에 폐교가 된 노도 분교를 한번 둘러보았다. 운동장에는 낙엽이 무성했고 우물은 조금 짭짤한 맛이 느껴지는 깨끗한 물을 쏟아내고 있었다.

서포의 터에 옛집이 복원되고 동백나무를 감고 있는 과거의 질곡이 벗겨지는 날, 이곳에 그를 그리워하는 후손들이 지나간 3백여 년의 세월을 메우지 않겠는가.

벌써 힘을 다 썼는지 붉게 상기된 얼굴로 귀가하는 야속한 태양을 바라보며 필자의 노도 여정도 막을 내렸다.

김만기 선생의
행적을 찾아서

김만기 선생은 누구인가

　오늘은 깊어가는 을유년 가을을 맞아 군포에 있는 김만기 선생을 찾아뵙기로 한 날이었다. 우선 찾아뵐 주인을 한번 살펴보기로 하자.

　김만기 선생은 석학 김장생의 증손이자 생원 김익겸의 아들로서 1633년(인조 11)에 태어났다. 자는 영숙永淑, 호는 서석瑞石이며, 숙부 김익희金益熙에게서 수학하였고 우암尤庵 송시열宋時烈의 문인이다.

　1652년(효종 3) 사마시를 거쳐 이듬해에 별시문과別試文科에 을과로 급제하여 수찬, 교리, 정언 등을 역임하였다. 1657년(효종 8)에는 교리校理로서 글을 올려 『오례의五禮儀』의 복상제 등 잘못된 부분을 개정할 것을 청했고, 1659년(효종 10) 효종이 죽자 자의 대비慈懿大妃[6]의 복상 문제로 논란이 있을 때 기년朞年 설을 주장하여 3년 설을 주장하는 남인 윤선도尹善道를 공격했다.

1671년(현종 12) 딸을 세자빈으로 들여보내 국구國舅[7]가 되었으며, 1673년 영릉寧陵을 이장할 때 산릉도감山陵都監의 당상관이 되고, 1674년(효종 15)에는 병조판서가 되었다. 1675년 숙종이 즉위하게 되자 국구로서 영돈녕부사領敦寧府事에 승진되고 광성 부원군光城府院君[8]에 봉해졌으며, 병권을 장악하고 김수항金壽恒의 천거로 대제학이 되었다.

1680년(숙종 6) 경신환국庚申換局 때는 훈련대장으로서 끝까지 굽히지 않고 남인과 맞섰다.

이때 서인 출신인 김만철, 김석주, 김익훈 등이 허견許堅을 역모로 고발하였는데 영의정 허적許積의 서자였던 허견은 평소부터 부당한 행실로 허적과 숙종 임금 사이에 틈이 생기게 할 정도였다. 허견은 교서정자校書正字의 낮은 벼슬을 하고 있었지만 아버지의 세력을 믿고 유부녀 이차옥을 강탈하고, 이미 죽은 청풍 부원군淸風府院君 김우명의 첩과 싸워 치아를 부러지게 하여 좌윤 남구만의 상소에 처벌을 받기도 하는 등 행실이 방자하기 이를 데가 없었다.

결정적인 사건은 복창군福昌君 정정楨, 복평군福平君 연椔과 함께 복선군福善君 남枏[9]을 왕으로 추대하려는 역모에 관련된 것이다. 이 혐의로 인해 허견은 가산이 적몰되고 1680년(숙종 6) 사형을 받게 된다.

---

6) 자의 대비慈懿大妃 : 인조의 계비. 조대비.
7) 국구國舅 : 왕의 장인.
8) 광성 부원군光城府院君: 관향이 광산이었기에 광성부원군이 되었다.
9) 복선군福善君, 복창군福昌君, 복평군福平君: 인조의 셋째 왕자 인평 대군의 아들 삼형제.

그리고 당시 허견을 고발하였던 김만철, 김석주, 김익훈 등은 보사공신保社功臣 1등에 책록되었으며, 아들 김진규金鎭圭와 손자 김양택金陽澤 3대가 대제학을 맡게 된다.

그러나 1689년(숙종 15) 기사환국으로 남인들이 정권을 잡게 되자 노론의 과격파였던 김만기는 삭직되었다가 후일 복직되었다. 노론은 서론에서 갈려 나온 한 분파이다.

김만기는 1687년(숙종 13) 하세한 후 현종의 묘정에 배향되었으며, 시호는 문충文忠이다. 저서로는 『서석집瑞石集』 18권이 있다.

문충공의 유택에는

문충공 김만기의 유택은 군포시 대야미 전철역에서부터 시작한다. 마을 동쪽 동산에 있으며, 주변에는 갈치 마을이 있는데 문화 유적 안내판이 있어 찾기는 쉬웠다. 묘소 입구에는 좌편으로 재실이 서 있었고 그 부근에 광산 김씨 문충공의 묘소와 아래쪽에 아들, 손자들의 무덤이 있었다.

문충공의 신도비는 묘역 맨 아래 산언저리에 서 있었다. 묘소는 배위 서원 부인 청주 한씨淸州韓氏와 합장분을 중심으로 임금의 글씨를 새겨 넣은 어필비와 묘비석, 문인석, 망주석, 상석, 향로석 등 옛 석물이 훼손 없이 잘 설치되어 있었다. 특히 어필비석에는 당시 고인의 위세가 잘 나타나 있다.

김만중의 어머니 해평 윤씨

김만기 묘소 전경

비신 전면에는 사위가 되는 숙종의 글씨라고 알리면서 어필御筆을 전서와 횡서로 적었는데,

國舅 保社功臣 光城府院君 諡 文忠 金公萬基之墓
국구 보사공신 광성부원군 시 문충 김공만기지묘

란 글귀가 면서面書로 새겨져 있다. 측면과 후면에는 글씨가 새겨져 있지 않았고 음기陰記는 그의 아들 김진구金鎭龜가 지었다. 건립 연대 는 1699년(숙종 25)이며, 빗돌은 숙종이 하사하였기 때문에 보사훈保社 勳[10]이 삭탈되었는데도 그것을 함부로 지우지 못한 사정과 보사훈이 다시 회복되었다는 내용, 숙종이 어필로 큰 글씨를 써준 사실 등이 기 록되어 있다.

또 한기 묘표에는

有明朝鮮國 保社功臣 領敦寧府事

光城府院君 諡 文忠 瑞石 金公萬基

永淑之墓 西原府夫人 韓氏 祔左

유명조선국 보사공신 영돈녕부사

광성부원군 시 문충 서석 김공만기

영숙지묘 서원부부인 한씨 부좌

김만기의 묘비

라고 써 있었다. 해석을 해보면 명나라와 관계를 유명有明이라 했고, 조선국 보사공신 영돈녕 부사를 지냈으며 시호는 문충, 호는 서석, 선생의 자는 영숙, 배위는 청주의 옛 지명 서원으로 하여 서원부부인이라 하여 고인의 좌측에 모셨다는 내용이다.

그리고 아래쪽 신도비에는

光城府院君 金公 神道碑

광성부원군 김공 신도비

라고 아들 김진규金鎭圭가 전서로 쓰고 음기陰記는 스승 송시열이

---

10) 보사훈保社勳 : 보사공신保社功臣을 기록한 것으로서, 1680년(숙종 6) 복선군福善君을 추대하려던 허견을 제거한 공으로 여덟 사람에게 내린 공신의 칭호를 보사공신이라 한다.

지었으며, 그의 행적을 칭송하는 내용으로 일관되어 있다. 건립 연대는 1703년(숙종 29)이니 선생이 세상을 떠난 지 17년이 지난 해였다.

세력은 물길처럼 세습되었고

아버지 김만기의 발치에 누워있는 이는 1689년(숙종 15) 기사환국에 의하여 남인 정권이 들어서자 김석주金錫冑에게 가혹한 수법으로 남인을 숙청하였다는 탄핵을 받고 제주도에 위리 안치되었던 김만기의 맏아들 김진구金鎭龜이다.

그는 1651년(효종 2)에 세력가 김만기의 장자로 태어났다. 김진구의 자는 수보守甫, 호는 만구와晩求窩[11]이며 여동생은 숙종의 비인 인경왕후이다.

1680년(숙종 6)에 별시문과 병과에 급제하고 사관이 되어 『현종실록』 수찬에 참여하였으며 이어 정언, 헌납, 교리, 응교, 집의 등을 역임하고 1684년(숙종 10) 경상 감사에 이어 승지가 되었다.

제주도에서 위리안치 되었다가 1694년(숙종 20) 갑술환국甲戌換局으로 서인이 집권하자 바로 풀려나 호조판서에 기용되고, 곧 경기 관찰사가 되었으나 부임하지 않았다. 이듬해 도승지 전라 관찰사 등을 거

---

11) 만구와晩求窩 : 날 저무는 시간에 움집을 만난다는 뜻.

모정의 한국사

쳐서 1696년(숙종 22) 강화부 유수 세자가례부사世子嘉禮副使[12]와 형·
공·호조판서를 역임한 뒤 1700년(숙종 26) 지돈녕부사 어영대장 수어
사 그리고 이듬해에는 우·좌참찬을 지냈다. 1704년(숙종 30) 사망하
였으며, 시호는 경헌景獻이다.

김진구는 지금으로 치면 그리 많은 연수는 아닌 55년을 살고 떠났
지만 그 파란만장했던 벼슬의 행적을 보니 장난과도 같은 권력의 자
리바꿈에 허무함이 느껴졌다.

고인 김진구의 신도비에는

고인의 신도비는 묘역 맨 아래 산언저리에
서 있었다. 김만기 신도비에 비하여 재실과
가까운 곳이다. 묘소는 합장분을 중심으로
묘비, 문인석, 상석, 향로석 등이 다른 곳과
별나지 않게 설치되어 있었다. 묘비는 방부
원두형으로 전면에는

김만기의 맏아들 김진구 묘비

有明朝鮮國 户曹判書 光恩君 景獻 金公

　鎭龜 守甫之墓 貞敬夫人 韓山李氏 祔左

---

12) 세자가례부사世子嘉禮副使 : 세자(경종)의 혼례시 부 책임자.

유명조선국 호조판서 광은군 경헌 김공

진구 수보지묘 정경부인 한산이씨 부좌

라 적혀 있었고, 고인의 생전 소속과 벼슬명, 호, 이름, 시호, 부인의 직함과 성씨 등이 쓰여 있었다. 비문은 동생 진규가 짓고, 아들 김춘택金春澤[13]이 썼다.

건립 연대는 1705년(숙종 31)이니 사후 1년이 되는 해이다. 신도비문은 방부개석형으로 개석·비신·대석이 모두 화강암이며, 개석은 아무런 조식이 없는 단정하고 검약한 모습이었으나 방부에는 무궁화 문양이 장식되어 있었다. 비문의 제액은

光恩君 金公 神道碑

광은군 김공 신도비

김만기 묘소 옆에 위치한 김춘택 묘소 전경

라고 적혀 있었는데, 7세손이 전서로 썼으며 음기는 영의정 김의현
金宜顯이 짓고 김득수가 썼다. 건립 연대는 1934년 9세손 김원중金元
中이 건립했다.

김만기의 막내아들 김진부

　김만기는 이곳에 아들 형제와 손자를 함께 데리고 있었다. 김진부
는 김만기의 막내아들이며 「군포금석문대관」에는 그에 대하여 다음
과 같이 적고 있다.

　　그는 조선 후기 학생으로 자는 덕보德甫이고 광산 부원군 김만
　　기의 아들이며 인경 왕후의 동생이다. 1689년(숙종 15) 기사환
　　국으로 남인이 정권을 잡게 되자 장형 김진구는 제주도로 중
　　형 김진규는 거제도로 유배 갔는데, 이때 그는 겨우 15세의 어
　　린 나이로 혼자서 어머니 한씨를 극진히 보살폈다. 군수 이번
　　李蕃의 딸과 결혼을 하였으나 후사가 없어 백형 김진구의 아들
　　김연택(김춘택의 동생)을 입양하였다. 그러다 어느 날 천연두에
　　걸려 17세의 나이로 요절하였다.

---

13) 김춘택 : 안현 왕후의 복권을 위하여 남해 노도에 유배 간 종조부 서포 김만중으로부터 『사씨남
　　정기』를 갖고 와 장안에 퍼지게 하였다. 그리고 영조의 모후 숙빈 최씨를 앞세우면서 장희빈의
　　오빠 장희재의 본처와 정보를 나누며 정치적으로 활약하기도 하였다.

무덤은 아버지 김만기 신도비 뒤쪽에
쌍분으로 되어 있다. 묘비 상석, 향로석
등이 설치되어 있고, 묘표는 높이는 136센
티미터의 방부원수형으로 전면에는

光城金公 弟四子 學生 鎭符 德甫之墓
광성김공 제사자 학생 진부 덕보지묘

김진부 묘비

라 적혀 있었다. 배위는 쓰여 있지 않았고 대석에는 아무런 조식이
없었다. 비문은 형 김진규가 짓고 조카 김보택金普澤이 썼다. 건립 연
대는 1705년(숙종 31)이다.

임금의 처남으로 태어나서 권세나 벼슬에 물들지 않다가 신이 준
생명을 다하고 떠났지만 17세란 어린 나이가 너무나 안타까웠다. 그
의 배위 군수 이번의 따님은 아마도 죽음보다 더한 고통을 안고 남은
생을 살았으리라. 젊은 혼령의 쉼터에는 가을을 몰아내는 초겨울 찬
바람만 서늘하게 불어오고 있었다.

화려했던 조부의 벼슬은 그 어디로 갔는가

이곳은 김만기의 3대 8위位의 혼령이 쉬는 곳이다. 조부 김만기의
묘소 아래 서쪽에 있는 묘소는 손자 영조 임금으로부터 옥사한 김복

택金福澤 내외가 묻힌 무덤이다.

묘소는 합장분인데 배위는 누구였는지 알 수 없고 묘표, 망주석, 상석, 향로석 등 기본적인 석문만 갖추고 있었다.

망주석은 예부터 세우는 뜻이 자손을 번창케 해달라는 의미에서 그 모양을 남자의 성기와 같이 조각하여 세워두는데, 이곳 망주석은 아무런 무늬가 없는 민무늬였다. 아마도 자손을 남겨놓고 가지 못해서 그렇게 된 것이 아닌가 싶다.

묘비의 높이는 250센티미터 정도이고 방부개석형으로

有明朝鮮 翼陵奉事 贈 吏曹參議 光山金公 諱 福澤之墓

유명조선 익릉봉사 증 이조참의 광산김공 휘 복택지묘

김복택 묘비

라 적혀 있었는데 이를 통해 고인의 일생 이력을 한눈에 알 수 있었다. 여기에서 익릉봉사 翼陵奉事라는 말은 고모가 되는 인경 왕후의 능호이며 봉사이다. 사후에는 영조 임금으로부터 받은 직함으로 이조참의가 되었다고 한다.

김복택의 일생은 누가 보상하나

김복택의 태어난 해는 모르고 죽은 해는 1740년(영조 16)으로 김만기의 손자이고 인경 왕후는 그의 고모가 된다. 김복택에 대해서는 다음과 같은 기록이 남아있다.

1721년(경종 1) 영의정 김창집金昌集[14] 등 노론 4대신이 경종의 건강이 나쁘고 세자도 없어 세제世弟[15] 책봉을 논의하게 되자 그는 서덕수徐德修를 통하여 연잉군延礽(후일 영조英祖)에게 이 말을 전하였다. 김창집 등의 주장으로 연잉군이 왕세제王世弟로 책봉되어 정무를 대리하자, 책봉에 반대하던 소론의 승지 김일경金─鏡과 목호룡睦虎龍은 노론 4대신을 무고하여 신임사화辛壬士禍를 일으켰다. 이때 그도 연루되어 거제도에 유배된다.

1724년(경종 4) 유배에서 풀려난 뒤 영휘전 참봉에 임명되었다. 그러나 신임사화 때 노론파 대다수가 죽었는데도 유배만 당하였던 사실과 신임사화를 비난했던 것이 영조의 비위에 거슬려 1740년(영조 16) 투옥되어 옥사하고 만다. 그 뒤 영조는 자신의 지나친 조처를 후회하였다 한다. 1779년(정조 3) 신임사화 때 죽은 노론파 대신을 증시贈諡하면서 그도 복권 증질增秩되고 자손은 녹용錄用하도록 하였다 한다.

이로써 광산 김씨 김만기 3대 8위의 묘소를 모두 만나 뵈었다. 김만기 선생이 이 세상에 온 날부터 손자 김복택이 세상을 떠난 날까지의 세월은 1세기하고도 8년이 지났다. 길다고 할 수도 있고 짧다고 할 수도 있겠지만 예상치 않던 일들이 수없이 전개되면서 기쁨, 슬픔, 웃

---

14) 김창집金昌集 : 관향은 안동. 영의정 김수항의 아들 영조를 왕위에 올렸으나 다시 영조로부터 거제에 유배되었다가 사사되었다.
15) 세제世弟 : 임금의 동생으로 대통 승계자.

음, 통곡이 수도 없이 반복되었던 세월임에 틀림이 없다.

　그래서 사람들에겐 영원한 행복도 끝없는 불행도 없는 것이며, 결국에 남는 것은 저울대에 올려 질 후세의 역사적 평가라는 인생에서 가장 중요한 교훈을 얻어 가는 하루였다.

행장行狀**이란** 죽은 사람의 문생이나 친구, 옛날 동료 또는 아들이 죽은 사람의 세계世系, 성명, 자호, 관향貫鄕, 관작官爵, 생몰 연월, 자손록 및 언행 등을 서술한 것이다. 이는 후일 사관들이 역사를 편찬하는 사료 또는 죽은 사람의 명문銘文, 만장, 비문, 전기 등을 제작하는 데 자료로 제공하기 위한 것이다.

행장의 행行이 행동거지를 의미하는 데서 볼 수 있듯이, 행장은 죽은 사람의 행실을 간명하게 써서 보는 사람으로 하여금 죽은 사람을 직접 보는 것처럼 살펴볼 수 있도록 했다. 따라서 행장은 전기傳記와는 달리 잡다한 이론은 기록하지 않는 것이 원칙이다.

아래에 소개하는 김만중의 어머니 정경부인貞敬夫人 해평 윤씨海平尹氏의 행장은 조선 시대에 유일한 부인의 행장 자료로 어머니의 죽음을 깊이 애도하며 김만중이 친히 기록한 것이다.

또한 그 다음에 등장하는 글은 해평 윤씨의 손자인 김진규가 할머니의 죽음을 애도하며 숙부인 김만중에게 보내는 것으로 함께 실어본다.

정경부인 해평 윤씨 행장

태부인太夫人의 성은 윤씨尹氏이니, 선계先系는 선산善山 해평海平이라. 고조高祖의 휘는 두수斗壽이니 영의정 해원 부원군海原府院君이요, 시호는 문정공文靖公이다. 증조의 휘는 방昉이요, 영의정이며, 시호는 문익文翼이니 공덕 있는 어진 정승이 계승되었다. 칭한다. 할아버지의 휘는 신지新之이니, 선조의 따님 정혜 옹주貞惠翁主를 취처하여 해숭위海崇尉에 봉해졌고, 문장文章으로 세상에 이름났으며, 시호는 문목文穆이다. 아버지의 휘는 지墀니 인조조 명신으로 벼슬이 이조 참판에 이르렀다.

어머니는 정부인 남양 홍씨南陽洪氏이니, 경기 감사 휘 명원命元의 따님이다. 참판공은 다른 자녀가 없었으며, 정혜 옹주는 다른 손자가 없고 오직 태부인 한 사람뿐이었다. 때문에 옹주는 친히 안아 기르시고 입으로 외워 『소학小學』을 가르쳤다.

태부인은 총명하여 한번 가르쳐주면 문득 깨달으니, 옹주는 항상 말하기를

　　"아깝다, 그 여자됨이여! "

하였다. 자람에 미처 의복과 음식을 풍족하고 사치하지 못하게 하면서 말씀하기를

"후일에 빈한한 선비의 아내가 된다면 어찌 능히 이와 같이 할 수 있겠는가."

하였다.

우리 아버지에게 출가하자 경계하여 이르기를

"너의 시댁은 예법의 가문이니 부도에 어긋나서 나에게 수치스런 일을 끼침이 없게 하라."

했다. 그의 훈계함이 이와 같으므로 태부인이 출가할 때 나이 열네 살인데도 시댁 가족에게 칭찬을 얻었다. 정축노변丁丑虜變(1637년, 인조 15) 난에 선부군이 강도江都에서 순절하였는데, 태부인은 바야흐로 잉태하여 달이 찼는지라, 홍 부인의 우소寓所인 포구에서 배船를 얻어 화를 면하니 이때 선형先兄은 겨우 다섯 살이요, 불초不肖는 태胎에서 떠나지도 않았었다.

난리가 안정되자 두 외로운 아이를 이끌고 본가의 부모 슬하에 의탁하여 안으로 홍 부인을 도와 가사를 보살피고, 밖으로 참판공을 봉양하는데 능히 뜻을 기르기를 옛 효자와 같이하고 한가하면 문득 서사書史를 펴 보아 스스로 즐기니 날로 조예가 깊어졌다. 이리하여 참판공은 거의 아들이 없는 슬픔을 잊었고 문목공은 탄식하면서 말하기를

"우리 손녀와 더불어 말하면 가슴이 활짝 열리는 것 같으니

네가 만일 남자라면 어찌 우리 가문에 하나의 대제학이 아니리오."

하였다.

우리 할아버지의 장지를 회덕懷德 정민리貞民里(현 대전시 유성구 전민동)에 복장卜葬[16]하고 선부군은 그 뒤에 부장附葬하게 되었는데, 어느 지사地師가 말하기를

"그 장소가 후손에게 불리하다."

하였다. 참판공은 의심하여 부인에게 말하기를

"나의 힘이 능히 개장할 만하니 마음속으로 생각하기를 서울 국내로 이장하여 고아와 과부인 네가 절일節日 때 성묘를 편리하게 하고저 하노니 너는 어떻게 생각하느냐."

하였다. 부인이 대답하기를

"풍수風水의 말이 본래 망매莊昧하여 믿기 어렵고 선영 국내에

---

16) 복장卜葬 : 지관地官에 의뢰해서 묏자리를 씀.

장사 지내면 신도가 편안할 줄로 생각되며 또한 호중湖中(충청
도)에는 시댁 가족들이 많이 거주하는 만큼 아이가 장성하기 전
에는 그들에게 수호를 의뢰할 것이니 이장을 원치 않습니다."

하였다.

참판공이 세상을 버리자 홍 부인은 애통과 신병으로 일을 보살피지
못하고 또한 자제들의 가사家事를 간검하는 일도 없었다. 태부인이 홀
로 수명數名의 여비女婢와 더불어 상수喪需를 장만하되 의금衣衾과 제
전祭奠을 정결하고 풍결하게 하여 예절에 맞지 않는 것이 없으니 보는
사람들이 특이하게 여겼고 그 후 어머니 상에도 또한 그와 같이했다.
이후부터 가사가 더욱 곤란하여 심지어는 몸소 길쌈하여 조석을 이어
가는 지경에 이르되 항상 태연하여 근심과 번뇌하는 용모가 없었다.
또한 불초 형제로 하여금 알지 못하게 하였다.

대개 이와 같이 하신 것은 어릴 때부터 집안일에 골몰하여 서책 공부
에 방해될까 염려한 것이다. 불초 형제가 어려서 배울 때 밖의 스승이
없었고 『소학小學』, 사략史略, 당시唐詩 등은 태부인이 가르치시니 자
애는 특이했으나 공부의 과정은 지극히 엄격하였다. 항상 말씀하기를

"너희들은 다른 사람과는 같지 않으니 남보다 한층 더해야 겨
우 남의 유類에 들리라."

하시고,

"사람들은 행실이 없는 자를 꾸짖으며 말하기를 반드시 과부의 자식이라 하나니 이 말을 너희들은 마땅히 각골刻骨하라."

하였다. 불초 형제가 허물이 있으면 반드시 손수 매를 잡고 울면서 말씀하기를

"너희 아버지가 너의 형제를 나에게 부탁하고 세상을 버렸으니, 네가 만약 이와 같이 한다면 내가 무슨 면목으로 너의 아버지를 지하에서 보겠는가. 학문을 아니하고 살려면 빨리 죽는 이만 같지 못하다."

하셨다.

그 말씀의 애통 박절함이 이와 같으므로 김만기의 문장이 비록 천품적이긴 하나 그 공부가 일찍 성취된 것은 태부인의 격려한 힘이 많았고 만중은 어둡고 미련하여 스스로 포기할 정도이지만 가르침이 지극하였기 때문이다.

이때 난리가 지난 지 얼마 되지 아니하여 서적을 구하기 어려웠다. 『맹자孟子』, 『중용中庸』 같은 모든 책을 태부인이 곡식穀食으로 구입하고 『좌전左傳』을 팔려하는 자가 있으니, 선형이 마음으로 심히 애중히 여겼으나 권수가 많으므로 값을 감히 묻지 못했다.

태부인은 곧 베틀에 있는 명주를 베어 그 값을 갚으니 이후로는 아무런 저축이 없었다. 이웃 사람 중 옥당玉堂의 아전이 된 자에게 부탁

하여 홍문관 내의 사서四書와 『시경詩經』, 언해諺解를 빌려 모두 손수 등초謄抄했는데 자획이 정교하고 섬세함이 구슬을 꿰운 것 같아서 한 획도 방필함이 없었다.

참판공께서 말년에 서자庶子를 두고 세상을 버린 후에 종질從姪로서 계후繼後하였다. 태부인은 사랑하시고 가르치시기를 일체 불초 형제와 같이하고 두 아우 또한 어머니처럼 섬겨서 늙기에 이르도록 사람들은 간격의 말이 없었다.

그들과 살림을 나누매 전토田土의 천박하고 노비의 늙고 가난한 자를 선택하면서 말하기를

"내가 청렴한 이름을 위함이 아니라 이것이 나의 하고자 하는 바이다."

하였다.

서제가 죽으매 또 그의 고아를 데려다가 모든 손자와 더불어 같이 배우게 하니 이때 태부인의 나이 이미 늙어 60이 다 되었는데도 손자를 여럿 가르치니 대개 이를 즐거워하므로 피로함을 생각지 않았기 때문이다. 천성이 글을 좋아하여 늙어서도 폐지하지 아니하시고 더욱 역대 치란과 명신의 언행 보기를 즐겨하여 이따금 자손에게 가르쳐주고 절대로 음영吟詠에는 마음을 두지 않았다.

부녀를 가르치매 길쌈, 음식, 차사, 향사에 넘지 않았고 일에 임함에 더욱 경건하여 이미 가사를 인계했음에도 오히려 몸소 그릇을 씻

고 반찬을 만들어서 심한 질병과 피곤함이 아니면 남에게 대리로 시키지 않았다. 스스로 미망인이라 일컫고 종신토록 몸에 빛난 의복을 가까이 아니하시고, 연회에 참여치 아니하며 음악을 듣지 않았다. 선형이 이미 영귀하자 수연을 베풀 것을 자청하였으나 마침내 허락을 않고 오직 자손들 과거 급제의 경사에만 잔치와 음악을 허락하면서 말씀하기를

"이는 진실로 문호門戶의 경사요, 내 한 몸의 사사로운 기쁨이 아니라."

하였다. 계사癸巳(1653년, 효종 4)에 비로소 선형이 과거에 급제하여 비로소 국록의 봉양함을 얻게 되고 만중이 또한 을사乙巳(1665년, 현종 6)에 과거에 급제하였다. 정미丁未(1667년, 현종 8)에 선형이 이품직二品職을 받게 되자 태부인이 정부인貞夫人에 봉해지고 갑인甲寅(1674년, 현종 15)에 인경 왕후仁敬王后가 숙종의 비가 되자 선형은 부원군에 봉해지고 태부인도 또한 정경부인에 승진되었다. 인경 왕후가 어릴 때 태부인의 품에서 자랐는데 반드시 바름正으로써 가르치시니 나이 10세에 세자빈의 간택에 응한 게 되었는데 주선에 응답하기를 성인과 같이하니 궁중 사람들 모두가 기뻐하고 탄복하였다.

이후부터 선형은 매양 가문에 성만盛滿함을 염려하여 탄식하며 말하기를

"우리 집으로 하여금 이 정도에 이르게 한 것은 모친의 힘이다."

하였다.

태부인은 이따금 왕비를 보게 되면 문득 경계하되 옛 어진 왕비의 일을 일컫고 일호도 사적인 혜택에는 언급하지 않으니 인선仁宣(효종의 비 장씨), 명성明聖(현종의 비 김씨) 두 국모는 공경하고 존중히 여겼다. 경신년인 1680년(숙종 6)에 인경 왕후가 승하하자 평소에 사용하던 의복과 기물을 왕자와 공주에게 넘겨줄 곳이 없었다.

명성 왕후는 궁인에게 말하기를

"내가 차마 물건을 보지 못하겠다. 이제 본방本房[17]에게 주고자 하노니 나의 뜻을 전달하라."

하니 태부인이 대답하기를

"인경 왕비께서 비록 불행하여 아들이 없으나 일후에 국가에서 자손의 경사가 있으시면 이 또한 인경 왕후의 자손이니 저장하여 기다림이 옳을 뿐만 아니라 궁중에서 사용하던 좋은 물건을 어찌 감히 사가에 들 수 있겠습니까."

---

17) 본방本房 : 왕비의 본가를 일컫는 말.

하여 궁인宮人이 복명하자 명성 왕후는 크게 칭찬하면서 말하기를

"내가 진실로 본방의 훌륭함이 이렇게 처리할 줄 짐작했다."

하고 주상은 이 말을 들으시고 또한 말하기를

"이는 사군자士君子의 행실이로다."

하였다.

정묘년丁卯年(1687년, 숙종 13) 봄에 선형이 어머니 슬하를 영원히 떠나게 되었는데 태부인의 나이는 70이 넘었다. 자손들은 차마 최복衰服[18]을 드리지 못하였다. 태부인이 묻기를

"어이하여 상복을 만들지 아니하느냐."

하자 대답하기를

"우리나라 풍속에 부녀자들은 오직 삼년상에 최복을 갖추고 기복朞服(1년) 이하는 다만 의대로써 성복하는데 이 또한 기년복에 해당되므로 최복을 만들지 않은 것입니다."

---

18) 최복衰服 : 아들이 부모, 증조부모, 고조부모의 상중에 입는 상복.

하였다. 태부인이 말씀하기를

"장자長子의 복을 어찌 다른 기년복에 비하겠는가."

하고 드디어 예문과 같이 성복하였다. 불초는 태부인이 상측喪側에
계시면서 조석으로 애읍哀泣하여 병환이 되실까봐 염려되어 내 집에
모시고자 했다. 이에 태부인이 울면서 말씀하기를

"내 비록 늙고 병들어 제사에 참여하지 못하지만 조석으로 곡
성哭聲을 들으면 내가 참제함과 같은 생각이 드는데 만약 너의
집에 간다면 어떻게 마음을 진정하겠는가. 또한 여러 손자를
보면 그 아비를 보는 것 같은데 만일 너희 집에 가면 저 손자들
이 어떻게 나를 자주 와서 보겠는가."

하고 여러 번 간청해도 이에 따르지 않았으니 비록 비애 중에 있으
면서도 예문에 돈독하심이 이와 같았다.
　그해 가을에 불초가 국사를 말하다가 서새西塞로 귀양 가게 되었다.
태부인은 성 밖에서 전송하면서 말씀하기를

"영해嶺海의 행차는 옛사람도 면하지 못한 바이니 그곳에 가
거든 자신 스스로를 사랑하고 나의 염려는 하지 말라."

하였다.

이듬해 나라에 큰 경사가 있어 석방의 은혜를 입고 돌아와 모시게 되었는데 수개월도 안 되어 기사사화己巳士禍가 일어났다. 곧 사형에서 감면되어 남해로 위리안치 되고 손자 세 사람이 잇달아 절도絶島로 귀양 가게 되었다.

태부인이 평소에 천촉 병환이 있어 추운 계절을 당하면 문득 재발하였다. 선형의 상을 당함으로부터 연이어 우척憂慽을 당하자 본병이 가첨加添되어 이해 겨울에 병환이 위독한데도 오히려 손자와 증손에게 훈계하기를

"가정의 환란으로써 위축되지 말고 쓸데없이 하여 학업을 폐廢치 말라."

하였다. 조석 상에 조금만 색다른 반찬이 있으면 문득 기뻐하지 않으며 말씀하기를

"우리 집 음식이 본래 이와 같지 않았다."

하였다. 돌아가시기 수일 전만 해도 순순諄諄하게 근검으로써 자부子婦, 손부孫婦[19]를 경계하시고 이밖에는 오직 한 아들과 세 손자가 장

---

19) 자부子婦 : 며느리./ 손부孫婦 : 손자며느리.

향瘴鄕[20]에 있는 것을 말씀하시고 다른 자손은 염려하는 바가 없었다.

아! 슬프도다. 처음에 선형이 태부인이 연로하심으로써 미리 수의를 마련하려 하자 태부인이 이 사실을 아시고 이르기를

"정축년丁丑年(1637년, 인조 15) 너의 아버지 상사에 재물이 없어 예절을 갖추지 못한 점이 많은데 이제 나에게 그보다 더 잘 할 수 있겠는가."

하자 선형이 대답하기를

"전후前後의 가정 형편이 같지 않습니다."

하니 태부인이 말씀하기를

"내 또한 이를 어찌 모르리오. 다만 한 광중에 장사 지내면서 후박厚薄이 서로 다르다면 내 마음이 어찌 능히 편안하겠느냐."

했었다. 이때에 이르러 제손諸孫들이 받들어 염송함에 홍자紅紫와 화채를 쓰지 아니함은 남긴 뜻을 참작한 것이다. 태부인이 만력萬曆

---

20) 장향瘴鄕 : 귀양간 곳.

정사년丁巳年(1617년, 광해군 10) 9월 25일에 태어나서 기사己巳(1689년, 숙종 15) 12월 22일에 마치시니 향년이 73세이다. 손남孫男 진화鎭華와 증손 춘택春澤 등이 영구靈柩를 받들어 선부군先府君 묘에 합장하니 경오庚午(1690년, 숙종 16) 2월 21일이었다.

태부인은 성품이 인자하고 용서함이 많아서 자손을 어루만지고 비복을 부림에 항상 은혜와 사랑에 과하면서도 단아하고 방정하며 준엄개결하여 명랑하게 장부의 풍도가 있었다. 선형이 일찍 경기京畿 고을의 원이 되어 녹봉이 적어 봉양이 부족함으로써 한탄하되 태부인이 말씀하기를

"다행히 국은을 입어 따뜻한 온돌방에서 배불리 먹는데 이것이 부족하다면 어디서 만족을 취하겠는가. 네가 능히 직책에 마음을 다한다면 이 봉양이 이보다 더 두텁겠느냐."

하였다. 손자 진구鎭龜가 감사가 되었을 때 관할 내의 수령이 태부인의 생일에 옛 규례에 의거하여 폐백을 보내왔는데 그 사람은 진실로 통가通家[21]의 자제였다. 모든 사람들이 말하기를

"의리에 가히 사양할 수 없다."

---

21) 통가通家 : 대대로 서로 친하게 사귀어 오는 집안 또는 인척.

하였으나 마침내 받지 아니하였다. 말세에 교묘한 사기로 아전과 시정배들이 오로지 청탁을 일삼으니 임관한 존속 부녀들이 더욱 뇌물을 보내는 행위가 있었다. 불초 형제가 벼슬하여 나간 이후로 혹 간단한 편지도 어머니 눈앞에 온 일이 없었으니 이로써 가히 다른 것을 미루어 알 수 있다. 그 화액禍厄 곤궁에 처해도 민망하게 여기지 않고 영귀에 임해도 교만하지 않았으며, 참혹한 화를 만나면 사람으로 감내하지 못할 일이로되 의리와 운명에 편안하여 흔들리지 않고 위축되지 않았으니 이는 남보다 지나친 천품만이 아니라 서책을 박람하고 옛일을 상고한 힘은 속일 수 없는 일이다. 이러므로 친척과 이웃에선 보기를 엄한 스승과 같이 여겨 모두 모범으로 삼게 되었다.

그의 발언과 처사가 의리에 합하여 궁중의 풍화를 돕고 영광스럽게 임금의 표창을 받았으니 이는 또한 군대의 규문에서 듣기 드문 일이다. 옛날에 이른바 '여자로서 선비의 행실을 지녔다' 는 말에 우리 태부인은 진실로 부끄러움이 없는 것이로다. 옛글에 이르되 '적선한 집은 반드시 남은 경사가 있다' 하고 『서전書傳』에 이르되 '가득하면 해로움을 부르고 겸손하면 유익함을 받는다' 하였으니 우리 태부인 같으신 분은 선을 쌓고 보탬을 받는 도에 적합하지 않음이 없는데 정축년에 남편 상을 당함으로써 많은 어려움과 그로 인한 근심이 곤란하고 박약할 때보다 더 심하여 얼마 안 되어 인경 왕후가 승하하셨고, 우리 선先 백씨의 효성으로써 능히 봉양을 마치지 못하고 수년 사이에 세태가 크게 변하여 자손이 나뉘고 흩어져서 세상에서 슬피 여기는 바가 되었으니 이는 사람으로서 보답하는 하늘의 이치가 의심이 없을 수 없다.

비록 그렇지만 세상에서 선과 복을 향유하여 한 평생을 부귀로 즐 겁게 지내면서도 죽는 날에 남들로 하여금 칭찬할 만한 사실이 없다 면 이는 진실로 태부인께서 부끄럽게 여긴 바이라.

태부인이 2남을 낳으시니 맏아들은 선형 만기萬基이니 영돈녕부사 領敦寧府事 광성 부원군光城府院君으로서 일찍이 병조판서와 대제학을 지냈다. 선형의 직급이 높고 현달하되 태부인이 일찍이 기쁜 기색이 없더니 대제학이 됨에 이에 탄식하면서 말하기를

"내 한 부인으로 너희 형제를 가르치며 항상 두려워하기를 너 희들이 고루하고 배움이 없어 선인께 수치와 모욕이 될까 했 더니 이제야 거의 모면되었다."

하였다.

막내는 불초 만중萬重이다. 선형은 군수 한유양韓有良의 딸을 취하 여 4남 3녀를 낳으니 맏이 진구鎭龜요 다음은 진규鎭圭이니, 모두 문과 에 급제하고 다음은 진서鎭瑞, 진부鎭符이니 모두 성관하지 않았다. 인경 왕후는 자매에서 맏이요, 다음은 정형진鄭亨晉에게 출가하고 다 음은 이주신李舟臣에게 출가하였다.

만중은 판서 영의정 이은상李殷相의 딸을 취처하여 1남 1녀를 낳으 니, 아들 진화鎭華는 진사요 딸은 문과 급제한 이이명李頤命에게 출가 하였다.

진구의 아들은 춘택春澤, 보택普澤, 운택雲澤이요, 나머지는 다 어리다. 진화의 아들은 다 어리고 정형진, 이이명의 소생도 다 어리다.

만중이 태어나기 전부터 죄가 많아 평생에 아버지의 안면을 보지 못하고 난리 때 태어나느라 어머니의 노고가 보통 사람보다 백배나 되었는데 우둔하여 아무런 지식이 없고 은혜와 사랑에 친압親狎하여 안색을 순수하기에 어긋남이 많았다. 분수에 맞지 않는 영귀가 어버이를 영화롭게 함이 아닌데 참광[22]하고 우매하여 함정을 밟음으로써 우리 태부인에게 평생의 슬픔을 끼쳐 드렸으니 불효의 죄는 하늘에 관통하는데 오히려 목을 찌르거나 배를 갈라서 귀신에게 사죄하지 못하고 벌벌 떨면서 독기 어린 바닷가 가시울 속에서 삶을 구하니 아! 슬프도다. 돌이켜 생각하건데 하늘의 이치가 정상에 돌아오지 않고 남은 목숨이 떨어지게 되었는데 진실로 두렵거늘 우리 태부인의 좋은 말씀과 훌륭한 행실이 점차 암매暗埋하여 후손에게 모범을 드리울 수 없으므로 감히 슬픔을 억제하며 아픔을 참고 손수 언행의 일통을 기록하여 몇 장을 등초해서 여러 조카에게 넘겨주는 것이다. 성품이 본래 어둡고 막혀 언행을 잘 보지 못하고 더구나 정신이 소모되어 십분의 일만을 기록하게 되니 불초의 죄가 이에 이르러 더욱 큰 것이다. 생각의 기억으로는 태부인께서 일찍이 근대의 비문과 묘지를 보다가 부덕婦德의 칭찬이 태과太過한 것을 병들게 여기면서 말씀하시기를

---

22) 참광 : 잘 알지 못하고 우둔함.

"규문 내의 행검行檢을 남으로서 알 바가 아닌데 병필秉筆가들이 다만 가장家狀[23]만을 빙자함으로 그 말 자체가 증거의 자료가 못되는 것이다. 그런 것이 아니라면 어찌 우리나라의 현부인이 이처럼 많겠느냐."

하셨다.

이 말씀이 낭랑하게 귀에 남아 있으므로 이제 덕행을 칭술하는 문자에서 감히 한 글자도 꾸며 만들지 못하고 차라리 간략히 하는 것은 대개 우리 태부인의 평소 뜻에 따르자는 것이다.

경오庚午(1690년, 숙종 16) 8월 일 불초 고애남孤哀男[24]
만중은 피눈물을 닦으면서 삼가 행장을 짓노라.

---

23) 가장家狀 : 조상이나 한 집안 어른의 평생 동안 행적을 기록한 글.
24) 고애남孤哀男 : 또는 고애자孤哀子. 어버이를 모두 여읜 사람이 상중喪中에 자기를 이르는 일인칭 대명사.

해평 윤씨의 손자 김진규가 올린 글

아! 이 글은 우리 할머니의 언행을 숙부(김만중)께서 손수 기록하신 것이다. 소손이 멀리 슬하를 떠나자 드디어 영결종천永訣終天하게 되었는데 세월은 빠르고 음용音容은 날로 멀어지게 된다.

이제 이 글을 읽게 되니 황연히[25] 할머니를 뵙고 훈계를 받는 듯 눈물이 흐름을 깨닫지 못하겠다. 기억에 남은 것으로서 할머니께서 일찍이 소자에게 경계하시기를

> "과명科名이 너무 지나치니 영광의 길을 회피한 채 벼슬에서 물러나 신병을 섭양한다면 큰 도움이 있을 것이다."

하셨다. 남쪽으로 유배됨에 미처 누차 편지를 보내시어 이르기를

> 지나치게 근심하고 두려워하지 말며 많은 심려를 말고 마음을 조수하여 진정한다면 자연히 안도감을 느끼게 될 것이다. 모든 일은 하늘에 맡길 것이니 어찌 헛된 근심 걱정으로 몸을 치패되게 하리요. 매양 너희들이 먼 곳에 있는 것을 생각하면 내 마음 어찌 슬프지 않겠는가마는 돌이켜 생각할 때 나의 여생

---

25) 황연 : 놀라 쳐다 보는 모양을 뜻한다.

이 얼마 남지 않았으니 슬퍼하면 무슨 소용 있겠는가. 이러므로 스스로 우그린다.

하셨다.

아! 화란과 영귀는 사람으로서 근심과 기쁨을 자아내게 하는 것인데 기쁘면서도 넘치지 아니하고 근심하면서도 두려워하지 아니하는 자는 드물다. 오로지 우리 할머니께서는 기쁜 일에는 경계하고 근심하는 일에는 힘쓰셨으니 남보다 월등하게 지나치신 일이라 하겠다. 소자가 벼슬을 탐하고 옛 습관을 버리지 못한 채 처음부터 영귀를 사양하라는 경계를 준수하지 못하였으니 불초의 죄가 큰 것이다. 마땅히 마음을 안정하고 사려를 억제하여 의리와 운명에 돌림으로써 거의 유훈遺訓의 만의 일이라도 부합되기 희망할 뿐이다. 이제 우리 자손된 도리로서 애모의 마음을 부치려면 언행을 편차하는데 있다 하겠다. 이상의 내용은 비록 소손자 혼자만이 받은 말씀이지만 실상 훈계 내용으로서 가장 나타난 것이니 마땅히 떨어뜨리지 말고 가슴깊이 복종할 일이므로 행장의 좌측에 기록하고 숙부에게 보내며 또한 스스로를 경계하려 한다.

경오庚午(1690년, 숙종 16) 9월 일

불초손 진규는 삼가 울면서 씀.

그러나 당시의 여자들은 자신의 역량을 펼칠 수 있는

가정이라는 한정된 공간 내에서라도

올바른 인성과 철학을 가지고

자식을 훌륭히 길러내었다는 사실 또한 강조하고 싶다.

'사람'을 제대로 길러낸다는 것은

부모가 되어본 사람이나 선생의 자리에 있는 사람이라면,

그것이 얼마나 어려운 일인지 잘 알 것이다.

자신의 인성을 먼저 갈고 닦지 않으면

이루지 못할 일이기 때문이다.

자식들의 교육이 인생의 전부였다

성간의 어머니
| 순흥 안씨 |

자식들의 교육이 인생의 전부였다

성간의 어머니 순흥 안씨

조선 시대의 보편적인 부덕婦德

옛날 성현의 말씀에 인간은 금수와 달라 살아감에 있어 지키고 닦아야 할 일들이 많다고 했다. 사회의 주역이 되었던 남자들에게도 엄격한 율이 있었지만 유교사상을 뿌리로 한 우리 민족에게는 상대적으로 여자들에게 더 많은 행동의 제약이 적용되고 강요되었던 것이 사실이다.

여성에겐 크게 네 가지 덕이니 일곱 가지 죄목이니 하는 굴레를 채워 그 능력이나 재주를 내보이지도 못하게 했으니 좁은 가슴에 품고만 살아야 했던 것 또한 우리들 역사의 한 대목이 아니겠는가.

필자가 청년기를 맞이했을 때, 선고先考께서 옛 성현의 말을 인용하여 들려주시던 여자의 부덕에 관한 말씀이 있다.

첫째 부덕婦德은 재주와 능력이 출중한 것만이 아니라 마음이 바르고
맑고 청렴하며 절개가 있고, 출입할 때에는 단정하고 동작은 천연하여
누구를 대하더라도 존경과 공경하는 마음이 저절로 생겨나도록 하는
것이다.
둘째 부덕은 하는 말이 날카롭고 민첩한 것이 아니라 정중하고 공근恭
勤하여 잡스러운 말을 하지 아니하며 말할 때가 되면 조용하고 유순한
말씨로 인하여 듣는 사람이 듣기 싫어하는 일이 없게 하는 것이다.
셋째 부덕은 부용婦容하여야 함인데 부용이라 함은 뛰어난 재색을 갖
춘 것을 말함이 아니고 의복을 항상 깨끗이 하며 몸가짐을 단정하게 함
을 뜻한다.
넷째로 길쌈은 재주가 뛰어나서 다른 사람보다 앞서는 것만이 아니라
침선針線과 베 짜기에 힘을 써서 의복을 구애 없이 하고 음식을 정결하
게 하며 손님을 정성껏 대접하는 것이다.

위의 네 가지 덕행은 불과 반세기 전까지만 하더라도 평범한 가정
의 여성이라면 누구에게나 적용되는 덕목이었다. 여자의 미덕은 겉으
로 나타낸다든가 남에게 알린다는 그 사실 하나만으로도 경박하고 덕
성을 갖추지 못했다는 평을 받아왔기 때문에 무슨 일이든 표면에 내
세우는 것 자체가 불가능했으며 이에 따라 주옥같은 업적은 대개가
묻혀 버리고 말았다. 아주 특별한 경우를 빼고 옛날 여자들에게는 이

름이나 아호, 별호가 없는 것이 당연하다고 생각하였으니 더 말하여 무엇하겠는가.

요즘 사람들에게 옛 선현들의 덕목을 말한다면 불쾌한 반응을 보이거나 부당하고 시대착오적인 일이라고 말하는 사람도 많을 것이다. 자신의 삶보다는 시댁을 그리고 남편과 자식을 우선하여 한평생 희생의 길을 선택하고 때로는 강요받아야 했기 때문이다.

그러나 당시의 여자들은 자신의 역량을 펼칠 수 있는 가정이라는 한정된 공간 내에서라도, 올바른 인성과 철학을 가지고 자식을 훌륭히 길러내었다는 사실 또한 강조하고 싶다.

'사람'을 제대로 길러낸다는 것은 부모가 되어본 사람이나 선생의 자리에 있는 사람이라면, 그것이 얼마나 어려운 일인지 잘 알 것이다. 자신의 인성을 먼저 갈고 닦지 않으면 이루지 못할 일이기 때문이다.

그에 부합하는 삶을 산 조선 사대부 출신의 어머니로서 성임, 성간, 성현 3형제를 낳은 순흥 안씨가 살아갔던 길을 한번 따라가 보자.

엄격하였던 어머니의 훈도訓導

성임, 성간, 성현 3형제의 어머니 순흥 안씨順興安氏는 우리나라 최초의 주자 학자로 꼽히는 문성공文成公 안향安珦 선생의 7세손으로 출생하였다. 아버지는 해주 목사海州牧使 안종약安從約인데 당시로는 상류층에 해당되는 판서 벼슬까지 하였기에 살림살이도 넉넉했고 또한 명문가의 후손으로서 타인으로부터도 존경과 부러움의 대상이었다.

그러한 집안에서 태어난 순흥 안씨는 엄격한 교육을 받으며 어려서 부터 경사經史를 익혀 고금古今에 통하였고, 올바른 행신行身을 삶의 기본으로 터득하였다. 그 후 혼기를 맞아 명문거족으로 인정받고 있던 창녕 성씨昌寧成氏 집안으로 출가하여, 자식을 교육하는데는 예禮로서 하고 사물을 대할 때는 자비로서 하니 많은 사람들이 존경하고 받들지 않는 자가 없었다고 한다.

남편 되는 공혜공恭惠公 성염조成念祖는 이미 한 번 혼사를 치른 사람이었다. 그 배위는 죽산 박씨竹山朴氏였는데 무육으로 일찍 세상을 떠났다고 한다. 지중추부사를 역임한 성염조의 자는 자경子敬으로 타고난 성품이 순후하고 말과 행동이 한결같았으며 도량이 넓어 조그만 일에는 구애를 받지 않았다. 또한 부모를 섬기는데 효로서 서로 화목하여 우애가 돈독하였으나 집안을 다스림에는 매우 엄격하였고, 관官에 임하여 사무를 볼 때는 매우 근엄하여 세종世宗은 항상 성염조를 충실하고 정직한 사람으로 인정하였다.

성염조는 1450년(세종 32), 순흥 안씨는 1469년(예종 1) 세상을 떠났으며 성염조의 묘가 있는 파주시 장포 서리 두견봉 아래에서 합장하였다.

성임, 성간, 성현 3형제는 아버지의 훈육은 물론, 특히 어머니 순흥 안씨의 칼날 같은 훈육 아래서 성장하여 벼슬관으로 재임할 당시 덕성과 학문으로 명성이 높았으며 글재주 또한 뛰어나 널리 인정받았다.

순흥 안씨에게도 고난은 있었다

순흥 안씨의 남편 성염조는 평범한 한 가정의 필부로서가 아닌 벼슬길로 일생을 지키리라는 생각을 갖고 학문에 정진하였다. 그리하여 그의 나이 17세인 1414년(태종 14) 진사시에 합격하고, 22세인 1419년(세종 1) 식년문과에 급제하였다. 이후 이조, 예조승지, 참판 등을 역임하면서 자연적으로 가정에는 소홀하였으리라 여겨진다.

이로써 자식들의 교육 문제는 온전히 순흥 안씨의 몫으로 남겨졌을 것으로 보인다. 더군다나 남편 성염조가 외직으로 경상도 관찰사로 있을 때에는 한양의 본가를 남겨 놓고 업무에 열성을 쏟았다고 하니 더더욱 안씨의 할 일은 많았으리라.

사람이 한결같기란 어려운 법인지 경상도 관찰사로 있을 당시에는 절제가 부족하여 가는 곳마다 잔치를 벌이고 술에 취해 그 직임을 다하지 못하였으며, 재산을 모으는데 힘을 써서 많은 비난을 받았다고 하니 순흥 안씨 부인은 남편의 그러한 행동에 깊은 가슴앓이를 하였을 것이다.

한편 성염조와 안씨에 관한 이야기는 숨어있기 싫었던지 지금까지도 풍문으로 들려오고 있다. 창녕 성씨의 가세보다 넉넉했던 순흥 안씨를 아내로 맞은 후 성염조는 경제적인 도움도 많이 받았다고 한다. 물심양면으로 도움을 받아 성공한 성염조에게는 행운의 문이 열려 있었다. 그러한 연고로 생활의 기반뿐만 아니라 성염조 선생의 사후 유택 자리까지도 순흥 안씨들의 땅이었다.

예를 숭상하는 부인으로서 남편의 부적절한 일련의 행동을 감내하기란 매우 어려웠을 것이다. 그리고 무엇보다도 그러한 일들이 자식들의 양육에 크나큰 영향을 미칠 것을 가장 염려하였을 것이다.

자신의 남편이자 세 아들의 아버지인 성염조의 행동을 보면서 순흥 안씨는 자식들 교육에 있어 더욱 엄격하게 대하였다. 그리하여 성임, 성간, 성현 삼형제는 모두가 글공부에 매진하며 곧게 성장해 주었다고 한다. 대개는 진사에 합격만 해도 경사라고 생각했을 때, 그들 삼형제는 진사시부터 여덟 번의 문과에 당당히 급제하였으니 그렇게 만든 어머니 순흥 안씨 부인을 가리켜 누가 덕부德夫라 부르지 않을 수 있겠는가.

남편의 행실 외에도 안씨가 뜨거운 눈물을 맛보아야 하는 일이 있었으니, 둘째 아들 성간이 인생의 전성기를 맞이할 나이 삼십에 세상을 떠나버린 것이다. 순흥 안씨를 포함한 모든 식구의 슬픔이고 불행이었지만 안씨는 더욱 앞날이 막막할 며느리 성주 이씨星州李氏를 보며 아픔을 견뎌내야만 했다.

어머니 홀로 세 아들들의 교육을 책임지는 일은 쉽지 않았을 것이다. 순흥 안씨의 업적을 더듬어 본다면 타인이 결코 흉내 내지 못할 덕성과 예견으로 자애하면서도 엄격했던 훈도를 통해 인재로 양육시킨 것은 물론 선비로서 살아가는 길은 물론이요, 벼슬관에 임하는 관리의 처신 등을 한 치의 흐트러짐 없이 적용시켜 혼돈스러웠던 한 시대의 지도자로 성장시킨 것이라 할 것이다. 이러한 순흥 안씨의 행적에 대한 구체적인 이야기가 묻혀 있었음은 매우 아쉬운 일이라고 해야겠다.

어머니 안씨의 올바른 훈육 아래서 이루어진 3형제의 일생을 살펴 보기로 한다.

경卿을 당할 사람이 없다 – 성임

조선 초기의 문신 성임成任은 순흥 안씨와 성염조의 첫째 아들로 태어났다. 1421년(세종 3) 태어난 성임은 태어날 때부터 골격이 남달랐으며 7세 되던 해 스승에게 글을 배우는데 능히 글의 뜻을 알았다고 한다. 같은 학사에서 공부하던 한 아이가 『효경孝經』을 읽고 있자 곁에서 묵묵히 듣고 있던 성임은 이를 마음에 새겨두고는, 물러나서 외우는데 한 자도 틀리지 아니하였다는 기록이 있다.

18세가 되던 1438년(세종 20) 사마시에 합격하고 음직으로 건원릉직에 제수되었다. 그러나 성임은

> "남아가 마땅히 대과에 합격하여 높은 반열에서 활보하고 다닐 것이지 어찌 쩨쩨하게 작은 벼슬자리에 나아갈 수 있으리오."

라고 사양할 정도로 젊은 시절부터 자신에 차 있는 인물이었다.

드디어 1447년(세종 29) 식년문과에 병과로 급제하여 승문원 정자에 제수되었으며, 이어 승정원 주서로 특진되었는데 세종은 일찍이 성임을 충직한 인물로 지목하였다. 1453년(단종 1) 계유정난癸酉靖難에는 세

조를 도와 원종공신 2등에 책록策錄되었으며 그 뒤 예문관 직제학이 되었다.

이때 명나라 사신 진감陳鑑과 고윤高閏이 조서詔書를 받들고 와 성균관에서 알성謁聖하고 유생들의 작문 솜씨를 시험하였다. 성임은 한 유생의 것을 대작代作하여 주었는데, 명의 사신들이 그 글을 보고는 몹시 탄복하고 칭찬하였다.

또한 세조는 어느 날 문신들에게 전문을 지으라 명한 일이 있었는데 성임이 일등을 하여, 세조는 어필로 비답을 내리기를

"일등에게는 첨지중추부사를 특별히 제수하노라."

하시고 종재宗宰를 집으로 보내서 하례토록 하였으며 주악酒樂도 함께 내리었다.

이후 중시重試에 합격하여 판군기감사와 판사재감사를 역임하면서 『국조보감國朝寶鑑』 편찬에 참여하였다. 1458년(세조 4)에는 문신당하관정시에 수석으로 합격한 뒤 첨지중추원사로서 당상관에 올랐다. 이듬해에는 병조참의가 되었다가 곧 승정원으로 옮겨 기밀 사무를 취급하면서 동부승지에서 도승지로 승진했으며, 1461년(세조 7) 세조의 특별한 신임으로 이조참판에 제수되어 인사 행정과 함께 악학도감 제조를 겸하여 음률의 정비에 힘쓰고, 회주사 부사로 명나라에 다녀왔다. 다음 해인 1462년에는 공조참판으로 옮겼다가 중추원부사를 거쳐 1464년(세조 10) 전라도 관찰사로 나갔다.

당시 전라도에는 소첩訴牒이 수없이 쌓여 있었는데 이전의 관리들은 이에 대한 재결裁決을 제대로 처리하지 못하는 상황이었다. 그러한 이유로 성임을 보낸 것인데, 성임은 부임한 뒤 해결되지 못하고 쌓여 있던 소첩을 엄밀히 분석하고 물 흐르듯 명쾌하게 판결하여 얼마 뒤에는 밀린 안건이 하나도 없었다고 한다.

그 후 다시 내직으로 옮겨 형조참판, 인순 부윤 등을 역임하였으며 1466년(세조 12)에는 발영시에 합격하여 특별히 자헌의 품계를 제수 받았다. 이때 세조의 명으로 『경국대전經國大典』 편찬에 관여하였으며 같은 해 형조판서에 올라 지중추부사와 지의금부사를 겸하며 사법 행정에 힘썼다.

한번은 세조가 평양에 행차할 때 호위하게 되었는데 모든 조치를 완벽하게 수행하여 왕으로부터

"건실하고 치밀하기가 경을 당할 사람이 없었다."

라는 말을 들었다. 이에 세조는 특별히 품계를 올려 가정대부로 승진시키고 이조참판에 배수하였다.

이후 이조판서로 옮겨서는 인사 관리법을 개정하는 등 인사 행정에 기여하였으나, 오히려 인사 부정에 연루되어 사헌부로부터 탄핵을 받기도 하였다. 이후 1469년(예종 1) 부모상으로 사임하였다가 3년 상을 마치고 다시 등용되었다.

성임이 상을 치르는 도중 세조가 근신들과 함께하는 술자리에 성임

을 부르니, 술은 조금 하였으나 고기는 전혀 들지 아니하였다. 세조가 이를 알고는 다음날 주육을 하사하면서 육식을 하라는 개소開素를 명하기까지 하였으니 성임에 대한 세조의 총권寵眷이 어느 정도였는지를 짐작할 수 있다.

1472년(성종 3) 공조판서로 부임할 당시에는 명나라 황태자 책봉사로서 연경에 간 적이 있었는데 당시 글을 잘하고 시를 잘 짓는 조선의 사신을 보고 중국 사람들이 크게 탄복하며, 성임에게 글이나 글씨를 받기 위해 수없이 많은 사람이 몰려들었다고 한다.

성임은 필법이 힘차서 인재仁齋 강희안姜希顔, 동래東萊 정난종鄭蘭宗 등과 이름을 다투었다. 또한 성임은 「원각사비圓覺寺碑」를 썼는데 성종이 그 글씨를 보고는

"잘 썼구나. 실로 명성이 헛되지 않다."

하며 극찬을 하였다. 원각사비 외에도 창경궁의 홍화문 현판과 최항 신도비, 한계미 신도비, 박중선 신도비 외 20여 곳의 비문을 지을 정도로 그의 실력은 정평이 나 있었다. 경복궁 문전의 현판은 오로지 성임의 치밀함을 본받은 것이다.

조선에 돌아와서는 신숙주申叔舟의 추천으로 대사성에 임명되어 성균관에서 후진 양성에 전력을 기울였으며 이어 지중추부사와 개성부 유수를 역임하고 1482년(성종 13) 좌참찬에 올랐으나 병으로 사임하였다. 지중추부사로 재직 중인 1484년(성종 15) 세수 64세에 중풍으로 세

상을 떠났다. 이에 왕은 크게 슬퍼하며 조정을 2일간 철조輟朝하고 부
증賻贈 또한 넉넉히 하여 깊은 애도의 뜻을 나타냈으며, 태상시太常寺
에서 문안文安이라는 시호를 내렸다.

성임의 묘는 문산읍 내포리에 있으며 자는 중경重卿, 호는 일재逸齋
와 안재安齋이다.

성임은 생전에 성품이 활달하여 농담 또한 곧잘 하였는데 언젠가
한번은

"국법에 아들 다섯이 과거에 합격하면 그 부모에게는 증직을
주었다. 우리 형제는 비록 셋이지만 합격한 과거 시험이 여덟
개가 넘는다. 우리 부모님께서도 당연히 영화를 누리셔야 하
지만 국법에 그것이 없으니 안타깝다."

라고 하면서 은근히 삼형제의 걸출함을 자랑하였다.

성임의 풍류와 글은 일세一世에 으뜸이었고, 학문은 경사에 통달하
여 경국제세經國濟世의 문재文才가 되었다. 또한 글씨와 시문에 탁월
한 재주를 나타내어 원나라 초기 조맹부趙孟頫(조자앙趙子昂)의 서체인
송설체松雪體의 대가로 이름이 높았으며 특히 진서, 초서, 예서의 필
법이 모두 절묘하여 아버지 성염조는 다음과 같이 말하였다.

"나의 종조부 문경공文敬公(성석린)이 글씨를 잘 쓰는 것으로 한
때를 울렸는데, 네 필적을 보니 가업을 떨어뜨리지 않을 만하다."

아버지 성염조의 말처럼 세조가 내장되어 있는 조맹부의 글씨를 성임에게 내주면서 이를 모사하게 하였는데 글씨가 거의 똑같아 구별할 수 없을 정도였으며 당시 궁정문의 액자나 사찰 또는 비문의 글씨는 모두 성임의 솜씨였다고 한다. 성임의 글씨로는 「원각사비圓覺寺碑」, 「한계미묘비韓繼美墓碑」, 「최항신도비崔恒神道碑」 등이 있고, 경복궁 전문殿門의 편액과 왕실의 사경寫經 등 국가적 서사書寫를 많이 하였다.

말년에는 속된 잡무를 멀리하고 방에 고요히 앉아 명상을 즐기곤 하였으며 또한 마당에 돌을 모아 산을 만들고 시냇물을 끌어다 못을 파고 이름난 꽃과 기이한 풀들을 모아 그 옆에 심어 두고는 자연을 벗 삼아 놀기를 좋아하였다. 이는 성간의 시문에서 나타나는 서정적인 세계를 엿볼 수 있는 면모라 할 수 있을 것이다.

또한 평생에 마음 맞는 친구들의 시문을 모아 두루마리를 만들어 「가산시권假山詩卷」이라 이름 붙이고 책상 위에 놓아두고는 때때로 완상하기를 즐기었으며, 강변에 별장을 지어 놓고 흥이 나면 달려가 망건도 쓰지 않은 채 지팡이를 짚고 소요하는 등 마치 산림山林의 일사逸士와 같이 담담하고 소탈한 됨됨이를 가진 인물이기도 하였다.

문학사적인 위치에서는 민간에서 떠도는 이야기를 주제로 쓴 패관소설稗官小說의 선구자이며 국어사 연구에 지대한 업적을 남긴 인물이라는 평가를 받는다. 그 업적으로 일찍이 중국의 『태평광기太平廣記』 5백 권을 초록하여 양절詳節을 만들었고, 고금의 이문을 수집 정리한 『태평통재太平通載』 80권을 간행하였다. 저서로는 문집인 『안재집安齋集』이 있는데, 후손들이 보관해 오던 것을 최근 발굴하여 많은

국어학자들이 그 문집에 대한 가치를 높게 평가하였다. 이외에 많은
산문이 있었으나 안타깝게도 화재로 인해 대부분 소실되었다.

성임의 시

불지암佛地庵

손이 없어 하룻밤 자러 왔는데
맞이하러 나오는 이 아무도 없구려.
산은 최상의 땅을 둘러쌌는데
스님네는 대승大乘의 경전 외우네.
시냇물은 언제나 그칠 것인가.
구등篝燈은 밤을 새워 밝혀 있도다.
티끌 속의 물거품과 허깨비 같은 꿈이
여기 와서 비로소 깨는 줄을 알겠노라.

도중途中 (길 가면서)

첩첩 쌓인 메 뿌리는 그림인 듯 늘어섰고
골골에 흐르는 물 이리저리 모여드네.
서리 찬 골짝에는 단풍잎 붉어 있고

해 저문 마을 어귀 흰 구름 잠겼구나.

풍경이 좋아지니 눈을 자주 주게 되고

흥겨워 읊을 적에 어깨춤 절로 난다.

허다한 길손들이 허위단심 오가는데,

산중[1]은 알 리 없어 바랑 끼고 누웠누나.

타고난 재주는 그냥 길러지지 않는다 - 성간

둘째 아들 성간은 1427년(세종 9) 태어났다. 진일공眞逸公 성간은 어렸을 때부터 널리 보고 많이 기억하여 읽지 않는 글이 없을 정도였으며 사대부와 친구 집에 유경幽經과 세상에 알려지지 않은 벽서僻書가 있다는 말을 들으면 어떤 방법으로든 반드시 구해서 읽고야 말았다고 한다.

성장기에는 성품이 지나치게 거칠어 막대를 짚고 거리를 누비면 감히 당할 자가 없었으나, 13세에 이르러 학문에 힘쓰기로 결심하고 말하기를

"나는 문장과 기술에 모두 능하지만 다만 음악에는 능하지 못하다."

---

1) 산중: 산에서 사는 승려.

하고, 그때부터 거문고를 배워 음률을 배워가기 시작하였는데 몇 개월이 안 되어 묘리를 터득하고 음률을 깨우쳤다.

이외에도 여러 가지 기예에 통달하여 천문, 지리, 의약, 복서, 서화, 산술, 역어, 음운 등에 모두 정미精微하여 깊은 경지에 도달하였으므로 그 방면의 전문가라도 감히 이론을 펴지 못할 정도였다고 한다.

또한 항상 스스로 자신의 운명을 점쳐 말하기를

"나는 병자년丙子年을 만나면 족하다."

라고 하였다.

성간은 유방선柳方善의 문인으로서 1405년(태종 5) 국자사마시에 합격하고 성균관에서 공부하다가 1409년(태종 9) 아버지 유기가 민무구閔無咎의 옥사와 관련, 연좌되어 청주로 유배되었다가 이듬해 영천으로 이배되었다. 이후 1415년(태종 15) 풀려나 원주에서 지내던 중 참소로 인하여 다시 영천에 유배되었다가 1427년(세종 9) 풀려났다. 이후 1441년(세종 23) 진사시에 합격하고, 1453년(단종 1) 증광문과에 급제하였다.

성간의 스승인 유방선은 12세 무렵부터 변계량卞季良, 권근權近 등에게 수학하여 일찍부터 문명이 높았다.

유방선은 유배 생활 중의 학행이 높이 드러나 유일遺逸로 천거되어 주부主簿에 천거되었으나 사양하였다. 특히 유배 살이를 하던 도중 영천의 명승지에 '태재泰齋' 라는 서재를 짓고 당시 유배나 은둔 생활을 하던 이안유李安柔, 조상치曹尚治 등 문사들과 학문적인 교분을 맺고 주변의 자제들에게 학문을 전수하여 이보흠李甫欽 등의 문하생을 배출하였다.

즉, 유방선은 정몽주, 권근, 변계량을 잇는 영남 성리학의 학통을 후대에 계승 발전시키는 역할을 한 인물이다. 제자로는 성간 외에도 원주에서 생활하는 동안 서거정, 한명회, 권람, 강효문 등 걸출한 인물들을 길러내었다.

유방선의 본관은 서산瑞山이며 자는 자계子繼, 호는 태재泰齋이며 경현원景賢院과 영천 송곡서원松谷書院에 제향되었다. 저서로는『태재집泰齋集』이 있다.

한편 성간은 독서에 얼마나 열중하였던지 그에 관해 전해지는 일화가 있다. 서거정이 집현전에서 숙직할 때 별안간 기침소리가 나기에 문을 열어보니 성간이

"비장의 책을 보고자 찾아왔다."

고 하여 허락하였더니 밤새도록 등불을 켜고 잠시도 눈을 붙이지 않고 열람하기를 거의 다 하였다고 한다.

그 뒤 10년 만에 과거에 급제하여 집현전에 들어갔는데 항상 각중에 앉아서 좌우에 서적을 두고 날이 다하고 밤이 새도록 섭렵하여 동료들은 서음書淫이니 전벽傳癖이니 하며 희롱하기까지 하였다.

시객詩客은 담담정으로 모여들고

이런 성간의 출중함을 알아본 인물이 있었으니 바로 안평 대군安平 大君이었다. 당시 수양 대군의 위세는 날이 갈수록 높아 가던 시기라 안평 대군의 입지는 점점 위축되어 가던 시점이었다. 그리하여 안평 대군은 벼슬에서 쫓겨난 이현로李賢老와 함께 마포 강가 담담정淡淡亭 에서 함께 세월을 보내고 있었다.

어느 날 안평 대군이 이현로에게 말했다.

"여보게, 오늘 달도 밝고 놀기 좋으니 글 잘하는 선비나 좀 불러 오게나."

"글쎄요. 누가 과연 대군의 눈에 들만큼 글을 잘 할지 시생은 잘 모르옵니다."

"아마, 지금은 성간을 당할 사람이 없을 걸세. 그 사람을 좀 청해 오게."

성간은 이때에 나이 서른이 되지 않았음에도 2년 전인 1441년(세종 23) 진사시에 합격한 출중한 재사로서 그 뛰어남을 인정받고 있었다. 문종으로부터 사가독서의 혜택을 받았고, 그해 실시한 증광 문과增廣 文科에 급제하였으며 곧이어 집현전의 수찬修撰이 되었는데, 글씨도 명필이었기에 문명文名을 새로이 떨치고 있었다.

특히 성간은 시부詩賦에 능하였으니 안평 대군과는 참으로 좋은 짝이라 할 수 있었다. 인재를 모으는 안평 대군이 어찌 이런 사람을 사귀려 하지 않을 것인가.

　이현로가 주선한 끝에 이윽고 성간이 안내를 받아 담담정으로 들어섰다. 안평 대군과 성간은 10년이나 되는 연령 차이가 있었으나 안평 대군은 반가이 일어나 성간을 맞아 들였다.

　　"성 수찬, 그동안 늘 한번 만나보고자 하였으나 기약이 없더니
　　이제 비로소 뜻을 이루게 되었구려."
　　"보잘 것 없는 시생을 이와 같이 청해 주시니 보답할 일이 걱
　　정이옵니다."

성간의 겸손함에 안평 대군은 시원하게 웃으며 대답하였다.

　　"하하, 서로 사귀자는 것이지 보답이 무슨 보답이겠소. 그대의
　　명성이 하도 요란히 떨치기 때문이 아니오."
　　"시생의 조그마한 이름보다는 대군의 높으신 이름은 천둥과
　　같습니다."
　　"지나친 말이오."

좌정을 하자 또 안평 대군이 말하였다.

　　"성 수찬은 옛사람들의 시도 많이 섭렵하였겠지?"

"대군, 시생은 벌써 시 짓는 것은 잊었습니다."

"왜 그러하오?"

"무어……, 그저 시상詩想이 말라붙어 생각도 나지 않고 이제 다른 방향으로 개척해 볼까 합니다."

"오……, 그것도 좋은 생각이오. 그럼 우리 바둑이나 한 판 두어볼까?"

안평 대군은 성간과 우선 운문韻文으로 주고받는 글짓기부터 하며 사로잡고 싶었으나 성간이 응하지 않으므로 바둑판을 내어 놓았다.

그런데 내놓은 바둑판을 성간이 가만히 보니 향나무로 만들어 참으로 귀했으며, 바둑돌은 백은 은으로 만들고 흑은 옥으로 만든 것이었다. 평생 글이나 읽은 궁한 선비인 성간으로서는 보기만 하여도 눈이 부실 지경이었기에 다음과 같이 말하였다.

"대군, 시생은 이런 바둑판으로는 생전 처음 두어 보는 것이 되어서 눈이 아른아른하고 하여 도저히 둘 수가 없겠나이다."

"허, 이 사람 참. 겸손의 말은 그만두고 어서 둡시다."

이에 성간은 마지못해 떠듬떠듬 바둑을 두었다.

얼마 후에는 주안상이 나왔는데, 참으로 아름다운 선녀들이 죽 따라 나왔다.

"자. 주안이 나왔으니 바둑은 그만 치우고 술이나 듭시다."

안평 대군이 먼저 상을 대하자 성간도 따라 마주 앉았다. 선녀 같은 여자들이 거문고를 가지고 나와 뜯었다. 젊은 성간이 아무리 곧은 사람이라고 해도 이런 달밤에 보는 미녀와 청아한 곡조 앞에선 어쩔 수 없이 취할 수밖에 없었다. 금으로 만든 술잔에 맑은 술이 넘쳐흘렀다.

권하는 대로 서너 잔 마셔보니 그 맛이 보통 먹어보던 술맛이 아니었다. 잔을 들 때마다 향내가 코를 건드리며 어느 사이 먹는 줄 모르게 저절로 넘어갔다. 이윽고 성간은 취기가 돌았다.

"대군, 참으로 좋은 경치이옵니다."
"허, 정녕 강이 그렇게 좋소? 성 수찬, 그럼 우리 술상을 한강에 띄우고 뱃놀이를 하세나."

드디어 술상은 강물 위에 떴고, 밤의 시원한 강바람을 따라 좌우에 앉아 시중드는 선녀들의 분 냄새가 취한 성간의 코끝을 더욱 그윽하게 감싸주었다. 이윽고 거문고에 맞춰 노래를 하니 미녀들의 청아한 목소리가 그 물결 위에 아롱지며 사방으로 번져 갔다. 너무나 황홀한 정경에 문득 꿈이나 꾸는가 싶던 성간은 정신을 바짝 차리고 속으로 중얼거렸다.

'이 사람은 부모 덕택을 크게 보는 사람이로구나. 부모(세종)가

나라를 평안하게 해 놓으니 그 아들들이 잘 노는구나. 다른 아들들도 대개 이러할 것이 아닌가.'

문득 성간은 한심한 생각이 들어 집으로 가 버리고 싶었다. 조금 있으려니 어디서 젊은 사람들 한 떼가 딴 배를 타고 몰려왔다. 안평 대군은 그 사람들에게 소리쳤다.

"자네들은 이 배 뒤에 따라오게. 오늘 이 배는 국중國中에 제일 가는 젊은 학자님을 모셨다네."

배는 거의 꼬리를 맞물고 따라오더니 차츰 두 배로 수효가 늘어 나중에는 10여 척이나 되었다. 취한 선유객들은 더욱 흥취를 돋우어 시를 읊어가며 물살을 따라 서서히 오르내렸다. 여자들의 고운 목소리가 거문고 소리에 맞추어 더욱 높아갔다.

지혜로운 어머니의 강한 훈계

성간은 난생 처음으로 하룻밤의 청유淸遊를 마음껏 맛보고 다음 날 아침이 되어서야 집으로 돌아왔다. 아들이 아침에야 들어오는 것을 보고 어머니가 매우 의아해 하며 어디에서 무엇을 하다 오는 길이냐고 물었다. 성간은 아직도 흠뻑 취해 있었다.

"어젯밤에 사람이 데리러 와서 담담정에 갔다 돌아오는 길입니다."

"담담정이라니! 얘야, 그곳은 바로 그 경박한 왕자 안평 대군의 정자가 아니더냐? 네가 글 잘한다는 소문을 듣고 안평 대군이 부른 게로구나?"

성간의 어머니는 안평 대군을 어찌 봤는지 경박한 왕자라고 하며 아들을 신칙申飭하였다.

"못쓰느니라. 왕자의 도리는 근신하는 것이지, 천하의 이름 있는 사람들을 모아 놓고 장차 무슨 계획을 할 셈이라더냐? 왕실이 지금 약하다는데 그러한 짓을 하는 종친宗親과 같이 놀면 큰일이 날 것이다. 이후에는 다시 거기 가지 말아라, 알겠느냐?"

"예. 소자 또한 안평 대군이 도리에서 벗어나고 있는 줄 알고 있습니다, 어머니."

"나는 그를 보지는 못했지만 듣자하니 안평은 재주가 많은 사람이라고 하더구나. 재주 많은 사람이 경박하기 쉬우며 경박한 사람은 오래 가지 못하느니라. 각별히 조심해야 한다."

이로부터 성간은 다시는 안평 대군에게 가지도 않고 청이 와도 평계를 대고 응하지 않았다. 뜻있는 선비들 간에는 안평 대군이 오래 가지 못할 것이라는 소문들이 오갔다. 너무 호화로운 놀이만을 취하며 대개 모여드는 사람들도 그것을 취한다는 것이었다.

그 몇 달 뒤에 수양 대군이 소위 계유정난癸酉靖難을 일으켰고 안평 대군은 결국 사사되고 만다. 그때 성간은 안평 대군 일파가 모두 몰락 하는 데도 무사했다고 한다. 지혜로운 어머니 안씨가 성간을 구한 셈 이다.

그러나 앞에서 밝힌 대로 성간은 오래 살지 못하고 그로부터 3년 뒤 인 1456년(세조 2) 30세의 나이로 요절하여 아까운 재주를 흙 속에 묻 고 말았다. 성간은 전농직장과 수찬을 거쳐 정언에 임명되었으나 결 국 독서의 과로로 인하여 부임하기 전, 세상을 떠나고 만 것이다.

성간이 자신의 명을 점하여 말한 병자년은 1456년으로 성간이 30세 가 되는 해이다. 자신의 운명을 예언한 것이 들어맞은 것이다. 성간은 학업에 지나치게 부지런하여 원기가 쇠약하고 신체가 파리하여 청수 淸秀하고 깡마른 골격이 마치 뾰족한 산과 같았다고 한다. 성간의 자 는 화중和仲, 호는 진일재眞逸齋이다.

성간은 경사는 물론 제자백가서도 두루 섭렵하였으며 특히 시부에 뛰어나 「궁사宮詞」, 「신설부伸雪賦」 등을 남겼으며 패관문학에 속하는 『용부전傭夫傳』은 그 문학적 가치를 인정받고 있다. 또한 원체 시문에 능했던 성간은 「궁사宮詞」, 「신설부新雪賦」 등의 뛰어난 작품들을 남 겼다. 저서로 『진일재집眞逸齋集』이 있다.

성간의 시

어부漁夫

數疊靑山數谷烟 수첩청산수곡연

紅塵不到白鷗邊 홍진[2]부도백구변

漁翁不是無心者 어옹불시무심자

管領西江月一船 관령서강월일선

겹겹마다 청산이요 골골마다 연기이니

갈매기 떠도는 곳 홍진 어이 이르겠는가.

뉘라서 어옹을 일러 뜻이 없다 하였는고.

서강의 달빛까지 도맡아 참견일세.

다음의 시는 성간이 서거하기 전날 꿈을 꾸고 지은 시이다. 뛰어난 재능만큼 예지력 또한 정확하였던 듯하다. 성간이 꿈속에서 제학提學 이개李塏를 보았는데, 그가 용이 되고 자신은 그 용을 타고 한강을 건넜다. 그런데 그 강 언덕의 초목과 인물은 모두 세상에서 보지 못한 것들이었다.

---

2) 홍진紅塵: 바람이 불어 햇빛에 벌겋게 일어나는 티끌. 또는 속세의 티끌이나 번거롭고 속된 세상.

꿈과 같이 얼마 안 되어 백고伯固 이개는 화를 입었고 성간 또한 병을 앓게 되었으며 그 다음 날 세상을 떠났다.

西風拂嘉樹 서풍불가수[3)]
零落發華滋 영낙발화자
我亦一天物 아역일천물
玉汝來有期 옥여내유기

서풍이 가수에 불어치니
잎이 떨어져야 다음 해 꽃이 핀다오.
나 역시 하늘이 낸 물건이니
시련이 닥쳐올 때가 있으리.

재주는 넘쳐도 깨우치지 못한 것은 많았다

어머니 안씨의 말대로 안평 대군은 경박한 사람에 지나지 않았던가? 그러나 적어도 수양 대군과 쌍벽을 이루는 강자인 안평 대군이 그렇게 녹록한 인물일 리는 없다고 봐야 할 것이다.

---

3) 가수嘉樹: 진귀하고 훌륭한 나무.

성간이 안평 대군이 있던 한강변 담담정에 초청되었을 때는 1453(단종 1)년 계유년癸酉年의 한여름인 6월이었다. 그리고 그로부터 몇 달 후 계유정난이 일어났다. 성간이 한강에서 선유船遊를 즐길 적에, 안평 대군을 원망도 해보았지만 부럽기는 했다고 한다.

그러나 신이 안평 대군에게 잠시 호사로운 생활을 주었다고 한다면 성간은 신으로부터 더 큰 선물을 받았다는 것을 깨우치지 못하고 있었던 것이다. 남보다 뛰어난 재주를 주었고, 앞날을 내다 볼 줄 아는 현명한 어머니를 모셨으니 말이다. 그러나 신은 한 사람에게 많은 행운을 허락하지 않는 법인지 성간을 젊은 나이에 데려가 버렸다.

553년이 지났건만 한강은 지금도 유유히 흘러간다. 그러나 그날 배 띄우고 노래하던 선녀들은 어디로 갔는지 종적이 없다. 젊은 학자들을 초청하여 교유하기를 즐기던 안평 대군과 젊은 문학도 성간은 또 어디로 갔는가. 정녕 혼이라도 있다면 그들의 자취를 더듬어 보고픈 마음이다.

성간은 범인凡人을 뛰어넘는 재주를 스스로도 알고 있었던지 어렸을 때부터 예법에 구애받지 않고 방탕한 점이 있었으나 남의 책 읽는 소리를 들으면 묵묵히 그 뜻을 기억하였다고 한다. 성간의 동생인 성현이 지은 『진일선생전眞逸先生傳』에도 그와 같은 내용이 나온다.

맏형님께서는 성균관에서 공부할 때에 선생은 아직 어려서 장난을 할 정도였다. 그러나 심지心志가 뇌락磊落하여 곽자의나 이광필과 같은 인물을 흠모하였다. 부친께서 집의執義에 임명되자 많은 감찰들이 방문하였다. 그중에 전중殿中인 이최李漼가 선생의 이마를 어루만지면서 "나는 네 아버지와 동방급제同榜及第한 사람이다"라고 하자, 선생은 눈을 부릅뜨고 꾸짖기를 "우리 아버지는 현재 중승中丞의 귀관이 되셨는데, 당신은 어디에서 송자환松子丸이나 굴리면서 놀다가 아직도 낮은 관직에 있소" 하면서 지팡이로 쳤다.

또 15세에 사마시에 응시하였는데, 모두들 붓을 잡고 정신을 다 하여 시문을 지었으나, 선생은 한마디도 쓰지 않은 채 다만 섬돌 사이에다 관과 일산을 쓴 인물화를 그리면서 "이것은 내가 급제한 후 유가遊街하는 모습이다"라고 말하였다. 저녁 무렵이 되자, 공은 종이 양쪽을 잡고서 쓰는데 붓을 움직이는 것이 마치 비 내리듯 하였다.

마침내 이 시험에 합격하였는데, 방을 내붙이는 날 차작借作이라고 비웃는 사람이 있을 정도였다. 선생은 발분發憤하여 두시杜詩를 천독千讀하고 문리가 어려운 책도 보는 즉시 쉽게 해독하였다. 이로 말미암아 육경과 제자와 사서에 통달하여 익숙지 않은 것이 없었다. 그리하여 밤을 지새우며 등을 자리에 붙이지 않고 공부한 것이 10여 년이나 되었다.

깊고 넓은 학식을 가졌건만 - 성현

문재文才 성현成俔은 1439년(세종 21) 태어났다. 성임, 성간, 성현 3형
제 모두 덕성과 학문으로 명성이 높았으나 셋째였던 성현은 특히 더
하였는데 그에 관해 1488년(성종 19) 3월에 있었던 내용을 밝혀 보고자
한다.

명나라의 동월董越과 급사給事인 왕창王敞이 조선에 사신으로 오게
되자, 이때 평안도 관찰사로 있던 성현이 안주에서 이들을 맞이한 후
평양까지 같이 들어오게 되었다. 성현은 재주 있고 글도 잘 하였기에
사신을 평양 부중의 경치 좋은 곳으로 안내하였는데 먼저 향교로 향
하여 그곳에서 글 배우는 사람들을 소개하였다. 동월은 매우 만족한
듯이 구경한 다음 대성전大成殿에서 공자의 화상을 보고 참배를 하였
다. 서울에서 내려와 성현과 함께 응접사應接使로 있던 허종許琮이 동
월을 보고 말하였다.

"우리나라에서 공자님의 상을 흙으로 만든 곳은 이곳뿐이오."
"예, 우리 명나라도 흙으로 만들거나 나무로 만든다오."

하자, 이에 허종은

"토상이나 목상은 아무래도 부처님을 모시는 것 같아 찬성하
지 않습니다. 그런 연고로 서울에 모신 대성전에는 공자님의

화상 대신 위패를 모시었습니다."

라고 대답했다. 이에 동월은 명나라도 그렇게 하려 하였으나 곡부
曲阜에 모신 상이 목상인 까닭에 아직 고치지 못하였다며 조선이 나라
는 작아도 유교를 사랑한다는 칭찬을 아끼지 않았다.

잠시 후 단군 묘소에 이르러 동명왕의 위패를 본 동월이 물었다.

"이 사람은 한인이오?"

"아니오, 부여의 고등신高登神4)입니다. 원래 고구려가 부여에
서 나왔으므로 여기서는 동명왕을 모시는 것이지요."

"아, 그렇군요. 한나라 왕충王充의 『논형論衡』에 그런 이야기
가 있지요. 성 관찰은 박학이구려."

동월은 칭찬을 하였고 성현은 다음으로 기자묘를 안내하였다. 동월
은 변계량이 쓴 기자비명을 큰 소리로 읽으며 칭찬하고는, 베껴 쓴 다
음 조사弔辭까지 지어서 주는 등 수준 있는 대화를 나누는데 서로 막
힘이 없었다.

이튿날은 대동강에 배를 띄워 놓고 놀았다. 평양과 중국의 남방 소
주와 항주의 아름다움을 서로 비교하던 명나라 사신 둘과 성현, 허종

---

4) 고등신高登神: 고구려의 시조 주몽의 신위神位.

일행은 부벽루浮碧樓에 이르렀다.

따라서던 동월은 김황원金黃元의 시를 읊으며 그 아름다움을 찬양하였다.

長城一面溶溶水 장성일면용용수
大野東頭點點山 대야동두점점산

긴 성곽 한 쪽에는 용용히 흐르는 강물이요
넓은 벌판 동쪽에는 점점이 산이로세.

마침 비가 내렸고, 내리는 비를 바라보며 그들은 부벽루에서 술을 권하였다. 술상을 마주한 성현이 능숙한 중국말로 사신들을 대접하자 동월과 왕급사는 그의 천재적인 중국어에 감탄하며 백년지기를 만난 듯 기뻐하였다.

조금 후 평양의 명기들이 올라와 노래를 하고 춤을 추는 사이로 실비가 솔솔 속삭이듯 내리고, 주객이 얼큰해지자 성현이 손수 거문고를 뜯었다. 동월은

"성 감사는 재주 있는 풍류객이구려. 성 감사의 거문고는 입신
入神의 묘妙가 있소."

하며 감탄하였다. 청가 묘무淸歌妙舞 또한 뛰어났던 성현은

"학자는 글만 읽는 것이 아니라 때로는 주사청루酒肆靑樓에서
소탈한 놀음도 할 수 있어야 하지 않겠소?"

하는 것이라 말하였다. 며칠 후 성현과 명나라 사신 일행은 이윽고
평양성으로 들어섰고, 옛날 고구려의 영토 자리를 지날 때 성현이 설
명하였다.

"이곳이 바로 옛날 기자箕子가 설치했던 정전井田 자리라고 합
니다."
"아, 그러오? 은나라의 성인이 이곳에 그 자취를 남기었구려."

동월이 대답하는데 어디서인지 거문고 타는 소리가 들려왔다. 동월
은 눈이 휘둥그레졌다. 이를 본 성현이 말하였다.

"저 풍악 소리는 옛날 기자가 가르치고 간 것인데 지금까지도
이 근처에는 그 유풍이 남아 있어 때때로 타는 것입니다."

그러나 이는 성현이 미리 백성들에게 가르쳐주고 타게 한 것이었
다. 이를 알 리 없는 명나라 사신들은 정말 기자의 유풍이 남은 줄 알
고, 조선은 가히 예의의 나라라며 더욱 감탄하였다.
예술적인 재주도 뛰어나고 글솜씨까지 좋은 성현은 자존감을 잃지
않으며 자신의 뜻대로 동월의 마음을 이끌었다. 두 나라로 왕래하는

사신들은 언제나 재치 있고 글을 잘해야 호감을 살 수 있었다.

명나라의 사신을 맞이한 후, 같은 해인 1488년 성현은 동지중추부 사로 사은사가 되어 다시 명나라에 다녀온 뒤 대사헌을 거쳐 1493년 (성종 24) 경상도 관찰사로 나갔다.

그러나 음률에 정통했던 성현은 장악원掌樂院 제조提調를 겸하였기 때문에 외직으로 나감으로써 불편이 많아지자 한 달 만에 예조판서로 제수되었다.

앞의 일화에서도 나왔듯 성현은 젊었을 때 거문고의 묘미를 체득하여 20년간 장악원 제조를 역임하였으며, 1493년에는 유자광 등과 당시의 음악을 집대성하여 『악학궤범樂學軌範』을 편찬하였다. 한편, 성종의 명으로 고려가사高麗歌詞 중 「쌍화점雙花店」, 「이상곡履霜曲」, 「북전北殿」 등의 표현이 노골적인 음사로 되었다고 하여 고쳐 쓰기도 하였다.

또한 관상감, 사역원, 전의감, 혜민서 등의 중요성을 역설하여 그곳에 딸린 관원들이 종전대로 문무관의 대우를 받을 수 있도록 하였다. 이렇듯 성현은 문형文型을 관장하여 문학을 진흥시키고 고시관이 되어 많은 인재를 선발하였다.

견문見聞이 많은 것을 '문文'이라 하고, 전법典法에 어김이 없는 것을 '대戴'라 한다. 성현은 문장과 덕망을 함께 갖춰 글은 힘차고 넉넉하였으며 시 또한 고건高健하였다. 성현도 성간처럼 책읽기를 과하도록 즐겨하였는데 닭이 울 때 일어나서부터 손에서 책을 놓지 않았다고 하며 다음과 같은 시를 지어 두 아들에게 외우도록 하였다.

所惡是諂諛 소악시첨유

所欲惟忠盡 소욕유충진

싫어하는 것은 아첨함이요

하고자 하는 것은 충직함이라.

　특히 성종 재위 당시 성종 임금이 문아文雅함을 숭상하였으므로 성
현은 여러 번 특별한 총애를 입었다.

　연산군이 즉위한 후에는 한성부 판윤을 거쳐 공조판서가 되어 대제학
을 겸임하였으며 병을 앓자 연산군은 내의를 보내 보살피게까지 하였다.

　성현은 1504년(연산 10) 66세의 나이로 하세하였는데 장례에 있어서
는 표석만 남기도록 하고 자신의 검약한 뜻을 알렸으나, 별세하자 동
료와 친척들이 모여 제사를 올리는 자가 끊이지 않았다. 죽은 뒤 수개
월 만에 갑자사화甲子士禍가 일어나자 부관참시를 당하고 성현의 두
아들까지 유배되기도 하였으나 이후 신원되었으며 청백리에 녹선되
었다.

　성현의 대표적인 저서로는 『허백당집虛白堂集』, 『악학궤범樂學軌範』,
『용재총화慵齋叢話』, 『부휴자담론浮休子談論』, 『금낭행적錦囊行跡』, 『상
유비람桑楡備覽』, 『경륜대궤經綸大軌』, 『풍소궤범風騷軌範』 등이 있다.

　성현의 휘는 현俔, 자는 경숙磬叔, 호는 용재慵齋·부휴자浮休子·
허백당虛白堂·국오菊塢이며 시호는 문대文戴이다.

성현은 왜 부관참시를 당했나

연산군이 성현을 아끼던 개인적인 이유와는 별개로, 연산군의 생모 폐비 윤씨에 대한 복위에 관해 논의가 벌어질 당시 성현은

> "폐비 윤씨에 대하여 신주를 만들고 사당을 짓는 것은 마땅치 않으니 대신들을 모아 합의한 후 행해야 한다."

는 발언을 한 것이 빌미가 되어 갑자사화가 일어나자 부관참시를 당하였다.

성현의 조카이자 성임의 아들이었던 성세명成世明은 1495년 연산군이 즉위하자 대사간이 되어 여러 대군과 상관의 복호를 파할 것을 주장하고, 또한 병조참지가 되어 폐비 윤씨의 추존을 강경히 반대하였다. 이후 여러 벼슬을 거쳐 1504년(연산군 10) 대사헌이 되었으나 갑자사화로 인해 한성부 좌윤으로 좌천되었다.

이듬해에는 진향사가 되어 명나라에 다녀온 후 연산군에게 '명의 황제는 경연에 부지런히 임한다' 는 말을 하였다가 미움을 받아 파직되었다.

또한 갑자사화 때 유배를 가야했던 성현의 두 아들 중 성세창成世昌은 21살이 되던 1501년(연산군 7) 진사시에 합격하였다. 성세창은 1509년(중종 4) 이조 정랑이 되었으나 인사 행정을 불공정하게 처리하여 서반으로 좌천되기도 하였다.

어린 나이에 억울하게 유배를 떠났던 경험이 있음에도, 본인 또한

정당하지 못한 일을 하여 유배를 떠나는 성숙하지 못한 모습을 보이기도 했다. 이후 관직 생활을 하는 동안에도 몇 차례의 탄핵과 파직을 당하고 유배와 귀양을 떠나게 되는 등 그리 순탄하지 만은 않은 인생을 보내었다.

그러나 성세창은 필법에 뛰어나고 글씨, 그림, 음률에 정통하여 삼절三絶이라 불리었다.

성현의 시

결객소년장행結客小年場行

소년 시절에 글을 안 읽고
검술을 배워 만인을 대적.
사귀는 벗은 형가와 섭정.
장안 거리로 들락날락.
허리에 찬 비수가
자줏빛 번개처럼 길에 번쩍하는데
대낮에 적자敵者에서 사람을 찔러
원수를 갚고 제 몸을 돌보지 않네.

전년에 모군募軍에 응하여
말을 달려 서쪽으로 되놈을 칠 때,
앞장서서 사막을 건너가
꾸짖으니 풍운風雲이 몰아쳤네.
해동성 보라매가 날뛰매,
날새들이 놀라 소리치며 흩어지는 듯.

사호射虎의 굴혈을 다 소탕하고,
개가를 부르며 서울에 돌아왔으나
공公 이름이 마치 당연한 일인 듯
높은 벼슬을 주어도 바라지 않고.
옛날 도사에 도로 숨어서
투전鬪戰꾼들을 모아다가 어울려 노네.

제청주동헌題淸州東軒

꽃 병풍 비단 휘장 속 깊이 누었으니
잔 들어 권할 이 없고 노래조차 끊겼구나.
얼핏 졸음 놀라 깨니 발 속에 한기 들고,
물가엔 보슬비 장미 송이 피고 있네.

累屢

權門如尺踰之則熱 권문여척도지칙열
宦途如海履之則沒 환도여해리지칙몰
愼勿顚越　　　　신물전월

권문은 불과 같으니 뛰어들면 열이 나고
벼슬길은 바다와 같아서 밟으면 빠지나니
(오직 덕과 의義에 있어서는)
삼가서 넘어서지 말라.

순흥 안씨 부인의 세 아들 성임 · 성간 · 성현의 문과 급제 횟수

이름	내용
성임	1438년(세종 20) 사마시 급제
	1447년(세종 29) 식년 문과 병과 급제
	1458년(세조 4) 문신 당하관 정시 수석 급제
성간	1441년(세종 23) 진사시 급제
	1453년(단종 1) 증광 문과 급제
성현	1462년(세조 8) 식년 문과 급제 (3등)
	1466년(세조 11) 발영시 급제 (3등)
	1476년(성종 7) 문과 중시 병과 급제

* 표에 기록한 여덟 번의 문과 급제 외에 기타 기록하지 않은 시험에서도 많이 합격하였음.

성간의 어머니 정부인 순흥 안씨와
아버지 창녕 성씨 성염조의 가계

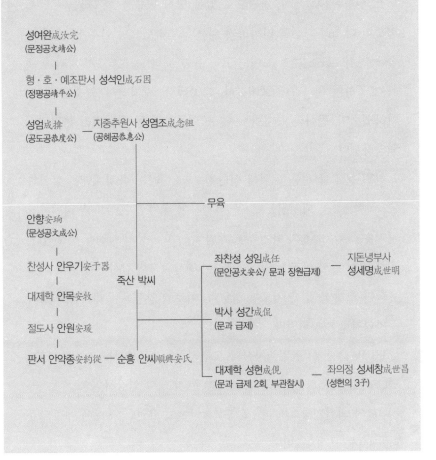

성여완成汝完
(문정공文靖公)
|
형·호·예조판서 성석인成石因
(정평공靖平公)
|
성엄成揜 ── 지중추원사 성염조成念祖
(공도공恭度公)　(공혜공恭惠公)

무육

안향安珦
(문성공文成公)
|
찬성사 안우기安于器
|
대제학 안목安牧
|
절도사 안원安瑗
|
판서 안약종安約從 ── 순흥 안씨順興安氏

죽산 박씨

좌찬성 성임成任 ── 지돈녕부사
(문안공文安公/ 문과 장원급제)　성세명成世明

박사 성간成侃
(문과 급제)

대제학 성현成俔 ── 좌의정 성세창成世昌
(문과 급제 2회, 부관참시)　(성현의 3子)

어머니 순흥 안씨 가계의 내력

순흥 안씨의 **6대 조부 안향**安珦은 밀직부사 안부安孚의 아들로서 1243년(고종 30) 태어났다. 초명은 유유裕, 자는 사온士蘊, 호는 회헌晦軒이다. 1260년(원종 1) 문과에 급제하여 교서랑이 되고, 1270년(원종 11) 삼별초의 난 때 강화에 억류되었다가 탈출하여 감찰어사가 되었다.

1275년(충렬 11) 상주 판관으로 있을 당시 민중을 현혹하는 무당을 엄중히 다스려 미신을 타파하기 위해 노력하였으며 이후 몇 가지 벼슬을 거쳐 1289년(충렬 15)에는 고려 유학 제거儒學提擧로서 왕과 공주를 호종하여 원나라에 들어갔다. 그곳에서 『주자전서朱子全書』를 필사하였으며, 돌아와 주자학朱子學을 연구함과 동시에 여러 관직에도 역임하였다.

한편 문교의 진흥을 위해 섬학전贍學錢이라는 육영재단을 설치하고, 국학國學의 대성전大成殿을 낙성하여 공자의 초상화를 비치하고 제기祭器, 악기樂器와 육경六經, 제자諸子, 사史 등의 서적을 사들였다. 또한 전법 판서 이진李瑱을 천거하여 경사교수 도감사로 임명케 하여 유학이 크게 퍼질 수 있도록 하였다. 이로써 안향은 우리나라 최초의 주자학자로 지칭되었다.

1304년(충렬 30) 판밀직사사와 도첨의중찬으로 치사致仕하고, 1306년(충렬 32) 하세하였다. 문묘文廟 및 장단長湍의 임강서원臨江書院, 곡성谷城의 회헌영당晦軒影堂, 순흥順興의 소수서원紹修書院에 제향되었다. 시호는 문성文成이다.

순홍 안씨의 **5대 조부 안우기**安于器는 1265년(원종 7) 태어나 1282년 (충렬 8) 문과에 급제하여 국학좨주, 좌부승지, 밀직부사 등을 거쳐 1314년(충숙 1)에는 지밀직으로서 찬성사 권보 등과 함께 새로 구입한 서적 1만8백 권을 검열하였다. 1316년(충숙 3) 대사헌에 올랐다가 파직 되었으나 다시 복직되어 검교찬성사, 판전의시사, 상장군에 올랐다. 순평군順平君에 봉해졌으며 1329년(충숙 16) 하세하였다.

순홍 안씨의 **고조부 안목**安牧이 태어난 해는 정확하지 않다. 문과에 급제하여 충숙왕 때 판전교시사를 지내고 1330년(충숙 17) 대언代言, 이 군해李君侅 등과 함께 인사권을 관장하였으며 이후 밀직제학, 밀직부 사를 거쳐 1348년(충목 4) 경사도감 제조, 1352년(공민 1) 서연관을 역임 하였다. 순홍군順興君에 봉해졌으며 시호는 문숙文淑이고 1360년(공민 9) 세상을 떠났다.

순홍 안씨의 **증조부 안원숭**安元崇은 1341년(충혜 복위 2) 문과에 급제 하여 대언과 판서를 거쳐 정당문학, 예문관 대제학에 이르렀다. 순홍 군順興君에 봉해졌으며 시호는 문혜文惠이다.

순홍 안씨의 **조부 안원**安瑗의 초명은 정定으로 1346년(충목 2) 태어 났다. 1374년(공민 23) 문과에 급제하여 여러 벼슬을 거쳐 동조 전서가 되었으며 이후 1390년(공양 2) 형조 판서와 좌부대언이 되었을 때 천도 론을 반대하여 이를 중지케 하였다. 1392년(공양 4/ 태조 1)에는 지신사가 되었으며 이전에 일어났던 이초의 옥사에 연루되어 유배되기도 하였다.

그러나 조선이 개국한 뒤 본향本鄕에 안치되어 곧 용서를 받았다. 이후 우군 동지총제로서 사은부사가 되어 명나라에 가서 황제가 제후나 오품 이상의 벼슬아치에게 주던 임명장인 고명誥命 인장印章의 하사를 사례하고 『대학연의大學衍義』, 『통감집람通鑑輯覽』, 『사림광기事林廣記』를 가져다 왕에게 바쳤다. 이후에도 여러 벼슬을 거쳤으며 1411년(태종 11) 세상을 떠났다. 시호는 경질景質이다.

아버지 창녕 성씨 가계의 내력

성간의 **고조부 성석인**成石因의 내력은 1967년 정미丁未년에 건립한 묘비에 화산花山 권평현權平鉉이 병서幷序한 글로 대신한다. 병서에는 성석인 외의 선대에 대한 간략한 기록도 함께 나와 있다.

> …(전략) 공은 고려 공민왕 6년 정유丁酉년(1357) 태어났다. …(중략)… 홍무洪武(명태조明太祖의 연호) 정사년(1377)에 처음으로 위위시衛尉寺에 벼슬하였고, 그 후 문과에서 장원하여 …(중략)… 공은 조선조에 들어와 대사헌大司憲이 되었으며 충청도 관찰사忠淸道觀察使로 나갔다가 다시 들어와서 예문관藝文館 학사學士가 되었다. …(중략)

공은 태종太宗 갑오甲午년(1414)에 별세하시니 향년 58세였다. …(중략)… 정평靖平이라 시호하였다. 그 후 **손자인 봉조**奉祖가 정승이 되므로 하여 숭록대부崇祿大夫, 의정부 좌찬성議定府左贊成에 추증되었고 창산군昌山君에 봉해졌다. 별세하신 지 3개월 만에 경기도 시흥군 우만리牛晩里에 있는 문발산文發山의 술좌戌坐에 안장하였다.

공의 성은 성씨成氏요, 휘는 석인石因(珚)이며 자는 자유自(子)由, 호는 상곡桑谷이며 관향은 창녕昌寧이시다.

고려 때 중윤中尹을 지낸 휘 **인보**仁輔**가 시조**이고, 휘 송국松國은 문하시중門下侍中을 지냈는데 천성이 지극히 효성스러워 부친이 송경松京에서 별세하시자 친히 시신을 지고 창녕昌寧까지 가서 장례를 모시는데 …(중략)… 이러한 효행으로 물계서원勿溪書院[5]에 주벽主壁으로 모셔졌다.

휘 **공필**公弼은 판도판서版圖判書를 지냈고 휘 **군미**君美는 판도총랑版圖摠郞을 지냈으며, 휘 **여완**汝完은 호가 이헌怡軒인데 고려 때에 밀직密直과 정당문학政堂文學에 이르렀으며 조선조에 들어와 이태조李太祖가 등극한 다음 원로라 하여 검교문하시중檢校門下侍中과 창성부원군昌城府院君을 제수하였으나 끝내 벼슬을 거절하고 포천抱川에 있는 왕방산王方山 아래

---

5) 물계서원勿溪書院: 경상남도 창녕군 대지면 모산리에 있는 서원. 창녕 성씨의 시조 성인보成仁輔의 아들 성송국成松國을 비롯하여 성씨 문중 21현의 위패를 봉안하여 제향하고 있다.

에 은거하며 호를 왕방거사王方居士라 고쳤다. 뒤에 문정文靖이라 시호하였으며 물계서원에 배향되었다.

이상은 공의 고조와 증조와 고조 및 부친이다. 모친은 경안택주慶安宅主인 나주 나씨羅州羅氏로 지신사知申事 나천부羅天富의 따님이시다.

공은 3형제 중 셋째였다. 백형은 문경공文景公 석린石璘이고, 중형은 문숙공文肅公 석용石瑢이며, 낭장郞將 석번石璠이 막내 동생이다.

배는 증 정경부인 서산 유씨瑞山柳氏로 밀직부사密直副使 유실柳實의 따님이시다.

슬하에 삼남을 두었으니 **장자인 엄**掩은 중추부지사中樞府知事를 지냈고 영의정領議政 창산부원군昌山府院君에 추증되었으며 공도恭度라 시호하였다. **둘째인 억**抑(성녕 대군 장인) 좌찬성左贊成을 지냈고 좌의정左議政에 추증되었으며 희정僖靖이라 시호하였다. **셋째인 급**扱은 첨지중추원사僉知中樞院事를 지냈다.

⋯(후략)⋯

성간의 **조부 성엄**成揜은 음사로 예안 현감을 지내고 1400년(정종 2) 사헌부 감찰과 지평, 각 조의 정랑을 거쳐 승지, 좌우군동지총제, 경기·강원·황해도 관찰사를 역임하고 이어 사헌부 대사헌, 판한성 부사를 지냈다. 동지중추원사에 이르렀으나 1433년(세종 15) 병으로 사직하였다. 영의정에 추증되고 창산 부원군昌山府院君에 봉해졌으며 시호는 공도恭度이며 생몰년은 알려지지 않았다.

성간의 **아버지 성염조**成念祖는 1398년(태조 7) 태어나 1450년(세종 32) 향년 53세의 나이로 세상을 떠났다.

1414년(태종 14) 진사, 1419년(세종 1) 식년 문과에 병과로 급제하였으며 여러 벼슬을 거쳐 한성부 판사, 개성부 유수에 올랐으나 말년에 병으로 사임하고 중추원 지사에 임명되었다.

성품이 관대하고 충성스러우며 정직하여 세종의 신임을 얻었으나 반면 스스로를 잘 절제하지 못하여 경상도 감사 때에는 가는 곳마다 잔치를 벌이고 술에 취해 직임을 다하지 못하였으며 또한 재산을 모으는데 힘을 써서 많은 비난을 받는 등 아쉬움을 남겼다. 자는 자경子敬, 시호는 공혜恭惠이다.

1447년(세종 29) 태어난 **성임의 아들 성세명**成世明은 1468년(세조 14) 사마시를 거쳐 진사가 되었고 1475년(성종 6) 알성문과에 병과로 급제하였다. 이후 몇 벼슬을 거쳐 1489년(성종 20) 왕명으로 경기 지방에 암행어사로 나가 농작물의 상태를 조사하였으며 돌아와 이듬해 집의가 되었다. 이때 인사의 부정을 묵인하였다는 이유로 홍문관의 탄핵을 받고 물러났다.

1493년 전한으로 복직되어 임광재任光載 등 외척의 횡포를 견제할 것을 주장하였으며, 이듬해에는 부제학이 되어 시무책을 제시하고는 토지제도와 공법제도의 문제점을 지적하고 언론을 중시할 것을 제의

하였다. 이후 연산군의 미움을 받아 파직되었던 성세명은 1506년(중종 1) 중종반정으로 다시 지춘추관사가 되어 『연산군일기』를 편찬하였고 1508년(중종 3) 지돈녕부사가 되었다. 1510년(중종 5) 세상을 떠났으며 시호는 평안平安이다.

성현의 아들 성세창은 1481년(성종 12) 태어나 1501년(연산군 7) 진사시에 합격하고, 1507년(중종 2) 중궁 문과에 병과로 급제하여 홍문관 정자에 임명되었다. 김굉필金宏弼의 문인이며, 이심원李深源에게 역학을 배우고 일류 재사들과 교유하였다.

1517년(중종 12) 홍문관 직제학으로 있을 때에는 조광조 등이 현량과를 실시하려 하자 그 폐단을 지적하고 불가함을 주장하였으며 1519년 기묘사화己卯士禍가 발생했을 때에는 신병을 이유로 파주 별장에 거처하면서 화를 피하였다. 정광필鄭光弼이 영의정이 된 후, 성세창은 예조참판, 이조참판이 되어 기묘사화에 죄를 받은 사람들을 등용시키기 위해 힘썼다.

1530년(중종 25)에는 대사헌, 홍문관 부제학으로 있으면서 권신權臣 김안로金安老를 논척論斥하려다가 도리어 평해에 유배되었으나 1537년 김안로 일당이 숙청되면서 풀려났다.

이후 여러 벼슬을 거쳤으며 1545년(인종 1) 우의정으로서 사은사가 되어 명나라에 갔다가 돌아오는 도중 좌의정으로 임명되었으며 판중추부사, 영경연사, 홍문관 대제학, 예문관 대제학, 지성균관사 등을 겸임하였다.

그러나 이해에 을사사화乙巳士禍가 일어나 윤임尹任 등이 숙청되고 윤원형尹元衡 등이 실권을 장악하면서 좌천되었고 황해도 장연長淵으로 귀양 갔다가 죽었다. 이후 선조 때에 복작되었다.

성세창은 학식과 문장이 뛰어나 사대교린事大交隣에 관한 많은 외교 문서를 작성하고, 오랫동안 홍문관에서 봉직했으며 문형文衡을 맡아 많은 선비들의 존경을 받았다.

저서로는 『돈재집遯齋集』, 『식료찬요食療纂要』가 있으며 글씨로는 파주의 「성이헌여완갈成怡軒汝完碣」, 「성지사세명묘비成知事世明墓碑」, 경기도 광주의 「부사정광보묘비府使鄭光輔墓碑」, 「이집의수언묘비李執義粹彦墓碑」, 용인의 「정포은갈鄭圃隱碣」, 홍주의 「민대사헌휘비閔大司憲暉碑」, 익산의 「소자파표蘇自坡表」 등이 있다.

자는 번중蕃仲, 호는 돈재遯齋, 시호는 문장文莊이다.

여기에 소개된 창녕 성씨의 묘는 모두 경기도 파주시 문산읍 내포4리에 있다.

현부賢婦 순흥 안씨의
체백體魄을 찾아

선현들에게 선물 받은 시원한 강바람

한여름으로 접어들면서 한강물이 끓어오를 정도로 무더운 날, 필자
는 세상 사람들이 마음으로 어진 부인이라 생각하였던 증 정경부인
순흥 안씨의 혼령을 뵙고자 길을 나섰다. 순흥 안씨는 조선조 초기 문
신으로 명성이 높았던 창녕 성씨 성염조 선생의 배위이다.

이날 다녀와야 할 곳은 한양에서 백 리 거리 통일의 관문이 있는 파
주시 문산 땅 내포리라는 깊은 산골 마을이다. 그 길을 따라가야 하는
나그네의 하루는 생각만 해도 매우 고단할 것 같아 망설여지기도 하
였으나 멈출 수는 없었다.

통일로를 택해 한참 달리는데, 시원한 강바람에 필자의 동반자인

검은 승용차도 기분이 좋아졌는지

"주인님, 며칠 전 빗물에 먼지를 벗은 수목들이 한결 생기를 차리는 듯해 다른 날보다 기분이 한결 좋네요."

라고 말을 거는 듯 했다. 울퉁불퉁한 길을 수도 없이 달릴 때면 얼굴부터 찡그리곤 하던 차가 이날은 기분 좋게 말을 걸어오기에 필자 또한 부드럽게 말을 건네었다.

"세상을 살다 보면 이런 날 저런 일이 수없이 많지만 그래도 이렇게 살아있음을 감사해야 하지 않겠는가?"

곧 한양을 벗어나 임진강이 가까워 왔다. 그간 답답한 마음도 많았는데, 꼭 신이 시원한 바람을 선물해 주는 것만 같았다. 신에게 감사의 인사를 올리자

'이 시원한 바람은 내가 그대에게 보내주는 것이 아니라, 이 나라 이 강토를 지키다가 원혼이 된 이들이 눈물과 이별의 강이라 하는 임진강의 주인이 되어 선사하는 것이라오. 세상 사람들은 돈벌이가 되지 않는 학문이라며 관심 갖지 않는 이 어려운 일을 나그네 그대가 하는 것을 보며 우리들은 무척 반가워한다오.'

하는 말이 필자의 귓전을 울렸다. 신들이 필자의 곁을 돌봐주는 것만 같아 마음이 한층 든든하였다.

이곳부터는 우리 터전이오

묻고 물어 어렵게 찾아 들어간 내포리에는 듬성듬성 축사로 쓰이는 비닐하우스가 설치되어 있었다. 마을 초입에서 좁은 농로로 들어가려는 순간 안내석이 까다로운 말투로 '여보시오. 이곳이 어디라고 허락도 없이 출입을 하려고 하오' 하며 필자를 가로막는 듯 서 있었다. 하여

> "예, 이 마을 어느 곳에 조선조 명현 가문인 창녕 성씨 선조들의 유택이 있다기에 참배하고 살펴봐야 할 기록이 있어 백 리의 먼 길을 허겁지겁 찾아온 나그네입니다."

대답하니, 안내석은 대답 없이 자신의 가슴께를 필자에게 턱 내보였다. 필자는 우람한 체구를 갖추고 서 있는 안내석의 명표를 살펴보았다.

昌寧成氏 恭度公 諱 抴 先生 墓域 入口
창녕성씨 공도공 휘 엄 선생 묘역 입구

순흥 안씨의 시부熄父 성엄 선생의 이
름을 확인한 필자는 안내석을 뒤로 하고
길을 접어들었다. 수목이 매우 무성하여
이날도 유택을 찾기가 막막하겠다는 판
단이 들었다. 그렇다고 다시 돌아갈 수도
없어 듬성듬성 자리 잡은 농가 중 한 곳
을 찾았지만 주인이 없는 집이었다.

성엄 묘역을 알려 주는 표석

바로 옆에 숯가마가 있는 듯했고, 바람
은 모두 낮잠을 자는지 시원한 기운은 찾
을 길이 없었다. 어느 산기슭으로 가야
목적한 유택을 찾을 수 있을지 막막하기만 했다. 그러나 뜻이 있는 곳
에는 분명 길이 있다고 필자의 눈에 들어오는 것이 있었다. 바로 잘생
긴 군용차였다.

그래 한번 물어보기나 하자, 하며 필자도 모르게 내달리며 소리를
치니 군용차는 무슨 일인가 싶었는지 서서 기다려 주었다. 그 군용차
의 주인은 골짜기 안쪽에 있는 ○○부대 지휘관 ○○○ 대령이었다.
혹시나 하고 물어보니 운전병 ○○○ 병장이

"우리 부대 안에 아주 오래된 무덤이 있긴 한데 표석을 판별할
수 없게 방치된 걸로 보아 역사적으로 그리 유명한 사람은 아
닌 듯합니다."

하였다. 그래도 부대장의 배려 덕택으로 함께 부대에 들어갈 수 있었다. 병사들의 막사 바로 뒤편 언덕에 오랫동안 버려진 채로 있던 무덤이었는데, 올해 이른 봄에 봉분을 높이고 잔디를 심어 놓았다고 하며 가리켜 주었다.

군인 정신이 철저하게 몸에 밴 지휘관은 필자와 함께 가자며 동행해 주었다. 필자의 눈은 이미 묘비에 가 박힌 터라 허둥지둥 발길을 옮겼다. 묘비를 보는 순간 실망이 몰려왔다. 다시 단장한 한 기의 묘 앞을 묘비와 나이 먹은 상석이 함께 지키고 있는데, 모진 풍우에 시달려 닳아 버린 글씨는 이미 판독할 수가 없었다.

다행히 맞은편 석물에 다른 호칭 없이

성간의 부인 성주 이씨 묘비

星州李氏之墓

성주이씨지묘

라는 글자가 선명하게 보였다.

더위도 좋다. 시원한 바람이 아니 불어 줘도 좋다. 이 묘소를 찾기 위해 얼마나 노력하였던가. 옆에 서 있던 지휘관도

"선생님 이 묘소가 찾던 묘소가 맞습니까? 누구의 묘소입니까?"

하며 필자보다 더 조급한 듯 물어 왔다.

"예, 확실한 듯합니다. 필자가 찾던 조선조의 문재 성간 선생의 배위가 성주 이씨입니다. 그러니 절반은 찾은 듯합니다."

대답은 하였지만 마주 선 묘비의 비문을 판독할 때까지는 확신할 수가 없었다. 준비한 돋보기를 이용해 보았지만 역시 한 자도 알아볼 수가 없었다. 이곳까지 와 헛걸음을 하는구나 생각하니 금세 가슴이 답답해 왔다. 순간 필자는

'비문을 눈으로만 볼 것이 아니라 손끝으로 느껴보면 어떨까.'

하는 생각에 눈을 감고 우둘투둘한 비석의 앞면을 천천히 더듬어 보았다. 그 모습을 긴 시간 바라보고 서 있는 지휘관에게 미안하고도 고마웠다.

유택의 주인 성간 선생께서 도와 주셨는지 어렵사리 여덟 자를 알아낼 수가 있었다.

심하게 마멸되어 글씨를
알아보기 힘들었던 성간 묘비

司諫院 左政院 成氏
사간원 좌정원 성씨

당시 성간 선생의 근무처는 사간원에 속한 종3품의 벼슬관으로서 왕의 시행 사항이 잘못되었다고 판단되는 경우 곧은 말을 해야 하는 아주 어려운 자리에 있었음을 알 수 있었다. 궁금해 하는 지휘관에게 상세한 설명을 해 주니

> "우리들은 자손이 없는 묘인 줄만 알고 있었지, 고인의 직위가 그렇게 높은 분인 줄은 정말 몰랐습니다. 새로운 사실을 알게 되어 보람입니다."

하는 말에 필자는 시간을 빼앗은 미안함을 조금은 덜 수 있었다. 돌아서는 길에

> "부대장님, 오늘부터 부대 식구가 둘이나 늘었으니 일보日報를 고쳐 보고하여야 하겠습니다."

라며 던지는 필자의 농담에 우리 두 사람은 한바탕 웃게 되었다. 이날도 어렵사리 답사를 성사시킨 필자는 무거운 마음을 털 수 있었다.

문재文才를 키운 어머니 순흥 안씨는 어디에 계시는지

부대를 나선 필자는 이번에는 어디로 가야 하나 하는 생각에 순간

말뚝이 되어 버렸다. 그러나 마음과 눈은 군인이 적군을 살피듯이 현란하게 움직였다. 순간 우거진 수목 사이로 좁은 적토 길이 보였다. 저곳이라 생각이 든 필자는 예순다섯의 초로初老라는 생각도 잊어버린 채 가파른 산길을 급히 올라갔다. 순간 누군가가 필자에게

"여보, 이곳에는 사람이 사는 집은 없다오. 오래 전부터 내가 살다가, 멀리 남쪽 광주 땅에 계시던 선고 내외분을 한강을 건너 왕래하기가 여의치 않아 얼마 전 이곳으로 모셨다오."

하는 말소리가 선명히 들려왔다. 어떤 어른께서 말씀을 하는 걸까 찾는 필자의 눈앞에 석물을 갖춘 묘소가 보였다.

성염조 묘소 전경

朝鮮 贈 崇祿大夫 議政府 左贊成 行 資憲大夫

知中樞院事 諡 恭惠成公念祖之墓

贈 貞敬夫人 順興安氏 祔塋下

조선 증 숭록대부 의정부 좌찬성 행 자헌대부

지중추원사 시 공혜성공염조지묘

증 정경부인 순흥안씨 부영하

성염조 묘비(앞)　　　　　　성염조 묘비(뒤)

유택을 지키고 서 있는 문인석의 온몸은 상처투성이였다. 전란이
이 땅을 피해가지 않았음을 증거하는 흉터라 생각하니 다시금 가슴이
답답해져 왔다.

상단의 묘소는 성염조 선생, 하단은 삼형제를 여덟 급제자로 키운
거룩한 어머니이자 성염조 선생의 배위 순흥 안씨의 묘였다.

생시에서부터 절조와 덕성으로 쌓아 올린 품성으로 지내 오셨다는 듯, 벼슬에 비해 묘소의 규모나 석물의 수도 많지 않았다.

공혜 성염조 선생의 작록은 정2품 자헌대부였는데 후일 삼형제의 공적으로 인해 한 단을 높여 종1품인 숭록대부로 증록贈錄되었다. 배위 순흥 안씨께서도 정2품의 부인이었다면 정부인貞夫人이라 하였겠으나 역시 증록되어 정경부인貞敬夫人이라 호칭할 수 있었다.

필자는 560년 동안 묻혀 계셨던 부인을 세상에 밝혀 한세상 목표 없이 살아가는 후세인들이 읽고 보고 느꼈으면 하는 마음에 이곳까지 찾아 나섰다. 책상머리에 앉아 몇 줄짜리 고인의 행록만 보고서 기록으로 남기고 싶지 않았다.

국민 모두가 바르고 강하게 살아갈 수 있도록 도와 주길 바라며 필자는 정경부인에게 인사를 올렸다.

쓸쓸한 성엄 선생의 묘비문

성엄 비문

마음을 다잡으며 인사를 올린 필자는, 위쪽에 게시는 선고先考 공도공恭度公 어른께 인사를 드리기 위하여 자리를 떠났다. 위의 묘비에는 선명한 글씨로

有明朝鮮 資憲大夫 京畿觀察使

성엄 묘소 전경

贈 純忠補祚功臣 領議政 昌山府院君 諡 恭度 成公揜之墓

贈 貞敬夫人 光山金氏 葬公 墓下

유명 조선 자헌대부 경기관찰사

증 순충보조공신 영의정 창산 부원군 시 공도 성공엄지묘

증 정경부인 광산김씨 장공 묘하

라는 묘표가 적혀 있어 이곳이 창산부원군 성엄 선생의 유택임을
쉽게 알 수 있었다. 묘비문을 자세히 살펴보는데 좀 이상한 부분이 눈
에 띄었다. 배위 '증 정경부인' 광산 김씨는 후일 성엄 선생께서 추증
받았기에 당연하다고 생각되었으나 다만, 아래쪽에 '장공묘하葬公墓
下'라고 한 것은 이해가 가지 않았다.

현재 두 분의 체백은 합장으로 모셨는데 어찌 이렇게 쓰여 있을까 생각해 보니 성엄 선생과 광산 김씨의 묘소는 본시 경기도 광주 땅(현 서울 서초구 우면동)에 아버지 판서공 성석인 선생과 함께 있을 적에는 합장을 하지 않고 상하장으로 모셨다가, 이곳으로 이장하면서 묘비를 새로 세우지 않고 그곳에 세웠던 묘비를 함께 옮겨 온 것으로 풀이되었다.

　　그리고 증 순충보조(좌리)공신이라 했는데 실제로는 공신에 오르지 못하고 아들 성봉조가 세운 공훈으로 인해 아버지에게도 증贈으로 드린 공신록이다. 순충보조공신이란 1471년(성종 2)에 성종이 무사히 왕위에 오를 수 있도록 도운 사람들에게 내린 공호功號이다. 성봉조는 성엄의 아들이자 성염조의 동생으로서 그의 부인이 세조(수양 대군)의 왕비 정희 왕후의 동생이 되니, 사사롭게 세조는 손위 동서가 된다. 그런고로 자연스럽게 수양 대군을 돕게 되었고 권좌에 오를 수 있었던 것이다.

　　공신록에 의하면 좌리공신 3등에 등재된 기록이 보인다. 그리하여 필자가 이상히 여기던 의문은 풀렸지만 '묘비문을 이렇게도 쓰는구나' 하는 생각에 좁은 적토 길을 따라 하산하는 필자의 마음은 왠지 편하지 않았다.

명필가 성임 선생의 집은 또 어디인가

내포리를 다녀온 며칠 후, 순흥 안씨의 큰아들 성임과 막내아들 성현의 묘소를 찾아 다시 백 리 길을 나섰다.

마침 성임 선생의 후손으로 문산 읍장으로 있다 얼마 전 퇴직한 성관현 선생을 알게 되어 쉽게 안내를 받을 수 있었다. 알고 보니 성관현 선생 집 바로 뒷산 야트막한 곳에 유택을 마련하고 10여 보 떨어진 곳에 아름다운 연화 무늬가 새겨진 신도비가 세워져 있었는데, 묘소와 신도비는 파주시 향토유적 제17호로 지정되어 있었다. 묘비에는

성임 묘비

議政府 左參贊 文安 成公之墓
의정부 좌참찬 문안 성공지묘

라고 간결하게 적혀 있었다. 좌참찬이란 벼슬은 의정부에 소속된 정2품의 관직으로 좌우 각 1명씩 있었다.

배위는 허씨許氏인데 표석은 없이 봉분만이 따로 있었다. 그리고 매우 보기 어려운 문인석 한 쌍이 좌우로 서서 읍을 하고 있었는데, 바로 대화가 가능해 보일 정도로 살아있는 듯했다. 조선조 때의 복식을 연구하는 분들에게는 한번씩 견학을 권하고 싶다.

성임 묘소 전경

묘소 옆에 서 있던 문인석

　유택을 둘러보던 필자는 성관현
선생에게서 몇 해 전 526년간이나
성임 선생을 지키고 섰던 문인석
을 누군가 훔쳐 갔다는 말을 전해
듣고는 매우 속이 상하였다.

　10여 보 아래쪽에 서 있는 신도
비 비문은 허백당盧白堂 홍귀달洪
貴達이 짓고 안침安琛이 쓰고 전篆하였다. 홍귀달은 연산군에게로부터
철저하게 짓밟힌 인물이다. 그가 좌참찬이란 정2품관에 있을 때 간신
임사홍의 입질에 의해 귀하고 예쁜 손녀를 연산군에게 바치라 하였
다. 기가 막힌 홍귀달은 지금 홍역을 앓고 있는 중이라 외양을 눈뜨고

성임 신도비

는 볼 수 없을 지경이라며 복명하자, 연산은 임사홍을 시켜 방문토록 하였다.

홍귀달의 말이 거짓임을 알게 된 연산군은 그를 제거하기로 결심하게 된다. 홍귀달은 1498년(연산 4) 무오사화 때 10여 조목에 달하는 진언을 함으로써 미움을 더하였고, 1504년(연산 10) 갑자사화를 맞아 간신들의 모함으로 연좌되어 함경도 최북단 경원慶原으로 유배를 가던 중 함경도 단천端川에서 교수형을 당하였다. 또한 아들 홍언승洪彦昇, 홍언방洪彦邦, 홍언충洪彦忠, 홍언국洪彦國 4형제가 모두 장배杖配 되는 비극을 맞이했다. 그러나 중종 때 억울함이 인정되어 늦게나마 문광文匡이란 영예스런 시호를 받기도 했다.

신도비를 세운 해는 지금으로부터 510년 전인 1500년(연산 6) 세워졌으니 성임보다 한 살 아래의 나이로 서로가 절친한 친구였음을 알 수 있었다. 글씨는 당시 명필가였던 안침이 쓰고 전하였다. 고결한 선비 정신을 갖춘 안침은 6세 연하이긴 하지만 성임의 외가로 더욱 친분이 두터웠음을 짐작할 수 있었다.

성임의 뛰어난 글씨는 현재까지도 많은 유적을 통해 확인해 볼 수 있는데, 현재 파고다 공원 내에 있는 보물 제3호인 원각사 비문과 창경궁의 정문인 홍화문弘化門 현판이 그 대표적인 예이다.

원각사 비(좌)와 홍화문(우)

마지막 기행지, 성현의 유택

덕부德夫 순흥 안씨 정경부인의 세 보배 중 마지막 보배인 막내아들 성현은 백형 성임과는 나이가 열아홉 해나 차이가 난다.

할아버지 성엄과 아버지 성염조가 성현의 스승이었겠으나 성현에게는 또 한 분의 스승이 있었으니 바로 맏형 성임이었다. 그리고 30세에 요절한 둘째 형 성간 역시 열세살 위였기에 성현은 행운을 한 아름 안고 태어난 셈이다.

남다른 조건을 안고 태어난 성현은 문재文才 중에 문재였다. 수임받은 직무를 게을리 하지 않았을 뿐더러 청렴결백함이 맑은 샘물과 같았다 하여 청백리에 녹선되었으며, 각종 과거를 통해 능력을 인정받고 뛰어난 외교술로 중국 사신을 놀라게 한 일들이며 셀 수 없이 많다. 또한 수필집 『용재총화慵齋叢話』[6]로 인정받은 것 외에도 수많은 시작을 남겼다.

당시 사후에는 높고 정의로운 삶을 산 결과에 대해 평가를 하고 시호를 내렸는데 시호에 '문文' 자를 붙인 경우는 주로 문관 석학들에게 내린 것으로서 본인은 물론 가문과 사회에서 추앙 받는 시호였다. 성현의 시호는 문재文戴, 조부 성엄은 공도恭度, 아버지 성염조는 공혜恭惠, 백형 성임은 문안文安이란 시호를 받았으며 성현의 셋째 아들 성세창 역시 문장文壯이라는 시호를 받았다. 중형 성간은 젊어 죽었기 때문에 시호가 없다. 한 가문에서 시호를 이렇게 많이 받았으니 그 기록은 보기 드문 것으로 보인다.

성세창 신도비

그러나 아침에 솟은 태양도 석양을 피해 갈 수 없듯이 옥구슬 같이 나열된 창녕 성씨 가문에서도 음지를 벗어나지 못한 불행의 역사도 있었다.

성현은 1504년(연산 10)에 하세했는데 사후 수개월 만에 갑자사화

6) 『용재총화慵齋叢話』: 성현의 수필집으로서 풍속, 지리, 역사, 문물, 제도, 음악, 문학, 인물, 설화 따위가 수록되어 있으며, 아름다운 문장으로 조선 시대 수필 문학의 우수작으로 꼽힌다.

가 일어나 부관참시를 당했다. 역사를 살펴보면 부관참시를 받은 사람 중에는 간신들도 있었지만 대개가 충신들이었기 때문에 왕조가 바뀔 때마다 신원 되었고 후세인들로부터 곧은 선비 관료로서 인정을 받게 되는 경우가 많았다.

성현의 후손들이 번영을 누린 기록이 보여지는데, 이는 오직 어머니 순흥 안씨가 뿌리고 간 덕성의 열매가 아닌가 믿어진다. 우주 공간에 존재하는 모든 생물은 천지 섭리를 비켜가지 못한다는 생각을 깊이 해보는 날이었다.

멀리 보이는 골짜기의 물줄기를 받으며 높고 낮은 산들은 모두가 유택을 보고 인사하듯 머리를 숙이고 있었다. 그리고 잘 관리된 묘소는 무덤으로 보이지 않고 어느 부호의 별장 마당 같았지만 유택이 안고 있는 슬픈 사연을 생각하니 마음이 착잡해 왔다.

성현 묘비

유택 옆에 자리 잡고 서 있는 신도비 같은 대형 비석에는 전자가 예서로 정교하게 쓰여 있었다.

文載公 虛白堂 昌寧 成公 墓碑
문재공 허백당 창녕 성공 묘비

방후손이 찬한 묘비문의 내용은 일반 문헌과 같았다.

선생 사후의 역사가 너무 비참했기에 그 어떤 위안도 도움이 되지 않을 듯했다. 필자는 아무런 말없이 배위 한산 이씨께 잘 계시라고 인사를 드리고 발길을 돌렸다.

성염조 묘표成念祖墓表

朝鮮國 贈 崇祿大夫 議政府 左贊成 資憲大夫 知中樞院事 諡 恭惠成公墓表

조선국 증 숭록대부 의정부 좌찬성 자헌대부 지중추원사 시 공혜성공묘표

선군先君의 휘는 염조念祖요, 자는 자경子敬이며 본관은 창녕昌寧이다. 증조曾祖는 휘가 여완汝完으로 창녕 부원군昌寧府院君에 봉하여졌고 조祖는 휘가 석인石因으로 벼슬이 예조판서禮曹判書였다. 아버지는 휘가 엄拚으로 벼슬이 동지중추同知中樞였고 비妣는 김씨金氏로 광산군光山君 약항若恒의 따님이다. 무인戊寅 5월에 선군을 출생하시었다.

처음에는 음서로서 벼슬에 나아갔으나 영락永樂 기해己亥(1419)년에 문과에 2등으로 급제하여 처음 전농주부典農主簿를 배수 받고 이후 감찰정언監察正言과 이조와 예조의 좌랑佐郎을 역임하다가 지평持平으로 승진하였다. 이어 이조와 예조의 정랑正郎을 거치고 다시 장령掌令으로 옮겼다가 의정부 사인舍人 직예문관直藝文館 지승문원知承文院 사헌부 집의司憲府執義를 역임하고 상호군上護軍으로 승진하였고 판봉상시사判奉常寺事에서 동부승지同副承旨로 탁배擢拜 되고 이후 여러 관직을 거쳐 도승지都承旨에 이르렀다. 이조참판吏曹參判을 배수 받고 경상도慶尙道를 관찰觀察하였으며 병조참판兵曹參判으로 옮겼다가 곧 형조로 옮겼다. 여기서 벼슬이 올라 한성 판윤漢城判尹이 되고 개성부유수開城府留守와 지중추원사知中樞院事를 역임하였다.

경태景泰 경오庚午년에 돌아가시니 향년 53세였으며 공혜恭惠란 시

호를 받았다. 파주坡州 장포長浦 서리西里 두견봉杜鵑峰 아래에서 장례를 모시었다.

선군께서는 타고난 성품이 순후純厚하고 말과 행동이 한결같았으며 도량이 광활하여 조그만 일에는 구애를 받지 않았다. 부모를 섬기는 데는 효孝로서 서로 화목하여 우애가 돈독하였고 친척 중 가난하여 의탁할 곳이 없는 자를 널리 구휼하였으며 이들 중 많은 사람들을 결혼시켜 살아갈 수 있도록 하기도 하였다. 집안을 다스림에는 매우 엄격하였고 관官에 임하여 사무를 볼 때는 매우 근엄하였으니 세종世宗께서는 항상 공을 충실하고 정직하다고 보았다.

부인 안씨安氏는 문성공文成公 향珦의 6대손인 해주 목사海州牧使 종약從約의 딸로서 어려서부터 경사經史를 익혀 고금古今에 통하였고 자식을 교육하는데 예禮로서 하고 사물을 대할 때는 자비로서 하니 많은 사람들이 존경하고 받들지 않는 자 없었다. 성화成化 기축己丑(1469)년에 향년 68세로 돌아가시니 선군의 묘에 합장하였다.

슬하에 3명의 아들을 두었으니 장자는 임任으로 정묘丁卯년에 과거에 급제하였고 또 정축에는 복시覆試에도 올랐으며 병술년에는 발영시拔英試에도 선발되었다. 이조·형조의 판서를 역임하고 지금은 정헌대부正憲大夫 중추부동지사中樞府同知事에 있다.

차남 간侃은 계유년에 과거에 합격하였으며 벼슬이 승훈랑承訓郎 사간원司諫院 좌정언左正言에 이르렀는데 선부인께서 돌아가시자 지은 바의 문집을 간행하여 세상에 전했다.

삼남은 현俔으로 임오년에 과거에 합격하였고 또 병술년에는 발영시에도 선발되어 지금은 봉정대부奉正大夫로 시강원 사경侍講院司經과 경연經筵 검토관檢討官을 맡고 있다.

장자인 동지공同知公은 허말석許末石의 딸을 부인으로 맞이하여 자식을 두었는데 아들은 진사인 세명世明과 세원世源이 있고 딸은 오산군烏山君 주澍에게 출가하였다. 차남인 정언공正言公은 이함녕李咸寧의 딸을 부인으로 취하여 자식을 두니 아들은 생원인 세적世勣과 세덕世德이고 딸은 사도시司䆃寺 직장直長 김이金頤에게 출가하였다. 삼남인 사경공司經公은 이숙李塾의 딸에게 장가들어 2남 1녀를 두었다.

직장은 1남 3녀를 두었고 생원 세적은 2남 1녀를 두었으며 세균世鈞은 1남을 두었으나 이들은 모두 어리다.

아! 선군과 선부인께서 베푸신 덕이 지극하였도다! 우리들이 이름을 떨쳐 문명文名을 휘날리는 것은 전일 부모님들의 가르침이 아니고 무엇이겠는가? 또 지금 우리들이 자손들을 이끌어 인도하고 있는 것도 전일 부모님의 가르침을 잊고 있는 것이 아니겠는가. 대개 청자靑紫(공경대부)가 조정에 계속 이어지니 기록하여 이를 전함이 마땅할 것이다. 삼가 처음과 끝을 기록하여 후인으로 하여금 우리 집안의 번성함을 알게 하고 또 우리 집안이 영원토록 동극同極하게 하고자 하는 마음을 표하는 바이다.

男 正憲大夫 中樞府 同知事 任 謹識

아들 정헌대부 중추부 동지사 임이 삼가 글을 짓고 씀.

성화 신묘10월.

박팽년이 지은 『사가정四佳亭』의 후서後序

취금헌醉琴軒 박팽년朴彭年은 성간의 친구로서 성간의 고조부 성석인이 쓴 『사가정』의 후서를 지어주었다. 아래의 후서를 보면 성간 집안의 가풍이 어떠하였는지를 대략 짐작할 수가 있다. 성석인은 성간의 어머니 순흥 안씨 부인에게는 시조부가 되며 박팽년은 다음 편에 이어지는 박비의 조부가 된다.

옛날에 대대로 가문을 계승하여 실추하지 않는 것은 화려한 벼슬에 있지 않고 조상들의 아름다운 전통을 잘 계승하는데 있다. 그러나 이 역시 구차하게 구하여서는 기대할 수 있는 것이 아니니, 오직 조상들의 마음을 아는 것으로 족할 수 있다.

조상들이 대대로 덕을 베풀고 선행을 쌓아 어느 정도 가문을 이루었다 하여도 그 뒤 자손들이 교만하고 방자하여 지나친 행동으로 마침내는 가문을 망치는 경우가 많은데, 하물며 조상들의 벼슬을 이어 가업을 실추시키지 않는 것이랴! 벼슬을 잇는 것도 이렇게 어려운데 하물며 조상들의 전통을 대대로 계승함이랴! 이는 고금을 통하여도 이런 사람은 찾기 어려운 것이다.

진사 성간은 나와 친교를 맺은 지가 오래이다. 하루는 나에게 그의 조부인 사가공四佳公의 시집을 내어 보이고 존대인尊大人의 말을 빌려 나에게 글을 부탁하면서

"이 시와 그림은 중국의 문사文士인 축공祝公 맹헌孟獻이 상곡 桑谷(성석인) 선생을 위하여 지은 것으로 춘정春亭 변 선생卞先 生(변계량卞季良)이 기문記文을 쓰셨다. 이것을 상자 속에 넣어 둔 지가 몇 년이 되었는데 이제 문원文苑에게 화답하는 시를 구하려 하니, 당신은 부디 이 뜻을 서술하여 주었으면 한다."

하였다. 내가 이 시집을 두세 번 살펴보고 성간에게 말하였다.

"상곡 선생의 독실한 학문과 올바른 출처出處는 온 세상에서 높여 우러르는 바이다. 그 풍류風流와 고상한 경지는 축공의 시 속에 모두 찬미되어 있으며 『사가정四佳亭』에 대한 뜻은 춘 정의 기문에 모두 해설되어 있으니, 후학으로서 비록 선생을 직접 뵙지는 못하였지만, 지금 그 기문을 읽고 시를 읊고 그림 을 보면 선생의 인품을 충분히 상상할 수 있다. 존대인께서도 일찍이 가정의 교훈을 받아 과거에 아원亞元으로 급제하고, 화 려한 요직을 두루 거쳐 명주明主의 인정을 받았으며 2대의 형 제들도 역시 모두 문장에 능하고 세인의 촉망을 받고 있으니 성씨의 가업은 대대로 잘 계승하였다고 할 만하다.

서재書齋의 오래된 물건은 사람들이 대수롭지 않게 여기기 쉬 운 일인데, 상자에 가득한 황금을 소중히 여기지 않고 오래된 원고와 한 장의 글이라도 잘 보관하였다가 이제 40여 년이 지 난 지금에 화답하는 시를 구하려 하니, 가문을 이으려는 뜻이

세속적인 벼슬에 있지 않은 것이다. 성씨 가문이 끊임없이 빛나고 훌륭한 자손들이 많은 것은 당연하다 하겠다.

그러나 사시四時의 좋은 흥취는 정명도程明道 선생이 자득自得한 경지여서 알 수 있는 자가 적고, 안다 하더라도 이것을 말로 형용하기는 쉽지 않은 것이다.

도道의 경지에는 아무리 인자한 아버지라도 그 자식에게 말로 전해 줄 수 없는 것이니, 상곡 선생이 체득하고 있었던 경지는 과연 어떤 것이었는가? 선생이 후세에 남긴 것은 과연 어떤 것이었는가? 알 수 없다.

그러나 이 흥취는 만고에 뻗혀 있어 다함이 없고, 이 마음속에 구하면 충분히 알 수 있는 것이니, 명도 선생인들 어찌 후세에게 이것을 아끼겠는가! 이는 오직 지혜로운 자가 스스로 깨닫는데 있을 뿐이다.

자네 역시 자네 가문의 흥취를 알아 사람들에게 말하여 나의 어리석음을 깨우쳐 주겠는가? 내가 비록 이것을 듣고 싶으나 전하여 알 수 있는 것이 아니니, 어찌 감히 한마디라도 그 사이에 늘어놓을 수 있겠는가. 그러나 성군의 부탁을 거절할 수 없으므로 이에 함께 이야기한 내용을 적어 돌려주는 바이다."

"도련님……."

박비는 어머니의 입에서 낯선 단어를 듣는 순간

흠칫 놀라며 두 눈을 똑바로 떴다.

열세 살이 되도록 자신을 키워준 어머니였다.

원래 신분이 어떠하든, 친어머니이든 아니든 중요한 것은

지금껏 자신을 키워준 어머니가

하루아침에 자신의 아랫사람이 될 수는 없는 일이었다.

"어머니, 다시는 저를 그렇게 부르지 마세요.

지금 이 시간부터 저에겐 어머니가 두 분이십니다.

그러니 제발……."

운명을 뒤바꾼 헌신

박비의 두 어머니

모정의 한국사

운명을 뒤바꾼 헌신
박비의 두 어머니

역사의 참화 속에서 피어난 생명

돌이켜 보면 인간의 욕심이 존재하는 한 어느 시대이건 아픔의 역
사는 재생산되기 마련이다. 태조 이성계가 조선을 건극建極한 이래 왕
권을 차지하기 위한 싸움은 그칠 줄을 몰랐다. 제3대 임금 태종이 형
제들의 피를 부르며 대권을 차지한 것이 그러하고 제7대 임금 세조가
조카 단종으로부터 왕위를 찬탈한 것 또한 그러하다. 권세에 눈이 먼
신하들과 왕자, 혹은 왕족들이 결탁하여 불러온 숱한 피의 역사 가운
데서도 단종의 폐위 과정만큼 슬픈 우리 역사는 없다고 감히 단언한
다. 세종의 여덟 아들 중 첫째 문종은 원래부터 병약하여 재위 2년 만
에 어린 아들 단종을 세상에 남겨 놓고 승하했다. 강건한 동생들 때문

에 걱정이 많았던 문종은 승하하기에 앞서 김종서金宗瑞, 황보인皇甫仁, 남지南智 등에게 단종을 잘 보필하라는 고명을 남겼다. 이에 김종서를 필두로 한 고명대신顧命大臣들은 임금의 강성한 숙부들로부터 왕위를 지키며 안정적으로 정치를 펼쳐 나가고자 고심하였다.

그러나 정권을 틀어쥔 고명대신들에게 불만을 품은 수양 대군은 자신의 측근 모사 한명회, 권람 등과 모의한 끝에 1453년(단종 1) 10월 10일 밤, 그 유명한 계유정난癸酉靖難을 일으켜 김종서와 황보인 등을 죽이고 일거에 조선의 정권을 장악했다.

그 후 수양 대군은 영의정에 올라 정사를 농단하면서 왕위 찬탈에 필요한 명분을 얻고자 몸부림쳤다. 그랬던 수양 대군이 마침내 단종을 내쫓고 조선 제7대 임금(세조世祖)으로 등극한 때는 1455년 윤 6월이었다.

이때만 해도 세조는 조선이 자신의 손아귀에 들어왔다고 자신했을 것이다. 그러나 어린 단종이 유배 길에 오르고 나자 김문기金文起, 성삼문成三問, 박팽년朴彭年 등과 같은 집현전 학사들은 폐위된 단종을 다시 복위시키고자 뜻을 모으기 시작했다.

급기야 1456년 6월, 거사를 단행키로 한 충신들은 창덕궁으로 속속 모여들었다. 때마침 명국 사신을 맞아들이는 행사가 열리는 날이라 그 자리에서 세조를 살해하려 했던 것이다. 그러나 환영연이 뒤로 미뤄지면서 거사 계획에 차질이 생겼다. 이렇게 되자 김문기, 성삼문 등과 행동을 같이하기로 약조했던 김질金礩은 불안감을 느낀 나머지 처숙부 정창손鄭昌孫에게 거사 계획을 알리고 말았다. 당시 우찬성으로 세자좌빈객과 판이조사를 겸하고 있으면서 세조로부터 신임을 크게 받고 있던 정창손은 질서姪壻 김질의 이야기를 듣자마자 세조에게 득달같이 달려가 이러한 사실을 낱낱이 고했다.

가슴이 철렁 내려앉은 세조는 자신을 없애고자 모의했던 관련자들을 모두 잡아들여 혹독하기 그지없는 고문을 가한 끝에 모두 죽이고 말았다. 이때 잔인하게 죽임을 당한 사육신死六臣은 대가 끊기는 비극을 감수해야만 했다. 3대에 걸쳐 모든 집안 남자들이 죽임을 당했으며, 여자들은 노비로 끌려가는 신세가 되었던 것이다.

그런데 이러한 참화 속에서 어린 생명이 가냘프게 피어나 모진 고난 끝에 사육신 박팽년의 혈통을 잇게 되었으니 이가 곧 박비朴婢이다.

역적의 자식이라는 오명 속에서도 목숨을 건지고, 어려운 상황 속에서도 긍지와 자부심을 잃지 않고 바로 자라날 수 있었던 모든 것은 바로 그를 낳아준 어머니와 길러준 어머니의 현명하고도 헌신적인 노력 덕분이었다. 박비의 험난했던 인생 역전 속에서는 어떠한 어머니들이 자리했었는지 우여곡절 가득한 드라마의 현장을 지금부터 살펴보기로 하자.

어머니의 간절한 소원

달빛 몽롱한 밤이었다.

네 명의 건장한 남자가 가마를 메고 쫓기듯 걸어가고 있었다. 얼마나 걸음을 서두르는지 가마는 쉴 새 없이 앞뒤 좌우로 흔들렸다.

'아가야, 왜 이렇게 몸이 뻣뻣해지는 거니? 너만은 꼭 살아야
해. 제발…….'

가마 안에는 임신한 여자가 잔뜩 긴장한 얼굴로 앉아 있었다. 비단
치마저고리를 입은 여자의 배는 만삭이었다. 아기를 낳을 때가 그리
머지않은 것이다. 그런데 두 손으로 배를 받치듯 쓸어안은 여자의 표
정과 몸짓이 심상치 않았다.

'아가야, 엄만 이제 괜찮아. 아무도 우리를 어쩌지 못한단다.
그러니 제발 긴장을 풀렴. 어머니 소원이야, 응?'

여자는 살포시 눈을 감은 채 간절한 마음으로 뱃속의 아기에게 이
야기를 건넸다. 세상에 태어날 때가 거의 다 된 뱃속의 아기는 어머니
의 기분에 따라 민감하게 반응하기 마련이다. 어머니가 불안해 하면
아기도 불안하고, 어머니가 편안하고 기분이 좋으면 아기도 똑같은
감정을 느낀다.

그런데 흔들리는 가마 안에 앉은 여자는 지금 엄청난 공포에 사로
잡혀 있다. 살려고 도망치는 중이었기 때문이다. 더구나 자기 목숨 때
문이 아니라 뱃속의 아기를 살려야 한다는 절박한 이유였던 것이다.

이런 상황이다 보니 평상시 같으면 배냇짓을 하며 어머니의 뱃속에

서 편안하게 놀았을 아기가 잔뜩 굳은 몸으로 꼼짝도 하지 않고 있었다. 여자는 어머니가 느끼는 엄청난 공포와 긴장을 감당하지 못한 나머지 뱃속의 아기가 잘못되었을 수도 있다는 생각이 한순간 들었다.

　　"잠깐 쉬었다 가야겠다!"

　여자는 자기도 모르게 밖을 향해 소리쳤다. 여자의 목소리가 얼마나 다급했던지 가마꾼들이 흠칫 놀라며 그 자리에 멈춰 섰다.

　　"마님, 아직 안심하기에는……."
　　"뱃속의 아기가 좀 이상해서 그런다. 잠시 쉬었다 가자."

　가마꾼들은 혹 군사들이 쫓아오지 않을까 걱정되어 뒤를 흘끔 돌아보고 나서야 가마를 땅에 내려놓았다.
　여자는 그제야 "후!" 안도의 숨을 내쉬며 손으로 배를 쓸었다. 걱정하는 어머니의 마음을 알아차린 것일까. 뱃속의 아기가 꿈틀 움직였다. 여자의 입가에 미소가 감돌았다. 그러나 그것도 잠시, 여자의 표정이 다시금 서러움으로 일그러졌다.

　　'아가야, 이날을 꼭 기억하렴. 네 할아버님과 아버님, 그리고 온 가족이 멸문지화를 당한 이날을 말이다.'

여자의 구슬픈 울음소리가 들려오자 길섶에 쭈그리고 앉은 가마꾼들이 약속이나 한 듯 한숨을 쉬었다.

　　"우리 대감마님은 정말 돌아가셨을까?"
　　"이 사람아, 수양 대군이 어떤 사람인지 몰라서 그러나? 우리
　　대감마님 댁은 망한 거야."
　　"그나저나 주인마님과 뱃속의 아기가 걱정이구먼. 주인마님
　　이 도피한 걸 알면 군사들이 추격해 올 텐데 말이야."

　가마꾼들은 버릇처럼 지나온 길을 힐끔 쳐다보았다. 그러나 은은하게 부서져 내리는 달빛만 비칠 뿐, 너른 들판과 뱀처럼 구불구불한 황톳길에는 사람 그림자 하나 보이지 않았다.
　이들 네 명의 가마꾼은 한양의 박팽년 대감 댁 머슴들이었다. 박팽년은 세종 임금 시대에 과거에 장원 급제하며 이름을 널리 알린 사람으로 학문과 필법이 뛰어나 세종은 물론이고 조선 제5대 임금 문종과 제6대 임금 단종에게 많은 사랑을 받았다. 특히 단종 임금 때에는 우승지를 거쳐 형조 참판이 되었는데 임금의 숙부이자, 세종의 둘째 아들이기도 한 수양 대군이 단종을 쫓아내 버리고 임금 자리를 빼앗자 울분을 이겨내지 못하고 연못에 빠져 죽으려 하였다.
　이때 우연찮게 박팽년의 위태로운 모습을 보고 달려와 설득한 사람이 성삼문이었다. 수양 대군을 내쫓고 단종 임금을 다시 모셔올 수 있도록 힘을 모으자는 성삼문의 말에 희망을 얻은 박팽년은 그날부터

단종 복위 운동을 전개해 나가기 시작했다.

이때 박팽년과 행동을 같이한 사람들이 성삼문, 하위지, 이개, 유성원, 유응부, 김문기이다. 김문기는 단종 복위 운동을 막후에서 은밀히 주도하였기 때문에 역사의 오기誤記로 사육신에서 빠진 채로 있다가 275년이 지난 1731년(영조 7) 복관되었다.

단종 복위 운동에 가담해 순절한 신하는 백여 명에 달하는데, 그 중 중추적 임무를 수행한 열사들을 칭하여 사육신死六臣이라고 해 왔다. 그동안 사육신은 여섯 명이라고 알려졌던 것이 사실이다. 이는 생육신生六臣의 한 사람인 추강秋江 남효온 선생이 『육신전六臣傳』에서 그렇게 밝혔기 때문이다.

그러나 다행히 두계斗溪 이병도李丙燾 박사가 『조선왕조실록』 등 관련 자료를 검토한 결과 백촌 김문기 선생이 사육신에 들어가야 한다는 주장을 펼쳤고, 1997년 7월 국사편찬위원회에서는 충의공 김문기 선생 또한 사육신에 포함되어야 한다고 만장일치로 결론 내렸다. 그러므로 우리는 앞으로 사육신이 아니라 사칠신死七臣이라 명칭해야 옳을 것이다.[1]

그러나 단종 복위 운동이 수포로 돌아가면서 박팽년은 이때 단종 복위 운동을 계획했던 여러 사람과 함께 체포되어 역적으로 몰렸다. 조선 시대 역적으로 몰렸을 때 그 처벌의 가혹함은 이루 말할 수 없었다. 당사자는 말할 것도 없고 집안의 남자들은 한 명도 빼놓지 않고

---

1) 사칠신에 대해서는 192쪽에 좀 더 자세한 설명을 기록해 놓았다.

사형당했으며, 여자들은 노비가 되어야만 했다.

박팽년의 집안도 마찬가지였다. 아버지 박중림은 물론이고 동생 인년, 기년, 대년, 영년과 박팽년의 세 아들인 헌, 순, 분이 모두 처형 되었으며 박팽년의 어머니와 아내, 며느리들은 역적의 가족이라 하여 노비로 끌려가고 말았다. 단종 복위 운동과 관련하여 사형된 모든 사 람들의 집안이 그러했듯 박팽년의 집안도 대가 완전히 끊어질 위기에 놓인 셈이었다.

그런데 기적 같은 일이 벌어졌다. 박팽년의 둘째 며느리이자, 박순 의 아내이기도 한 성주 이씨星州李氏 부인이 자신에게도 화가 미치리 라는 것을 미리 알고 몸을 피했던 것이다. 그러나 이씨가 몸을 피한 것은 노비로 끌려가는 치욕을 피하기 위해서가 아니었다. 뱃속의 아 기를 어떻게 하든 살려서 박씨 집안의 대를 이어 보려는 간절한 소망 때문이었다.

이쯤 되면 어느 정도 눈치챘겠지만 네 명의 가마꾼이 메고 가는 가 마 속의 임신한 여자가 바로 박팽년의 둘째 며느리 이씨였다. 이씨는 친정집이 있는 경북 달성군 하빈면 묘동 마을을 바라고 내처 달려가 는 중이었다. 그러나 지금쯤 한양에서는 이씨 때문에 난리가 났을 것 이 틀림없었다. 대역 죄인의 가족이 허락도 받지 않고 도망치는 중이 었으니 말이다. 만약 뒤쫓아 온 병사들에게 잡히기라도 하는 날이면 이씨는 옥에 갇힌 채 아이를 낳게 될지도 몰랐다. 태어난 아기가 여자 라면 노비로 끌려가게 되어 간신히 목숨이나마 부지할 수 있겠지만 만에 하나 남자 아이가 태어난다면 죽음을 면키 어려울 터였다.

"하느님, 제발 불쌍한 아기와 못난 어미를 굽어 살피소서."

이씨는 한숨을 길게 내쉬며 무거운 몸을 힘겹게 가마에 실었다. 가마꾼들의 처진 어깨 위로 뿌연 달빛이 흩어져 내리고 있었다.

아들을 낳으면 반드시 죽여라

달성군 묘동 마을 이철근[2] 교동 현감 댁.

바로 이곳이 이씨의 친정집이었다. 깊은 밤을 배경으로 이씨의 친정집은 무언가 끔찍한 일이 벌어질 것만 같은 정적과 긴장감에 휩싸여 있었다.

이씨가 묘동 마을에 도착하자, 조선 조정에서는 군사들을 내려 보내는 대신 경상 감사에게 어명을 내려 이씨를 감시하게 하였다. 아들을 낳으면 죽이고, 딸을 낳으면 노비로 삼으라는 명령이 떨어진 것이다.

이씨는 걱정과 두려움으로 숨이 막힐 지경이었다. 세상 어느 어머니가 자신이 낳은 갓난아기가 죽거나 노비가 되어야 한다는데 마음이 편안하겠는가. 이씨는 차라리 뱃속의 아기와 함께 깊은 물에 풍덩 빠

---

2) 뒤에 기행문에서도 밝히고 있지만, 필자가 현지를 찾아 확인해 본 바에 의하면 현강공의 묘소와 묘비를 근거로 하여 밝혀진 내용은 순천 박씨 후손들이 남기고 있는 기록과는 일부 다른 부분이 있었다. 교동 현감 성주 이씨 이철근은 이철주李鐵柱로 개명하였고, 관직은 황해도 재령 군수였다. 그리고 대를 이을 자손이 없었다고 알려져 있지만 기록상으로는 아들 이원간과 이종간이 있었던 것으로 되어 있다.

져 죽고 싶은 심정이었다.

이씨의 이러한 마음을 아는지 모르는지 날이면 날마다 경상 감사가 보낸 사람이 찾아와 아기를 낳지 않았나 감시하였고, 이씨는 하루하루를 두려움에 떨며 지냈다.

그로부터 여러 날이 지난 어느 깊은 밤이었다. 이씨가 묵는 방에서 조금 전부터 가냘픈 울음소리가 새어나오고 있었다. 이씨가 방금 잘 생긴 사내아이를 출산한 것이다. 뼈마디가 끊어지는 것만 같은 고통을 초인적인 힘으로 참아낸 끝에 아들을 낳았다는 것을 확인한 순간 이씨는 이 아이 앞에 놓인 가혹한 운명이 기가 막혀 서럽게 울기 시작했다. 이제 세상에 갓 나온 귀한 생명이 머지않아 경상 감영에서 나온 자들에게 목숨을 빼앗기게 될 것이라 생각하자 자신도 모르게 가슴이 무너져 내린 것이다.

곁에서 함께 갓난아기를 슬픈 눈으로 내려다보던 이씨의 친정어머니가 한숨을 쉬었다.

"이젠 언년이를 믿는 수밖에 도리가 없구나. 다행히 언년이가 여자아이를 낳는다면 우리 손자는 일단 목숨을 보전할 수 있지 않니."

이씨는 언년이를 간절하게 떠올렸다. 언년이는 친정집 여종으로 공교롭게도 이씨와 비슷한 시기에 임신하였고, 이씨의 친정 부모는 언년이에게 결사적으로 매달렸다.

"언년아, 네가 낳은 아이는 어차피 평생 노비로 살아야 할 팔자 아니더냐. 그것이 조선의 법도이니 말이다. 그래서 하는 말인데 네가 딸을 낳고, 우리 딸이 아들을 낳거든 아기를 서로 바꾸는 것이 어떻겠냐? 비록 갓난아기지만 그것도 사람이니 목숨부터 살리고 봐야 하지 않겠니? 네가 그렇게만 해 준다면 노비 신분에서 벗어나게 해 줄 뿐더러 논과 밭을 넉넉하게 떼어 주겠다."

언년이는 본디 심성이 착하고 고분고분한 아이였기에 이러한 주인의 간절한 청을 거절하지 못하였다. 그러나 막상 아들을 낳고 보니 이씨는 걱정거리가 한둘이 아니었다. 우선 언년이가 아들을 낳으면 어찌하나 생각하니 눈앞이 캄캄해졌다. 아무리 언년이가 노비 신분이고 착하다지만 아들을 낳으면 마음이 달라질 터였다. 자기 자식을 죽이는 꼴이 될 테니 말이다.

그리고 설사 운이 좋아 언년이가 딸을 낳더라도 이씨의 걱정은 줄어들지 않을 것 같았다. 자신이 낳은 아기의 처지가 생각할수록 불쌍해서였다. 형조판서를 배출한 대감 댁 자손이 평생 노비 신분으로 살아가는 꼴을 어떻게 본단 말인가.

"어머니, 우리 아기가 목숨을 건진다 해도 장차 살아갈 일을 생각하면 불쌍해서 차마 못 볼 것 같아요. 이를 어쩌면 좋단 말인가요."

이씨는 또다시 눈물을 쏟아내며 갓난아기를 애절하게 바라보았다.

"이런 때일수록 마음 약해지면 안 된다. 아직 언년이가 아이를 낳지도 않았는데 웬 방정이란 말이냐. 그리고 이 아이가 노비 신분으로 살아가게 된다 해도 낙심할 필요는 없다. 언제고 네 시댁 아버님의 충성스러운 마음을 세상이 인정해 줄 테고, 그리되면 잃어버린 신분을 되찾게 될 터이니 말이다."

어머니의 말을 듣고 보니 다소 위안이 되는 것 같았다. 그러나 잃어버린 신분을 되찾기까지 얼마나 긴 세월을 기다려야 할지 아무도 모르는 일이었다.

이씨는 조용히 눈을 감고선 언년이가 제발 딸을 낳게 해달라고 하늘에 빌고 또 빌었다.

운명의 갈림길에서 신의 결정을 기다리다

그로부터 며칠 지나지 않아서였다. 경상 감영에서 사람이 수시로 나와 감시한다는 것을 알고 있었던지 언년이의 아기도 깊은 밤에 태어났다.

요란한 아기의 첫 울음이 터져 나온 순간 자리에 누워 이제나저제나 소식을 기다리던 이씨는 숨을 딱 멈추었다. 그러고도 한참이나 시간이 지나서였다. 마침내 종종거리며 이쪽으로 달려오는 발소리가 들렸다. 이씨의 친정어머니였다.

"얘야, 기적이 일어났다. 하늘이 우리를 도우신 게야! 딸이 태어났구나, 딸이! "

어머니의 떨리는 음성이 귓전을 울렸을 때, 이씨는 온몸을 부르르 떨며 굵은 눈물방울을 떨어뜨렸다.

"하느님, 감사합니다. 정말 감사합니다."

자신이 낳은 아기가 이제 살게 되었다는 생각에 이씨는 세상을 모두 얻은 듯 기뻤다.

그러나 사람의 마음처럼 간사한 것이 없는 것이다. 감격한 얼굴로 아기를 내려다보던 이씨는 장차 이 아이가 헤쳐가야 할 험난한 세상이 떠오르자 절망으로 가슴이 미어지는 것만 같았다. 단종을 다시 임금 자리에 앉히려고 애쓰던 시아버지 박팽년이 역적죄를 뒤집어쓰고 잡혀갔을 때만 해도 이씨는 뱃속의 아기만 살릴 수 있다면 무슨 짓이든 할 수 있었다. 그런데 막상 아이를 살려 놓고 보니 생각이 달라졌다.

"어머니, 우리 아기가 불쌍해서 어떡해요? 전 몸조리만 끝나면 언년이가 낳은 딸이랑 떠나야 할 텐데……."

이씨는 몸이 회복되는 대로 어명에 따라 언년이의 딸을 데리고 종살이를 하러 떠나야 하고 이씨가 낳은 아들은 언년이의 아이가 되어야 하는 것이다. 노비의 아들 말이다.

"언년이는 우리 집에서 나가 살게 될 거다. 이제 더는 노비가 아닌 셈이지. 땅도 떼어 줄 테니 먹고사는 일 또한 문제가 아닐 게다. 다만, 언년이가 노비였다는 것을 세상이 다 아니 우리 손자도 노비의 자식이 되어야 하겠지. 어쩌겠니, 이 녀석의 타고난 운명이 그런 것을……."

운명.

이씨는 피눈물을 쏟는 심정으로 운명이라는 말을 끝없이 중얼거렸다. 이제 이씨가 종살이를 하러 떠나고 나면 언제 다시 아기를 만나게 되는지 기약할 수 없었다. 기가 막혔지만 이나마도 감사해야 한다고 이씨는 애써 마음을 누그러뜨렸다.

그날 밤, 아기를 보듬어 안고 밤을 지새우면서 이씨는 몇 번이고 아기에게 속삭였다. 어쩌면 그 속삭임은 이씨가 아기에게 하는 유언이 될는지도 모를 일이었다.

"아가야, 네 할아버님은 세종 임금님과 문종 임금님께서 무척 아끼고 사랑해 주시던 학자였단다. 게다가 나라를 위해 목숨을 아끼지 않으신 충신이었지. 꼭 기억하렴. 너는 그분의 하나

밖에 없는 손자란다. 지금은 비록 어려운 시기를 맞아 낮은 신분이 되었지만 언젠가는 다시 세상에 우뚝 서게 될 거야. 그날이 올 때까지 무슨 일이 있어도 참고 견뎌야 한다, 알겠느냐? 헌데 어머니는 한 가지 걱정이 있단다. 네가 할아버지를 닮았다면 분명히 신분에 어울리지 않게 총명한 머리를 물려받았을 텐데, 사람들이 그런 네 모습을 보고 언년이 딸과 너를 바꿨구나, 하고 의심하면 어쩌나 싶어서 말이다. 그러니 되도록 어리석은 척, 알면서도 모르는 척 지내다오……."

이씨의 이야기는 끝도 없이 이어졌다. 그러나 어머니의 애타는 마음을 아는지 모르는지 아기는 평온한 얼굴로 색색 잠을 자고 있을 뿐이었다.

총명한 노비 소년

이씨와 언년이가 낳은 아기들은 자신의 운명이 뒤바뀐 것도 모르는 채 의붓어머니의 품에 안겨 제각기 가야 할 길을 걸어갔다. 이씨와 언년이의 딸은 종이 될 운명을 끝내 거부하지 못하고 묘동 마을을 떠났고, 언년이와 이씨의 아들은 사람들의 이목을 피해 묘동 마을로부터 멀리 떨어진 인적 드문 산기슭으로 이사하여 살아가게 되었다.

이씨의 아들에게 박비라는 이름을 지어준 것은 박비의 외할아버지

이자 교동 현감이기도 한 이철근이었다. 그러나 박비라는 이름에 담긴 뜻은 그리 내세울 만한 것이 못되었다. 박씨 성을 가진 노비라는 뜻이었으니 말이다. 그래서 사람들은 이름만 듣고도 박비가 천한 집안의 자손이라는 사실을 쉽게 알아차렸다.

박비는 자신이 어찌하여 여종의 자식이 되었고, 할아버지와 아버지는 어떤 사람들인지 알 길이 없었다. 그저 어릴 적부터 자신을 키워준 어머니가 진짜 어머니인 줄 알았고, 인적 뜸한 묘동의 외딴집이 세상 전부인 양 여기며 무럭무럭 자라났다.

그 당시 곁에서 박비를 늘 지켜보며 뒷바라지 해 준 의붓어머니는 어떤 심정이었을까. 비록 노비는 주인의 소유물에 불과한 조선 시대라고 하지만 박비의 의붓어머니는 자신의 딸을 멀리 떠나보낸 채 상전 집의 손자를 키워주고 있었다. 떠나보낸 딸을 생각하면 한숨이요, 아무것도 모르는 채 자라나는 박비를 바라보노라면 측은한 마음이지만 의붓어머니는 있는 정성 없는 정성 다 쏟아내며 박비를 키웠다.

박비와 의붓어머니가 숨어 사는 곳은 교동 현감 댁에서 마음만 먹으면 언제든지 찾아가 볼 만한 거리였다. 불쌍한 처지에 빠진 외손자를 지척에 두고 박비의 외가댁 식구들은 결코 마음이 편치 않았을 것이다. 아마도 귀한 손자를 보고픈 마음에 몰래 찾아가 본 것이 한두 번이 아니었으리라.

그러나 조선 시대의 형벌은 참으로 집요하고 잔인한 것이었다. 혹시라도 박비가 박팽년 대감의 손자라는 사실이 알려지기라도 하는 날이면 박비는 물론이려니와 역적의 자손을 숨겨둔 외가댁에도 큰 화가 미칠 것이 틀림없었기에 드러내 놓고 박비를 만나거나 도움을 줄 수는 없었다. 그때 박비의 외가 식구들은 한결같은 마음으로 어서 세조 임금의 시대가 끝나고 새 세상이 열리기만을 고대하고 있었다. 그렇게만 된다면 나라를 위해 충성한 사육신에 대한 평가가 제대로 이루어질 가능성이 충분했고, 그에 따라 박비 또한 잃어버린 양반 신분을 되찾게 될 터였다.

그러나 그런 날이 올 때까지 박비가 헤쳐가야 할 운명은 험난하기만 했다. 할아버지 박팽년의 총명한 머리와 정의로운 마음을 이어받은 박비는 그 당시 많은 사람의 입에 오르내리고 있었다. 행동거지와 생각이 총명하기 이를 데 없는 노비 아이가 묘동 마을 근처에 숨어 산다는 소문이 바로 그것이었다. 만약 이러한 소문이 경상 감사의 귀에 들어간다면 박비의 앞날은 장담할 수 없는 상황이었다.

게다가 묘동 인근에서는 박비의 출생에 관한 비밀마저 사람들의 입에서 입으로 알게 모르게 번져가고 있었다. 박팽년 대감 댁으로 시집 갔던 현감 댁 딸이 집안에 미친 화를 피해 묘동으로 내려왔다가 남자 아기를 낳았는데 그 아기를 죽여야 한다는 어명을 받자 여종이 낳은 딸과 바꿔치기를 했으며, 그 후 현감 댁 여종은 아이를 데리고 어딘가로 도망쳐 숨어 산다는 이야기였다.

열 살이 훨씬 넘은 소년으로 성장한 박비도 이러한 이야기를 익히 들어 알고 있었다. 그런데 이상한 일이었다. 소문 속의 남자아이가 자신과 무관하지 않은 것 같다는 이상한 예감이 자꾸 찾아들었다. 박비는 묘동 인근에 사는 노비 아이들을 대부분 알고 있었지만 아무리 둘러보아도 소문에 등장하는 총명한 노비 아이는 찾아볼 수 없었다.

박비는 문득 어머니의 얼굴이 떠올랐다. 얼핏 본 글자를 기억하여 땅에다 써 보며 뜻을 알고자 골몰하는 박비를 발견할 때마다 어머니는 공연히 근심 가득한 얼굴이 되었다. 그런가 하면 동네에서 사귄 노비 아이들 앞에서 박비가 알게 모르게 총명함을 드러낼 때마다 어머니는 조용히 박비를 불러 주의를 주었다. 되도록 어리석게 행동해야 한다고.

어린 나이였지만 박비는 이때부터 자신의 신분에 대해 의문을 품었을지도 모를 일이었다. 따지고 보면 이상한 일은 한둘이 아니었다. 그중에서도 다른 사람들과의 접촉을 극도로 꺼리는 어머니의 태도가 박비의 뇌리에서 좀처럼 지워지지 않았다.

왜일까. 생각에 생각을 거듭하던 박비는 결국 자신이 소문으로 떠돌고 있는 박팽년 대감의 손자이자, 교동 현감 댁의 외손자일 가능성이 농후하다는 결론을 내렸다. 그러나 박비는 차마 그러한 사실을 드러내 놓고 확인하려 들지는 못했다. 두려움 때문이었다. 자신은 세상에 태어나자마자 죽임을 당했어야 할 사람이고, 지금이라도 정체가 드러난다면 목숨을 부지할 수 없을 것이라는 사실을 말이다.

새 세상이 열리다

1468년(세조 14) 9월이었다. 열세 살이 된 박비는 훌쩍 자란 몸도 몸이지만 마음이 한결 성숙해져 있었다. 출생의 비밀을 둘러싸고 두려움과 갈등 속에서 성장한 탓이었다.

그러나 박비는 사실 마음속으로만 어림짐작해 볼 뿐 자신이 정말 박팽년 대감의 손자인지 아닌지 확신할 수 없었다. 모든 것이 안개 속 같았다. 어떤 때는 자신이야말로 박팽년 대감의 손자가 분명하다고 확신하다가도 천한 자신의 이름과 처지를 생각하면 절대 그럴 리 없다는 생각이 들기도 하였다.

그러던 어느 날, 박비에게 놀라운 일이 생겼다. 박비가 태어나던 날처럼 아주 깊은 밤에 뜻밖의 사람이 찾아온 것이었다. 바로 박비의 외할아버지이자, 교동 현감으로 있던 이철근이었다.

"도련님, 할아버님이 찾아오셨습니다."

잠을 자다 말고 귀에 익은 어머니의 목소리를 듣고 어렴풋이 눈을 뜬 박비는 소스라쳐 놀라고 말았다. 방 안에 교동 현감이 있는 것도 그렇지만 상전을 대하듯 몸을 조아리며 말을 높이고 있는 어머니의 태도가 박비를 놀라게 한 것이었다.

그러나 놀라움을 가라앉힐 겨를도 없이 교동 현감의 입에서 충격적인 이야기가 터져 나왔다.

"건강히 잘 자라 주었구나…. 내가 네 외조부니라."

박비는 멍해져서는, 두 눈을 둥그렇게 뜬 채 자신의 외할아버지와 어머니를 그저 바라보고만 있었다. 할아버지와 어머니의 장황한 이야기가 이어지고 있었지만 박비는 단 한마디도 알아들을 수가 없었다. 단지 자신이 교동 현감의 외손자이며, 박팽년 대감의 친손자라는 말만이 멍한 머릿속에서 둥둥 떠다닐 따름이었다. 자신이 박팽년 대감의 손자가 아닐까 수없이 꿈꿔 왔지만 이렇게 눈앞에 현실로 닥치고 보니 실감하기가 어려웠다.

그런 박비에게 교동 현감이 마지막으로 들려준 이야기는 다음과 같았다.

> "마침내 세조 임금이 병들어 죽었단다. 새 세상이 열렸으니 네 할아버지 박팽년 대감이 신원伸冤될 날도 머지않았을 게다. 그때까지는 절대 세상에 네 비밀을 드러내서는 아니 되느니라. 당장 너를 우리 집으로 데려가고 싶다만 그 또한 안 될 일이다. 아직은 대역 죄인의 신분이니 말이다. 이 집에서 때를 기다리며 네 할아버지에게 부끄럽지 않은 손자가 되도록 정진하고 있도록 하여라, 알겠느냐."

박비는 외할아버지가 돌아간 뒤에도 꿈꾸듯 몽롱한 기분에서 좀처럼 헤어나지 못했다. 자신이 본시 지체 높은 집안의 자손이라는 사실은 기뻤지만, 노비가 되어 한양으로 떠난 어머니와 집안의 남자들이 전부 불귀의 객이 되어 버렸다는 사실이 두려울 따름이었다.

　그러던 어느 날 아침이었다. 고민으로 마음을 잡지 못하는 박비의 모습을 보다 못한 어머니가 멈칫멈칫 앞으로 다가앉았다.

　　"도련님……."

　박비는 어머니의 입에서 낯선 단어를 듣는 순간 흠칫 놀라며 두 눈을 똑바로 떴다. 열세 살이 되도록 자신을 키워준 어머니였다. 원래 신분이 어떠하든, 친어머니이든 아니든 중요한 것은 지금껏 자신을 키워준 어머니가 하루아침에 자신의 아랫사람이 될 수는 없는 일이었다.

　　"어머니, 다시는 저를 그렇게 부르지 마세요. 지금 이 시간부터 저에겐 어머니가 두 분이십니다. 그러니 제발……."

　박비의 진심이 전해졌던 것일까. 언년이는 더 이상 아무 말도 못하고 고개를 숙였다. 박비는 소리 죽여 한숨을 내쉬었다. 자신이 박팽년의 손자인지도 모른다고 쭉 생각해 왔지만 막상 그것이 현실로 닥치자 몰락한 집안의 비극이 비수가 되어 가슴을 찔렀다.

　박팽년 대감에게 부끄럽지 않은 손자가 되도록 정진하라던 외할아버지의 마지막 말이 떠올랐다. 글공부를 시작하고, 장차 신분이 회복되었을 때 어엿한 양반 행세를 할 수 있도록 마음을 닦으라는 당부였을 터였다.

그러나 임금이 바뀌었다고 해도 할아버지 박팽년의 죄가 신원 되어 떳떳하게 얼굴을 들고 다닐 날이 언제나 올 것인가. 상황은 절망적이었지만 박비 앞에는 한 가지 길밖에 없었다. 할아버지 박팽년의 신분이 회복될 때까지 글을 배우고 익히며 묵묵히 때를 기다리는 것 말이다.

이모부 이극균을 만나다

새 임금 예종이 나라를 맡아 다스린 지 일 년이 지났음에도 할아버지의 죄가 신원 되었다는 소식은 들려오지 않았다.

> "세상은 우리 할아버지를 잊은 거야. 노비가 되어 버린 우리 어머니를 잊었고, 나를 버렸어! "

박비는 절망감이 찾아들 때마다 이렇게 소리치며 읽던 책을 팽개쳐 버리고는 산속을 헤맸다.

그러나 그때마다 박비를 다시 집으로 돌아오게 하여 다시금 공부에 전념토록 만든 힘은 키워준 어머니인 언년이의 정성 어린 보살핌이었다. 자신을 도련님이라 부르지 말라고 이야기한 순간부터 언년이는 그 호칭으로 박비를 부르지는 않으나, 말을 건넴에 있어 조심을 기했고 특히 박비의 공부에 대해서는 각별히 신경을 썼다. 언젠가 올 그날을 위해 하루라도 공부를 소홀히 해서는 안 된다고 기회가 될 때마다 신신당부를 하고, 명석하게 글을 해독해 나가는 박비를 보면서는 할아버님을 닮아서 그런 것이라며 기뻐하는 언년이를 생각하면 박비는 마냥 엇나갈 수만은 없었다.

그러던 중 한양에서 놀라운 소식이 날아들었다. 조선 제8대 임금 예종이 나라를 다스린 지 14개월 만에 숨을 거두고 그 뒤를 이어 성종 임금이 즉위하였다는 것이다. 박비는 다시금 기대감에 사로잡혔다. 무심했던 예종 임금과는 달리 성종 임금만큼은 자신의 할아버지를 신원시켜 줄 것이라는 생각에서였다.

그러나 성종 임금 또한 크게 다르지 않았다. 임금이 된 지 일 년이 지나고 이 년이 지났지만, 한양에서는 기다리는 소식이 오지 않았다.

'결국 난 박비라는 천한 이름으로 살다가 죽는 수밖에 없는 모양이다.'

낙심한 박비는 다시 글공부를 멀리했다. 천하게 살아가는 것이 운명이라면 지금 하고 있는 글공부가 다 무슨 소용이란 말인가.

그러나 박비의 이런 방황을 눈치챈 언년이가 어느 날 가만히 박비에게 말을 건넸다.

"벌써 외할아버님의 말씀을 다 잊으신 듯합니다. 지금 노비로 고생하고 있으시면서도 자식 하나만을 생각하며 견디고 계실 마님은 또 어떻고요. 고작 이삼 년 기다리고선 이렇게 낙심하

는 겁니까? 이래서야 어느 누구한테 박팽년 대감님의 손자라
고 떳떳이 이야기할 수 있겠냐는 말입니다."

언년이의 조용한 꾸지람이 박비의 가슴에 비수처럼 아프게 꽂혔다.
그리고 이제나저제나 박비가 집안을 일으키길 고대하며 살아가고 있
을 어머니와, 지하에서 억울한 넋이 되어 통곡하고 있을 할아버지의
얼굴이 실제로 본 것처럼 또렷하게 떠올랐다.

'나는 내 천한 신분을 혐오하면서도 그에 걸맞는 마음가짐을
지니지 못하였구나.'

열여섯 청년으로 성장한 박비는 자신을 모질게 꾸짖었다. 아무리
길고 지루한 장마도 끝이 있기 마련이다. 그 시기를 참고 견디며 노력
하지 않는다면 결국 박씨 성을 가진 노비 아이밖에 될 수 없다. 햇빛
비치는 맑은 날을 떳떳하게 맞이할 수 없는 것이다.
박비는 마음을 굳게 다지면서 결심하고 또 결심했다.

'지성이면 감천이라고 하지 않았던가. 진심으로 원하는 일을
이루고자 하늘이 감동할 만큼 참고 견디며 노력한다면 결국
때는 찾아온다. 이젠 낙심하지 않으리라. 참고 견디리라. 먼 훗
날 당당하게 세상으로 나갈 나의 모습을 늘 생각하며 게으름
을 피우지 않으리라.'

그날부터 박비는 잠을 잊었다. 일 초 일 분이 아까워 초롱초롱 빛나는 눈으로 글을 읽으며 장차 다가올 기쁜 날을 앞당기고자 노력하였다.

마침내 하늘도 박비의 정성에 감동한 것이었을까. 경상 감사가 되어 새로 부임한 이극균이라는 사람이 박비에 대한 소식을 전해 듣고는 달려왔다. 훗날 좌의정까지 지낸 바 있는 이극균은 바로 박비의 이모부였다. 워낙 철저하게 숨기고 있었기 때문에 이모부 이극균조차도 묘동 박비의 외가댁에 인사차 들른 다음에야 죽은 줄만 알고 있었던 아이가 지금까지 살아 있다는 사실을 알게 되었다.

"네가 정말 우리 동서 박순의 아들이란 말이냐? 나는 네 이모부가 되는 이극균이라는 사람이다."

눈물을 글썽이며 박비의 손을 움켜잡은 그는 어서 한양으로 올라가 성종 임금을 만나 보라고 말했다.

"아직 네 할아버지가 신원 된 것은 아니지만 단종 임금을 위해 목숨을 잃은 충신들에 대한 평가가 날로 좋아지고 있다. 그러니 어서 한양으로 올라가거라. 박팽년 대감이 저승에서 기뻐 눈물을 흘리시겠구나. 가서 자수하면 상감께서 틀림없이 특별 사면을 내려주실 게다. 그러니 망설이지 말고 어서 가보도록 하여라."

당시 이극균이 이렇게 권유할 수 있었던 것은 그가 성종 임금과 내통이 되어 있었기에 가능한 일이었다. 한양에서 기쁜 소식이 오기만을 하염없이 기다리던 박비는 이모부인 이극균이 해 준 말이 반가우면서도 한편으로는 걱정이 되었다. 성종 임금 앞으로 나아가 자수하면 틀림없이 특사령特赦令을 내려줄 것이라니! 그러나 사실이 아닌 추측에 불과한 그 말만 믿고 한양으로 올라가기에는 위험 부담이 너무 컸다.

박비는 이극균과 헤어지고 나서 어떻게 해야 좋을지 갈피를 잡지 못했다. 그저 마음만 부산할 따름이었다.

하늘같은 성종 임금을 만나다

이극균이 다녀가고 나서 그리 오래지 않아 이번에는 외할아버지가 찾아왔다.

"그동안 얼마나 고생이 많았느냐. 이제는 세상이 바뀌었다고
하니 어서 집으로 가자꾸나."

박비는 차마 할아버지의 말을 거역하지 못하고 언년이와 함께 외가댁으로 갔다. 종살이를 하던 집에 도착하자 언년이는 처신을 어떻게 해야 할지 몰라 안절부절못했다. 박비는 불안해하는 어머니의 손을

잡고 곧장 할아버지를 따라 사랑방으로 들어갔다. 아무도 감히 그 둘을 나무라지 않았다.

참으로 오랜 시간 동안 수많은 이야기들이 오갔다. 종살이를 하고 있을 친어머니 생각에 외가댁 식구들은 하나같이 눈시울을 붉혔다. 그 가슴 아픈 모습을 보다 못한 박비는 마침내 한양으로 올라가 임금님을 만나리라 마음먹었다. 기약 없이 할아버지 박팽년이 신원 되기를 기다리느니 이모부 이극균의 말을 믿고 임금을 만나 잃어버린 신분을 되찾겠다고 결심한 것이다.

제자리로 돌아온 운명

"아아! 네가 정녕 박팽년 대감의 손자란 말이냐?"

한양에 도착하여 오랜 기다림 끝에 성종 임금을 만나게 되었을 때, 박비는 얼마나 가슴이 떨렸는지 모른다. 어찌 됐든 박비는 국법을 어기고 세상에 태어나 지금껏 살아온 죄인의 몸이었다. 죽어야 한다는 어명을 거역한 몸인 것이다. 그러한 죄를 물어 성종 임금이 박비를 사형시키라고 명한다 해도 탓할 사람은 아무도 없었다.

그런데 박비가 자신의 이름과 신분을 밝힌 순간, 성종 임금은 함박웃음을 지으며 반갑게 박비를 맞이하는 것이 아닌가. 그제야 박비는 안도의 한숨을 내쉬며 마음속 깊은 곳에서 솟아나는 감동과 환희를 느꼈다.

> "그야말로 유일하게 살아남은 옥구슬이로구나. 너에게 특사
> 령을 내려 죄를 용서하고 아울러 네 조상의 죄를 신원해 주겠
> 노라. 그리고 네게는 유일하게 남은 옥구슬이라는 뜻에서 '일
> 산一珊'이라는 이름을 하사하겠다."
> "전하, 성은이 망극하옵니다."

마침내 노비 소년 박비는 성종 임금이 직접 하사한 일산이라는 이
름으로 세상에 우뚝 서게 되었다. 박비, 아니 이제 박일산이 된 소년
은 임금 앞에서 물러난 뒤 집으로 돌아와 이 감격스런 소식을 두 어머
니께 제일 먼저 알려드렸다. 아들의 목숨을 살리기 위해 노비가 되는
수모를 마다하지 않던 낳아주신 어머니 이씨와, 친자식보다 더 조심
스러운 정성으로 자신을 돌봐온 언년이가 아니었다면 박일산은 결코
이러한 영광을 누리지 못했을 것이다.

이후 박일산은 후손이 없던 외가의 재산을 물려받아 99칸의 종택
을 짓고 가족들과 함께 묘골에 정착하였다. 박일산의 후손들은 그의
선조를 도와준 박일산 외가의 은혜에 보답하기 위해 지금까지도 정성
스레 제사를 지낸다고 한다.

사육신인가 사칠신인가

남효온의 『육신전六臣傳』은 모두 2,456자로 쓰여 있고, 261자의 기타 기록이 추록되어 있다. 호서대학교 유영박柳永博 한국사 교수는 『육신전』의 잘못 기록된 사항에 대해 다음과 같이 밝혔다.

	『육신전』	『조선왕조실록』
박팽년	1. 경회루 자결 결심	1. 충청도 관찰사 재임 중
	2. 형조 참판 임명	2. 예문관 제학
	3. 운검 2인	3. 성승, 유응부, 박쟁
	4. 외방 재임 1년	4. 외방 재임 2개월
	5. 형장 사형	5. 집행 하루 전 옥사
성삼문	1. 예부 승지	1. 공방 승지
	2. 강희안 공초	2. 문초 받은 일 없음.
	3. 도총관 성승	3. 지중추원부사
이개	교리	집현전 부제학
하위지	선산행	3개월 전 선산에 갔음.
류성원	성균관 사예(정4품)	성균관 사성(종3품)
		서헌부 집의(종3품)
유응부	1. 끝까지 불복	1. 김문기만 끝까지 불복
	2. 재상	2. 동지중추원사(종2품)
	3. 함길도 절제사	3. 경원 도호부사 겸 첨절제사
	4. 사육신	4. 우익

이와 같이 남효온은 벼슬을 한 바가 없기 때문에 실록을 직접 열람할 자격을 못 갖추어, 그가 적은『육신전』은 사실과 부합한 정밀한 기술이 불가능하였다.

더욱이 사건 당시로부터 30년이 지난 1487년(성종 18)에서 1490년(성종 21) 사이에 쓰여졌다고 판단된다. 내용 모두가 도청도설道聽塗說을 가져다가 써 놓았기 때문에 사육신 다섯 분의 이름을 정확히 적은 것만으로도 어쩌면 다행한 일이라고 생각된다. 육신 중에 한 분을 착각하여 잘못 적은 것은 정사인 실록에 의거해서 바로잡으면 문제될 것이 없다. 그러나 남효온이 육신들의 충절을 숭배하여 썼다고 모두가 그렇게 인식하고 있는데, 1478년(성종 9) 4월에 성종 임금에게 장문의 상서를 올리며

> '세종 대왕은 하늘이 용기와 지혜를 주시어 일월과 같이 총명하였으며 …(중략)… 병자년에 간악한 무리들이 소동을 일으켜 세상을 놀라게 하였습니다.'

라고 하였다.

이처럼 남효온의『육신전』은 단종 복위 운동의 주모자들을 간악한 무리들로 단정하고 있다.

그러나 역사상에 있었던 한 사실의 진정한 내용을 알기 위해서는 모든 관계 문헌과 자료를 총동원하여 그 진위 판정 작업을 거쳐야만 한다. 이때 관계된 모든 자료의 진위 판정을 거치지 않거나 또는 소홀

히 하거나 나아가서 개인 또는 집단 등의 이해관계 등에 얽매여 과학적인 판정에 의거하지 않을 경우, 역사는 왜곡되고 조작되는 것이다. 따라서 역사의 진실을 규명함에 있어, 한 가지라도 사실을 가릴 때에는 통렬한 비판을 피하지 못할 것이다.

사육신묘 약사, 7묘를 모신 경위

사육신묘가 처음 조성된 과정은 현재 정확히 알 수 없다. 조선조 제6대 임금 세조가 나이 어린 단종의 왕위를 의롭지 못한 방법으로 빼앗자, 정통 임금인 단종의 왕위를 회복시키려 하다가 무려 40명이 사지를 찢기는 참혹한 형으로 죽음을 당하였다. 그중 성승, 박팽년, 유응부, 성삼문, 이개 다섯 분의 시신을 어느 스님[3]이 노량진 현 사육신 공원에 모셨다고 전한다.

사육신의 충절을 후세에 현창하게 된 근거는 생육신의 한 사람으로 꼽히는 추강 남효온 선생의 『육신전』에서 비롯된다. 『육신전』에는 성삼문, 박팽년, 이개, 유성원, 하위지, 유응부의 여섯 분이 사육신으로 쓰여 있다.

그러나 『조선왕조실록』 세조 2년 6월 병오일조 군기감 앞길에서 형을 집행할 때 중심인물의 활약상을 설명한 기록에는 성삼문, 박팽년,

---

3) 매월당 김시습이라는 설이 있다.

하위지, 이개, 김문기, 유성원 선생의 순으로 되어 있으며 김문기 선생이 거사를 모의할 당시 군 동원의 중임重任을 맡고 있었음이 기록되어 있다.

1977년 서울시가 사육신 묘역을 성역화하면서 하위지, 유성원, 김문기 선생의 허묘를 추가로 봉안하였다. 서울시에서는 문교부(현 교육인적자원부)에 '김문기 선생의 사육신 묘역 봉안 여부'를 고증 확인하여 줄 것을 요청하였고, 문교부에서는 국사편찬위원회에 조사 및 고증을 의뢰하였다. 이에 따라 국사편찬위원회에서는 『조선왕조실록』 세조 2년 6월 병오일조에 의거하여 김문기 선생이 당시에 가려진 사육신임을 판정하였으며, 선생의 허묘를 사육신 묘역에 모시고 유응부 장군의 묘는 그대로 두고 모시라고 결의함으로써 일곱 분의 묘가 모셔진 것이다. 그러므로 『조선왕조실록』상의 사육신과 남효온 선생이 쓴 육신전의 사육신 모두 모시게 되어 일곱 충신의 묘를 모시게 된 것이다.[4]

---

4) 2006년 9월 「동작문화원」에 실린 내용 일부를 발췌하였음을 밝힌다.

박의신의 어머니 성주 이씨와
아버지 순천 박씨 박순의 가계

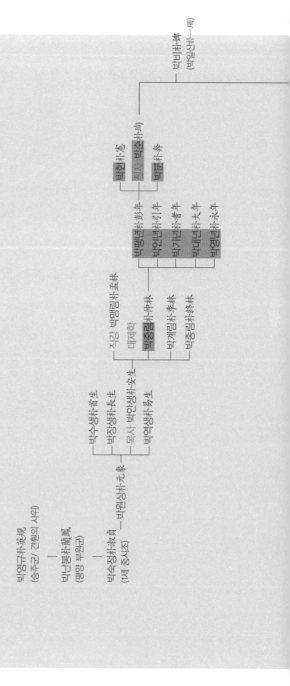

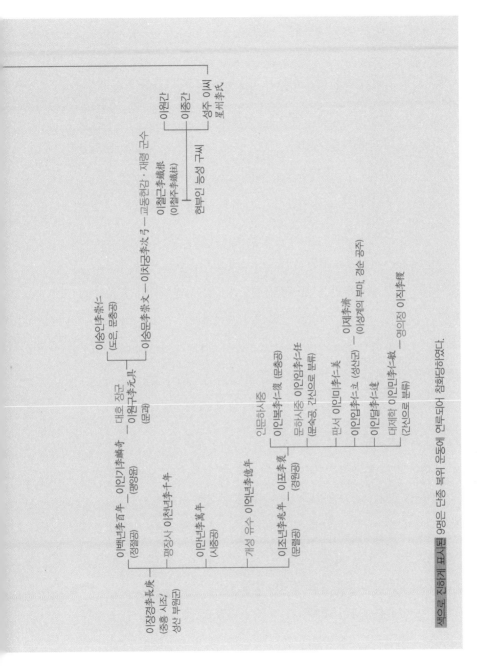

새으로 진하게 표시된 9명은 단종 복위 운동에 연루되어 참화당하였다.

어머니 성주 이씨 가계의 내력

성주 이씨의 **방조**傍祖 **이조년** 李兆年은 농서군공隴西郡公 장경長庚의 아들로서 1269년(원종 10) 태어나 1294년(충렬 20) 향공진사로 문과에 급제하여 여러 관직을 거쳤다. 1306년(충렬 32) 비서승으로 왕을 호종하여 원나라에 갔을 때 왕유소王惟紹와 송방영宋邦英 등이 충선왕을 모함하여 충렬왕 부자를 이간시키고 서흥후瑞興侯 전琠으로 충렬왕의 후계를 삼으려 획책하는 일이 있었다. 그러나 충선왕의 세력이 커지자 이들은 처벌되고 말았으며, 최진崔晉과 이조년은 어느 파에도 가담하지 않고 충렬왕만을 보필했음에도 이 일에 연루되어 유배되었다. 귀양에서 풀려나와 13년간 고향에서 은거하면서 한번도 자신의 무죄를 호소한 일이 없었으며, 당시 충숙왕이 5년간 원나라에 억류되어 있으면서 심양왕瀋陽王 고暠가 왕위 찬탈을 음모하자 홀로 원나라로 들어가 중서성에 그 부당함을 상소하여 음모를 무력화시켰다.

이 일로 1325년(충숙 12) 왕이 귀국하자 감찰장령으로 발탁되었으며 1327년에는 충숙왕이 원도元都에 있을 때 왕을 도운 공로로 판전교시사로서 이등공신이 되었으며 이어 군부판서에 올랐다.

이때 충숙왕은 심왕의 지지자들이 왕위를 찬탈하기 위해 끊임없이 모략하자 왕위를 심왕에게 선양하려 하였으나 이조년은 한종유 등과 함께 극력 반대하여 이를 저지시켰다.

1330년 충혜왕이 즉위하자 장령이 되었고, 그 뒤 여러 번 충혜왕을 따라 원나라에 내왕하였다. 왕위에서 물러났던 충혜왕이 1339년 복위

하자 그 이듬해 정당문학에 승진하였고 예문관대제학이 되어 성산군
星山君에 봉해졌다. 이조년은 충혜왕의 음탕함을 여러 번 간하였으나
받아들여지지 않자 다음 해에 사직하였다.

1342년(충혜 복위 3) 성근익찬경절공신誠勤翊贊勁節功臣에 녹권되고
벽상壁上에 도형圖形되었다.

또한 시문에 뛰어났다고 하나 전하는 시는 한 수에 그친다. 뜻이 확
고해 자신의 생각을 분명히 표현하였으며, 이와 같은 엄격한 성품 때
문에 사람들이 많이 꺼려하였다. 역임한 관직에 있어서 많은 명성과
공적이 있었다.

1343년(충혜 복위 4) 하세하였으며 성산후星山侯에 추증되고 충혜왕
의 묘정에 배향되었다. 본관은 경산京山, 자는 원로元老, 호는 매운당
梅雲堂과 백화헌百花軒이며 시호는 문열文烈이다.

성주 이씨의 **선조 이원구**李元具의 생몰년은 미상이다. 고려 후기의
무신으로 본관은 경산京山이며 지밀직사사 동지춘추관사를 지낸 숭
인崇仁의 아버지이다. 1347년(충목왕 3) 양광도 안렴사 겸 존무사로사
민전民田을 양도量度하였다. 같은 해 원나라에서 기황후奇皇后의 족제
인 기삼만奇三萬이 불법을 자행하다가 순군옥巡軍獄에 갇혀 죽으니,
원나라에서 직성사인直省舍人 승가노僧家奴를 보내와 죄를 묻는데 병
으로 장형杖刑을 면했다. 1367년(공민왕 16) 지도첨의 오인택吳仁澤이
시중 경천흥慶千興, 첨의평리 목인길睦仁吉, 김원명金元命 등과 신돈辛
旽을 제거할 것을 의논하다가 판서 신귀辛貴의 밀고로 옥사가 일어났

다. 이때 이원구는 신돈의 총애를 바탕으로 신돈의 정적들을 모두 제거하여 판태복사로 임명되었다.

성주 이씨의 **방조 이숭인**李崇仁은 1347년(충목 3) 경산부京山府(현 경상북도 성주군의 옛 부 이름)에서 태어났다. 공민왕 때 문과에 급제하여 숙옹 부승肅雍府丞이 되고 이후 장흥 고사 겸 진덕박사가 되었다. 문사를 뽑아 명나라에 보낼 때 수석으로 뽑혔으나 25세가 되지 않아 가지 못했다. 몇 관직을 거쳐 우왕 때 전리 총랑이 되어 김구용金九容, 정도전鄭道傳 등과 함께 북원北元의 사신을 돌려보낼 것을 청하다가 귀양을 가기도 하였다.

이후 밀직제학이 되어 정당문학 정몽주鄭夢周와 더불어 실록을 편수하고 동지사사로 전임하였다. 첨서밀직사사가 되어 원나라 서울에 가서 신정新正을 축하하고 돌아와 예문관 제학이 되었다.

창왕 때에는 박천상朴天祥, 하륜河崙 등과 함께 영흥군永興君 환環의 진위를 변론하다가 무고에 연좌되어 극형을 피해 도망다니다가 시중 이성계의 도움으로 다시 서연書筵에서 시강하게 되었다. 그러나 이후 다시 탄핵을 받고 경산부로 유배당하였으며 권근權近이 무죄를 상소하였으나 간관은 권근의 상소가 거짓이라는 상소를 올려 다시 우봉현牛峯縣으로 유배되었다. 공양왕 때 또다시 다른 군으로 유배되었다가 청주옥淸州獄에 수감되었으나 수재水災로 사면되었다. 얼마 뒤 소환되어 지밀직사사와 동지춘추관사가 되었으나 정몽주의 편이라 하여 또 삭직당하고 멀리 유배되고 만다.

조선조 개국에 이르러 함께 따르지 않은데 앙심을 품은 정도전鄭道傳이 심복 황거정黃居正을 보내어 유배소에서 장살당하고 만다.

이숭인은 타고난 기품이 영예하고 문사文辭가 전아典雅하여 이색李穡이 칭찬하기를 "이 사람의 문장은 중국에서 구할지라도 많이 얻지 못할 것이다" 라고 하였고 명나라 태조도 일찍이 그가 찬한 표문表文을 보고 "표의 문사가 참으로 절실하다" 라고 하였으며 중국의 사대부들도 그 저술을 보고 탄복하지 않은 이가 없을 정도였다.

저서로 『도은시집陶隱詩集』 5권이 있는데 그 서문에 의하면 『관광집觀光集』, 『봉사록奉使錄』, 『도은재음고陶隱齋吟藁』 등을 지었다고 나오나 지금은 전하지 않고 있다. 1392년(태조 1) 하세하였다. 고려 삼은三隱의 한 사람이며 자는 자안子安, 호는 도은陶隱이다.

성주 이씨의 **방후손 이여송**李如松의 조선 이름은 자무子茂, 호는 앙성仰城이다. 이천년의 8세손으로 명나라에서 진사에 급제하여 제독진수요계보정산동등처방해어왜군무총병관태자태보중군도독부좌도독소보녕원백提督鎮守遼薊保定山東等處防海禦倭軍務摠兵管太子太保中軍都督府左都督少保寧遠伯을 지냈다. 1592년(선조 25) 임진왜란을 당하여 조정에서 명나라에 원병을 청하자 명황明皇이 그에게 왜적을 정벌하고 조선을 돕도록 특명하였다. 그의 부친 영원백寧遠伯 이성량李成樑 또한 명장이었는데 아들 이여송에게 훈계하기를 "조선은 우리 선조의 고향이니 특별히 유의하여 진력하라" 고 당부하였다.

황제의 어명과 아버지의 훈계를 받들어 참장參將 306명과 6군軍을 거느리고 출발할 때 신종神宗 황제에게 청해 군량 40만 석과 군자금을 마련하여 우리나라에 원조하도록 하였다. 또 친히 군사를 이끌며 평양성을 탈환하고, 송경松京(현 개성), 한양漢陽, 남유南踰, 조령鳥嶺, 부산釜山 등지에서 수십만의 왜적을 격파하고 난을 평정하였다.

하세한 후 강화의 총병사摠兵祠에 제향祭享하였다. 동생인 이여백李如伯과 이여매李如梅는 임진왜란 때 고양 벽제 전투에서 전사하였다.

아버지 순천 박씨 가계의 내력

순천 박씨의 **시조는 박영규**朴英規이다. 견훤의 사위로 고려 태조를 도와 나라를 개국하는데 공을 세워 개국공신에 올라 삼중대광좌승에 이르렀다.

중시조인 박숙정朴淑貞은 고려조에 대제학을 지냈으며 풍류가 있었던 인물로 이제현李齊賢, 안축安軸과 사귀었고 고성의 사선정, 강릉의 경호정, 울진의 취운루를 모두 그가 창건했다고 한다. 박영규 이후 세계世系가 실전되어 후손들은 박숙정을 1세조로 하고 본관을 순천으로 삼아 세계를 이어오고 있다.

유학자로 유명한 박일산의 **증조부 박중림**朴仲林의 태어난 해는 확실하지 않다. 목사를 지낸 안생安生의 아들로 세종 때 문과에 올라 집현전이 설치되자 천거되었으며 그의 문하에서 성삼문, 하위지 등 많은 인재가 배출되었다. 특히 그의 성품이 강직하여 문종이 세자로 있을 때 작은 실수라도 극간하였고, 뒤에 이조판서에 이르러 단종 복위 운동에 아들 박팽년과 같이 참여하였다가 1456년(세조 2) 함께 참형을 당했다. 시호는 문민文愍이다.

박일산의 할아버지 박팽년朴彭年은 1417년(태종 17) 태어났으며, 사칠신의 한 사람으로 1434년(세종 16) 알성문과를 거쳐 호당湖堂에 들어갔다. 집현전 부제학, 충청도 관찰사를 거쳐 형조 참판에 이르렀으며 청백리로 뽑혔다. 그 후 236년이 지난 1691년(숙종 17)에 다시 복관되어 충정忠正의 시호를 받았다. 1791년(정조 15) 왕명으로 아버지 중림과 육신六臣이 함께 장릉충신단에 배향되었다.

박일산의 **7세손 박충후**朴忠後는 오위도총부 부총관으로 임진왜란 때 선무원종 일등훈이며 동생 박충윤朴忠胤도 주부主簿로 선무원종훈이며, 아우 박충서朴忠緒는 훈련원 판관으로 임란에 선무공신이요 인조 때 진무원종공신 일등훈에 녹훈되고 정헌대부 형조판서에 증직 되었다.

박일산의 **8세손 박종우**朴宗祐의 호는 도곡陶谷으로 달성십현達成十賢의 한 분이시며 『병자록丙子錄』을 지었다.

박일산의 **9세손 박숭고**朴崇古는 인조 때 4군의 수령을 지냈으며 『육선생유고六先生遺稿』를 수집, 간행하였고 **박숭고의 손자 박경여**朴 慶餘는 숙종 때 청안(현 괴산) 현감으로서 1711년(숙종 37) 숙종 신묘辛卯 에 『장릉지莊陵誌』를 엮어 간행하였다.

박일산의 **15세손 박기정**朴基正의 호는 벽오碧梧이다. 정조 때 황해 도 관찰사를 지내고 병조참판에 이르렀으며 어명을 받들어 장릉莊陵 과 자규루子規樓 등을 수개修改하고 1796년(정조 20)에 『장릉사보莊陵史 補』를 완성하여 간행하였다.

푸른 강물과도 같은
어머니의 지혜

조선으로 떠나는 여행

참으로 머나먼 여정이었다. 서울에서 대구까지 870여 리를 쉬지 않고 달려온 길이었으나 갈 길은 아직 남아 있었다. 대구 밑자락에 숨은 달성군 하빈면 묘골 마을이 필자의 이번 목적지였다. 차창 밖으로 휙휙 스쳐가는 대구 시가지는 좀처럼 끝날 것 같지 않았다.

대구는 본래 '大丘'라는 지명을 썼다. 넓은 분지라는 뜻이다. 그러나 '大丘'라는 지명은 곧 '大邱'로 바뀌었다. 공자의 이름이 공구孔丘였기 때문에 감히 그 함자를 쓸 수 없다 하여 고친 것이다. 당시 공자孔子와 맹자孟子의 사상은 모든 이에게 언행의 근본이 되었고, 조선의 사대부라면 누구나 공자와 맹자를 추종했다. 그리하여 일반 백성이 임금의 함자를 함부로 사용하지 않듯 공자의 함자를 피하여 도시 이름을 지은 것이다.

장시간 운전을 하다 보니 다리가 뻣뻣하게 굳고 온몸이 욱신거렸다. 그러나 박일산의 혼백이 깃든 묘골 땅이 멀지 않았다는 생각에 필자는 운전대를 바투 그러쥐며 자동차의 속도를 높였다.

"아!"

충절문

묘골 마을 입구에 이르렀을 때, 필자는 얼떨결에 자동차를 세우며 탄성을 쏟았다. 잘 닦은 진입로를 따라 전진하던 중 하늘 높은 줄 모르고 솟아오른 충절문忠節門과 맞닥뜨린 까닭이었다. 묘골은 박씨들의 집성촌이다. 따라서 충신의 드높은 기상처럼 우뚝 솟은 저 충절문은 박팽년의 충절을 기리고자 세워 놓은 문이자, 순천 박씨들의 상징 같은 존재일 터였다.

필자는 마침내 박일산의 외로운 혼령이 머무는 곳에 도착했다는 생각에 옷깃을 여미며 자동차를 천천히 출발시켰다.

그러나 필자는 다음 순간, 또다시 자동차를 멈추고 말았다. 이번에는 낙동강을 등진 채 야트막한 산자락에 의지하여 군락을 이루며 서 있는 기와집들이 필자의 눈을 사로잡은 까닭이었다.

  "허어! 타임머신을 타고 조선 시대로 들어선 기분일세."

  그랬다. 충절문을 지나자마자 맞이한 묘골의 전경은 조선 시대 사
대부들이 모여 살던 동네를 통째로 옮겨다 놓은 것만 같았다.
  필자는 도저히 자동차를 타고 들어갈 자신이 없어서 적당한 곳에
세워놓고 걷기 시작했다. 봄이 물러가고 서서히 여름이 무르익어 가
는 때라 그런지 멀리서 매미 울음소리가 들려왔다.
  잠시 후, 충효예악을 가르치던 충효당忠孝堂 앞에 당도한 필자는 저

충효당

곳 어딘가에서 박일산 선생이 걸어 나올 것만 같다고 생각하며 공연히 애를 태우다가 연못에서 여유롭게 노니는 잉어 떼를 발견하고서야 헛기침을 두어 번 하며 평상심을 되찾았다.

다시 길을 걸으면서 살펴보니 그리 넓지도 좁지도 않은 아스팔트 포장도로가 다소 생경할 뿐 조선 시대를 연상시키는 거리 풍경은 조금도 변함이 없었다. 이 놀라운 풍경 속에 순천 박씨들의 인고와 지혜가 숨어 있으려니 생각하자 절로 고개가 숙여졌다.

후세에 이르러 충절의 가문이라 숭상 받고 있으나 세조 시절만 하더라도 순천 박씨들은 숨죽이며 살아가야 했다. 순천 박씨들의 모진 고난을 상징하는 것이 바로 박일산 선생이리라.

육신사 전경과 육신사로 가는 길을 알려주는 표지판

조금 더 걷다 보니 육신사六臣
祠가 필자 앞으로 성큼 다가왔
다. 웅장하기 이를 데 없는 육신
사 정문을 보는 순간 필자는 박
팽년 선생의 손자 박일산을 다
시 한 번 떠올렸다. 그는 할아버

절의묘 현판

지의 충절을 기리고자 절의묘節義廟라는 사당을 지어 제사를 드렸다.

육신사를 만들게 한 다섯 충신

그로부터 세월이 많이 흐른 뒤 박팽년 선생의 현손 박계창이 제사
를 모실 때였다. 어느 날이던가 곤하게 잠을 자던 박계창이 이상한 꿈
을 꾸었다. 단종 복위 운동을 펼치다가 박팽년 선생과 함께 희생된 다
섯 분의 충신들이 사당 밖을 서성이며 굶주림을 호소하는 꿈이었다.

잠에서 깨어난 박계창은 자신의 할아버지와 달리 다섯 충신에게는
제사를 지내 줄 후손이 없다는 사실을 상기했다.(현재는 김문기의 후손도
있음) 그리하여 그는 하빈사河濱祠라는 사당을 지어 놓고 사육신에게
제사를 지내 주었다.

지금 필자 앞에 있는 육신사는 1974년, 하빈사가 있던 자리에 새로
건립한 것이다. 필자는 사육신의 빛나는 충절을 기리며 박일산이 생
전에 지었다는 태고정太古亭으로 향했다.

태고정 전경과 현판

    태고정은 1479년(성종 10) 박일산이 창건한 정자인데 임진왜란 때 소실되어 일부만 남았던 것을 1614년(광해군 6)에 중건한 것이다. 보물 제554호로 지정된 건물이라 접근하는 것이 조심스러웠지만 박일산의 흔적을 더듬어 보는 소중한 기회가 되었다.

    필자는 묘골 마을 역사 기행을 마무리하기에 앞서 마을 사이로 난 숲길을 한동안 걸었다. 기와집이 늘어선 마을보다는 이름 없는 이런 숲길에 박일산의 흔적이 더 짙게 배어 있으리라는 생각에서였다. 그런데 조금 걷다 보니 숲 사이로 굽이치며 흘러가는 낙동강이 돌연 나타났다. 필자는 강가에 멈춰 서서 흘러가는 푸른 강물을 하염없이 바라보았다. 거대한 바위가 나타나면 말없이 비껴 돌아 흐르고, 그러다가 다시 심한 굴곡이 나타나면 순응하듯 흘러가는 푸른 강물이 참으로 위대해 보였다.

세상을 살다보면 뜻하지 않은 고난이 찾아와 사람을 절망에 빠뜨릴 때가 있다. 박일산의 경우도 그러했으니, 태어나면서부터 삶과 죽음의 경계에서 헤매야 했던 서글픈 사정이야 더 말할 것이 있겠는가.

　하지만 그러한 역경 속에서도 어머니들의 현명하고도 헌신적인 가르침과 보살핌이 있었기에 박비는 올바르게 성장할 수 있었고, 결국에는 일산이라는 영광스런 이름을 얻는 결말을 맞이할 수 있었던 것이다.

　거친 바위와 굴곡 속에서도 막힘없이 흘러가는 푸른 강물과 같이, 암담한 상황을 지혜롭게 참고 견디며 자식을 지켜낸 두 어머니들이 주는 깨달음이 필자의 가슴에 소리 없이 스며들고 있었다.

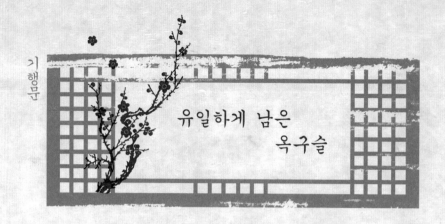

유일하게 남은
옥구슬

박일산 선생의 행적을 찾아서

이번에는 벼랑 끝 세상을 살다 간 박일산 선생의 사후 형편은 어떠한지, 또 조선 역사에서 빼놓을 수 없는 대표적인 어머니 성주 이씨와 그 딸을 위하여 하루도 마음 편히 살 수 없었을 교동 현감 이철근(이철주), 그리고 딸과 함께 고락을 겪고 살았던 박일산 외할머니의 혼령을 찾아뵙고 싶었다.

그래서 다시 찾아 떠난 길. 어느 곳에 그 어른들의 체백이 모셔져 있는지를 알 길이 없어 온 동네를 샅샅이 누볐다. 그러나 무슨 까닭인지 과거와는 달리 그곳엔 순천 박씨가 단 두 세대 밖에 없었고 모두 다른 성씨들이 터를 잡고 있었기 때문에, 필자가 알고자 하는 내용은 공허한 소리로 남아 정말 격세지감을 느끼지 않을 수가 없었다. 하지만 사정이 그러하다고 하여 내려간 760리 길을 아무 의미 없이 그냥 돌아설 수는 없었다.

더위와 싸우며 헤매는 여정

시각은 오후 2시를 가리켰다. 내리쏘는 태양의 광선과 조여 오는 갈증을 참아가며 동네를 중심하여 이 언덕, 저 산 모퉁이를 살펴가면서 혹시나 오래된 묘소나 석물이 보이는가 싶어 기웃거리다 보니 막다른 골짜기로 가고 말았다. 차를 세운 그 산 기슭에는 유난히도 소나무 숲이

이철주 묘소 전경

많았고 산의 생김새도 예사롭지 않아 보여 무작정 가파른 산을 올랐다.

저 멀리 나뭇가지 사이로 무슨 언덕처럼 보이는 고총古塚이 보였다. 혹시나 하는 마음으로 걸음을 빨리 하여 가 보았더니 그 무덤의 주인이 바로 필자가 그토록 찾아 헤맸던 성주 이씨 교동 현감 이철근과 배위 능성 구씨의 묘소였다.

무덤을 얼마나 크게 조성했는지 앞에 놓인 석물이 없었다면 잘 구별이 되지 않을 정도였다. 그러나 묘비를 살피던 중 필자는 그 자리에 털썩 주저앉아 버릴 만큼 깜짝 놀라고 말았다. 필자가 찾던 교동 현감 이철근이 아니라 재령 군수 이철주였으니 말이다.

이름이 비슷하기에 혹시 형제의 유택이 아닌가 싶어 빗돌 본문을 살펴보았다. 내용을 보니 철근은 철주로 개명을 하였고 교동 현감은 후에 승진하여 재령 군수가 되었음을 알려주고 있었다.

사람이란 너무 절망할 때뿐만이 아니라 너무 기쁠 때도 맥이 풀리는 모양이다. 어렵게 찾아낸 것에 감사드리며 웃는 얼굴로 돌아서야 하는데, 갑자기 피로가 덮쳐 와 한 발짝도 걸음을 옮겨 놓을 수가 없었다. 성주 이씨의 유택을 찾지 못하면 어떻게 하나 하는 걱정이 필요한 곳을 찾은 이때에 한꺼번에 밀려온 것이다.

다시 일어선 발길

숲을 이고 멍하니 앉아 있는 순간, 우선 비문을 확인하느라 살피지
못했던 또 다른 석물이 보여 필자는 다시 한 번 놀라지 않을 수 없었

현부인 능성 구씨 묘소 앞에 놓인 장명등

이철주 묘소 앞에
놓인 장명등

이철주 묘비

무덤 옆에 위치한 문인석

삼충각 전경과 삼충각 현판

다. 바로 유택을 지키고 서 있는 문인석 때문이었다. 545년이라는 긴 역사를 안고 있는 그는 여기저기가 마멸되고 부서진 상처투성이로 얼룩져 있어 지나온 험난한 시간을 온몸으로 보여주고 있었다.

장명등은 문인석과 달리 보존이 잘 되어 있었는데 위쪽 장명등은 군수공을 밝히는 것이고 아래쪽은 현 부인 능성 구씨를 밝히는 것이었다. 빗돌은 명확하게 새겨져 있는 글씨로 보아 세운 지 얼마 되지 않아 보였다.

通政大夫 行 載寧郡守 星州李公 鐵柱之墓 配 縣夫人 綾城具氏 祔上下

통정대부 행 재령군수 성주이공 철주지묘 배 현부인 능성구씨 부상하

라고 비문에 적혀 있었는데, 아쉬운 점이 있다면 비문을 봐서는 위

쪽과 아래쪽 중 어느 것이 군수공의
묘소인지 알 수가 없다는 것이었다.
돌아서는 길에 비문과 유택, 그리고
잘생긴 석물을 모두 사진으로 담으
면서 아쉬운 마음을 달래보았다.

박충후의 두 딸들 묘비

묘동妙洞으로 또다시 돌아오다

   원래 이곳은 성주 이씨들의 집성촌이었기 때문에 부근에 유택들이
많이 자리하고 있는 듯했다. 그렇다면 순천 박씨인 박일산 선생의 후
손들이 무덤을 다른 곳에 모셔 놓지는 않았을 것이라는 생각이 들어
필자는 묘동을 다시 한 번 찾게 되었다.

   필자의 예감은 틀리지 않았다. 삼충각三忠閣 옆길을 타고 올라가니
눈이 번쩍 뜨이는 비석 한 기와 두 봉분의 무덤을 발견하였다. 좀 이
상한 일이다 싶어 살펴본 필자는 두 무덤에 얽힌 사연을 확인할 수 있
었다.

   민족의 수난기라 하던 1592년(선조 25) 4월 14일. 왜인들의 침략으로
온 나라가 들썩거리고 있을 때였다. 당시 박일산 선생의 후손인 박충
후朴忠後는 총관摠管으로 있으면서 두 딸을 두었는데 그 해 5월 18일
왜병이 묘동을 포위하자 딸들은 정조를 지키기 위해 죽음을 택하고
만다. 낙동강에 투신한 딸들 중 언니는 전의 이씨全義李氏 이종택李宗

澤에게 출가하여 신행新行 중이었고 동생은 출가도 하지 않은 어린 나이였는데 둘 다 곱디고운 청춘을 푸른 강물에 던져버린 것이다. 그 후 두 딸은 조정으로부터 정려旌閭되었다 한다.

강물에 몸을 던진 그들이 이곳에 묻힌 지도 418년이라는 세월이 흘렀다. 조금 큰 무덤이 언니의 것이었고, 옆에 작은 무덤의 주인이 동생으로 묘소는 관리가 되지 않아 잡목이 자라고 있었지만

宜人 順天朴氏之墓

의인 순천박씨지묘

라고 쓰인 묘비는 세상을 떠난 자매의 내심을 닮아서인지 한 점의 예술품으로 보전해도 좋을 만한 단정한 모습이었다.

숙부가 조카의 왕위를 불법으로 빼앗던 과정에서 희생된 분들의 혼령을 위로해 드리고 또한 그 내용을 상세히 기술하여 다음 세대 자손 만대까지 교훈으로 삼아야겠다는 마음으로 찾아온 곳이었는데, 뜻밖에 가슴 아픈 사연을 간직한 무덤을 마주하니 가슴 한 켠이 쓰라릴 뿐이었다.

외손봉사의 사연을 생색내는 어느 순천 박씨

다시 마을로 내려와 만권당萬卷堂이란 현판이 걸린 집을 찾았다. 본인이 순천 박씨 충정공 박팽년의 혈후손이라 소개하는 집 주인을 만

만권당 현판

났을 때 필자의 감격은 이루 말할 수 없었다. 반갑게 인사를 드리며 이곳까지 찾아온 연유를 말씀드리니 잠시 마루에 올라오라고 친절히 권해 주셨다.

마루에 앉아 지금 군수공 내외분의 유택을 다녀오는 길이라 했더니, 군수공에게는 두 아들이 있었는데 무슨 연유인지는 몰라도 그 묘소는 후손인 성주 이씨 문중에서 돌보지를 않아 5백여 년 동안 박일산 선생의 후손들이 성의껏 봉사해 왔다고 알려주었다. 그러면서

"외손봉사란 하기 힘든 것인데……"

라는 말을 의미심장하게 덧붙이는 것이었다. 그 말을 들은 필자는

박순 묘소 전경

박순 묘비(앞)

"박 선생님, 5백 년이 아니라 5천 년이 되었다
해도 은혜는 은혜대로 남는 것이 아닙니까."

하고 자신도 모르게 말대꾸를 하고는 괜히 기분만
거스른 게 아닌가 싶어 곧 후회를 하고 말았다.

민망한 마음에 얼른 화제를 돌리고자 지금은 어느
문중에서 모시고 있느냐 물었더니, 1986년 어느 날인
가 충청도 보령에 거주하는 이민식이라는 이름을 가
진 사람과 함께 몇몇 알지 못하는 사람들이 찾아와 성

박순 묘비(뒤)

주 이씨의 족보와 증빙 문건을 제시하면서 자신들 선조의 묘소라 하
기에, 이를 인정하고 향사享祀를 넘겨주었다고 했다.

그 후 향사를 치르기 위해 찾아온 사람 중에는 전두환 전 대통령의
영부인이신 이순자 여사도 계셨는데, 선조의 묘소를 찾게 되었다며

모정의 한국사

박일산 묘비와 묘소 옆에 위치한 박일산에 대한 기록이 쓰여있는 비문

매우 기뻐하셨고 이때 천여 명의 후손들이 함께 참배한 후 바로 묘비를 세웠다고 한다.

박 선생 내외분의 대접을 받은 필자는 고마운 마음에, 날씨가 더우니 성주 이씨와 박일산 선생 부자분의 묘소가 어느 곳이라고 알려만 주시면 필자가 알아서 찾아가겠다고 했지만, 두 내외분도 함께 다녀오겠다며 앞장을 서 주었다.

마을에서 보면 남쪽 방향에 아주 나지막한 고개가 보이는데, 마루에 올라서는 순간 바로 묘소를 발견할 수 있었다. 함께 동행했던 부인은 김해 김씨라고 하셨는데 묘소의 위치를 정확히 알고 계셨다.

충신 박순朴珣과 배위 성주 이씨 묘소는 합장이었는데 묘비에는

進士 順天朴公 諱 珣之墓 配 星州李氏 祔

진사 순천박공 휘 숭지묘 배 성주이씨 부

라고 적혀 있었다. 묘비를 봐서는 성주 이씨의 체백이 어느 쪽에 모
셔졌는지는 알 수 없었다. 진사공의 시신은 없을 터이니 고인의 혼령
을 모시면서 의관장衣冠葬을 했을 것으로 보여진다.

필자가 사연 많은 진사공에게 조용히 말씀을 건네 보았지만 진사공
은 아무 말씀이 없으시고, 옆에 계시던 성주 이씨 부인만이 울먹이면
서 당시의 심한 고문 후유증으로 글은 물론이요 말을 하기도 힘들다
는 사연을 간단히 대답해 주셨을 뿐이었다.

착잡한 마음을 달래며 바로 아래쪽에 자리 잡고 있는 박일산 선생
의 유택을 찾았다. 묘비에는

贈 通訓大夫 司僕寺正 順天朴公 諱 一珊之墓 配 贈 淑人 高靈金氏 祔

증 통훈대부 사복시정 순천박공 휘 일산지묘 배 증 숙인 고령김씨 부
라 쓰여 있었다. 이곳이 바로 눈물의 역사를 이겨낸 박비, 즉 박일
산 선생의 유택임을 한눈에 알아볼 수 있었다. 묘소를 지키는 문인석
도, 장명등도 없는 쓸쓸한 무덤이었으나 그 간소한 모습에서 선생이
일생을 통해 보여주신 굳건한 의지와 인내를 느낄 수 있었다.

필자가 목표로 한 모든 일정을 마치고 나자 하루 종일 더위와 피로
에 시달렸던 육체가 이제는 그만 돌아가자고 재촉하였다. 몸은 피곤
했지만 얼마간 돌아본 태고정太古亭, 삼충각三忠閣, 충효당忠孝堂, 금
서헌錦西軒, 도곡재陶谷齋, 삼가헌三可軒, 육신사六臣祠 등 역사의 무게

가 두껍게 쌓여있는 유서 깊은 하빈면 묘동을 가슴 가득히 담고서 돌아서는 필자의 마음만은 넉넉하기 그지없었다.

본능처럼 이렇게 중얼거리다 말고

그녀는 흠칫 놀라고 말았다.

자신의 두 아들이 적자가 되려면 그들을 낳은 어머니 또한

정실부인이 되어야 한다는 뜻 아닌가.

바꿔 이야기하면 그녀는 이 집에 있어서는 안 되는 존재였다.

아니, 세상에서 영원히 지워져야 할 존재였다.

짧지만 영겁처럼 긴 시간이 지났다.

그녀는 문중 어른들의 시선을 외면한 채

생각하고 또 생각해 보았다.

그러나 결론은 한 가지뿐이었다.

어머니의 죽음과 바꾼 빛나는 인생

양사언의 어머니
|문화 유씨|

어머니의 죽음과 바꾼 빛나는 인생

양사언의 어머니 문화 유씨

아들의 미래를 위하여 인생을 바치다

문화 유씨文化柳氏와 양희수楊希洙의 만남, 그리고 유씨가 자식들이 차별받지 않고 살 수 있도록 자신의 삶을 희생한 이야기는 문헌상 기록은 남아 있지 않으며 다만 구전으로 전해지고 있다. 조선 중기의 문신이었던 유위의 딸 문화 유씨가 양희수의 후실로 들어간 점, 또 그녀가 자식들이 차별받지 않도록 죽음을 택한 점 등을 보았을 때 문화 유씨 또한 소실에게서 태어난 서녀였을 것이라는 추측도 가능하게 한다.

문화 유씨가 낳은 삼형제 중 가장 널리 이름을 알린 양사언은 1517년(중종 12)에 태어나 1584년(선조 17)까지 살면서 조선 중기의 문인이자 서예가로 이름을 널리 떨친 사람이다. 서자라는 신분적 한계를 극복하고 과거에 급제한 그는 이후 백성을 위한 정치를 펼쳤으며 유족에게 한 푼의 유산도 남기지 않았을 정도로 청빈한 삶을 살았다.

반정 공신들의 위세에 눌려 마음먹은 대로 정사를 펼칠 수 없었던 중종 임금 시기에는 양사언, 반석평, 이달처럼 신분적 한계를 극복하고 인생을 꽃피운 사람들이 유난히 많았다. 신분 제도가 견고하게 정착된 조선에서는 불가능에 가까운 신분 상승을 이룬 사람들이다. 어찌 보면 이것은 중종 시대의 불안하고 어지러운 사회상을 단적으로 보여주는 예라고도 할 수 있겠다. 모든 것이 안정되어 있었다면 노비가 판서가 되고, 서자가 과거에 급제하는 일 따윈 일어나기 어려웠을 것이다. 신분제도야말로 조선 사회를 유지해 주는 기반이었기 때문이다.

조광조의 몰락을 불러온 기묘사화 이후에 전개된 조선의 정국은 혼란하기 이를 데 없었다. 기묘사화를 일으킨 핵심 세력이기도 한 훈구파가 전횡을 일삼은 까닭이었다. 이에 따라 정치적 혼란은 시간이 지날수록 극심해졌고, 옥사 사건도 줄을 이었다. 그러나 조선의 안정기가 아니었다고 하더라도 자신의 목숨을 내놓는 어머니의 희생이 없었다면 양사언은 후대에 흔적을 남기지 못한 채 사라졌을지도 모른다.

시대마다 당연하고 자연스럽게 받아들이는 중심적인 역할이 있기 마련이다. 조선의 여자이자 어머니로서 갖게 되는 역할. 자식의 앞길을 망치고 싶지 않아 자신의 목숨을 희생했다는 사실에 대해 지금의 시각으로 단순한 시시비비를 따지거나, 그렇게 하는 방법 밖에는 없었던 것일까 간단히 말할 수는 없을 것이다.

아니 어쩌면 그녀는 신분으로 사람을 차별하는 현실에 자신의 죽음으로써 항거한 것인지도 모른다. 현재에도 계급의 격차가 분명히 존재하는 것처럼, 조선이라는 사회에는 넘을 수 없는 신분의 벽이 공고히 자리하고 있었으니까 말이다.

어떻게 하여 사언, 사준, 사기 삼형제가 이 세상에 태어나게 되었는지 그리고 과연 어머니 유씨가 어떻게 하여 이들은 이 세상에서 빛을 볼 수 있었는지 첫 인연을 따라가 보도록 하자.

쥘부채로 맺어진 인연

양사언의 어머니 유씨가 양사언, 양사준, 양사기라는 걸출한 선비를 길러낸 이야기는 열두 살 먹은 당돌하면서도 지혜로운 시골 처녀가 쉰이 넘은 신임 군수에게 점심을 대접하면서 시작된다.

청주 양씨淸州楊氏 가문에서 전해 내려오는 모정에 얽힌 애절한 이야기를 아는 이는 그리 많지 않다. 그러나 〈태산이 높다 하되 하늘 아래 뫼이로다〉로 시작되는 시조의 지은이 양사언은 대부분 기억하고 있을 것이다. 정3품에 해당하는 통정대부의 품계를 받았으며 조선 중종 시대에 문인이자 서예가로 이름을 널리 떨친 그는 신분의 벽을 이기고 1546년(명종 1) 문과에 급제한 사람으로도 널리 알려져 있다.

양사언은 아버지 양희수의 서자였기 때문에 과거를 보거나 등과하여 벼슬길에 오를 수 없는 처지였다. 그러나 아들의 미래를 열어주고자 자기 자신을 아낌없이 희생한 어머니가 있었기에 양사언은 자신의 재능을 맘껏 펼쳐나갈 수 있었다.

역사적 기록을 보면 아버지 양희수에게는 본부인 파평 윤씨 외에 후실로 진천 송씨와 문화 유씨가 있었음을 알 수 있다. 후실 중 진천 송씨에게서는 자식이 없었으며 이야기의 주인공 문화 유씨에게서 사언, 사준, 사기 형제가 태어나게 된다. 본부인 파평 윤씨는 4남 2녀를 두었다.

문화 유씨의 아버지는 삼척 부사三陟府使를 지낸 유위柳湋, 조부는 순창 군수淳昌郡守 종경從京, 증조부는 좌의정左議政을 지낸 만수曼殊이다. 아버지 유위의 자는 수원秀源으로 광주廣州 출신이다. 유위는 가난한 집안에서 태어났으나 근면하여 학문을 열심히 하였으며 효도와 우애 또한 극진하였다고 한다. 행의行誼가 널리 알려졌던지 천거薦擧로 등용되었으며 창평 현령을 거쳐 임진왜란이 일어나자 도원수 권율權慄의 종사관從事官으로 활약하였다.

양희수와 문화 유씨의 만남에 관한 일화는 이어 소개하려는 이야기 외에도 한 가지가 더 존재한다. 일설에는 양희수와 문화 유씨는 포천군 신북면 기지리機池里 위아래 동네에 살았던 사이로서, 윗마을에 살던 유씨가 세상에서 으뜸으로 훌륭한 아들을 낳기 위해 어릴 적부터 소실로 갈 것을 결심하고 물색해 고른 인물이 바로 양희수라는 말이 전해지고 있음도 밝혀 둔다.

양희수와 문화 유씨의 첫 만남에 관한 이야기는 양희수가 오십 세를 넘긴 나이에 영암 군수가 되어 임지로 내려가던 때로 거슬러 올라간다.

양사언의 아버지 양희수는 그리 높은 벼슬을 지낸 사람이 아니었다. 영암 군수를 지낸 것이 다였기 때문이다. 오십이라는 적지 않은 나이에 한양을 떠나 영암으로 향하던 양희수는 장성 땅에 이르렀을 때 몹시 지쳐 있었다. 때마침 속도 몹시 허하고 목이 말랐던 그는 가던 길을 멈추고 가까운 집 안으로 들어가 사례를 할 테니 시원한 물과 밥을 좀 달라고 청하였다.

그런데 그 집에는 열두 살 난 소녀밖에 없었다. 안 되겠다 생각한 양희수가 다른 집으로 가려고 몸을 돌리는데 천만뜻밖에도 소녀가 다소곳이 선 채로 말을 건넸다.

"누추하지만 안으로 들어가시지요. 솜씨는 없지만 소녀가 밥을 지어 올리겠습니다."

양희수는 다소 놀라며 소녀의 모습을 가만히 살폈다. 예쁘장한 얼굴도 얼굴이지만 총명해 보이는 소녀의 맑은 두 눈이 무엇보다 마음에 들었다.

"네가 정말 밥을 잘 지을 수 있겠느냐?"
"어머니를 많이 도와 봤으니 문제없습니다."

소녀가 경쾌하게 대답하며 시원한 물 한 그릇을 떠다가 양희수에게 건넸다. 물이 어찌나 차고 맛난지 양희수는 한 모금도 남기지 않고 모두 마셨다. 그리고는 소녀의 안내를 받으며 방으로 들어갔다.

"참으로 총명하고 착한 아이로구나. 올해 나이가 몇인고?"

"열두 살이옵니다."

소녀의 통통한 볼은 토닥여 주고 싶을 만큼 귀엽고 앙증맞았다. 양희수는 저런 손녀딸 하나 있었으면 좋겠다고 생각하며 괜스레 헛기침을 했다.

잠시 후 부엌으로 나간 소녀는 쌀을 씻는다, 호박이며 채소를 다져넣어 찌개를 끓인다 하며 제법 부산을 떨었다.

"고것 참."

양희수는 경쾌하게 들려오는 도마질 소리에 마음이 흐뭇해서 벙긋벙긋 웃었다.

이윽고 소녀가 상을 들고 방 안으로 들어오는데 얼핏 보기에도 정성이 듬뿍 담긴 음식이 정갈하게 놓여 있었다.

"참으로 기특하구나."

"어서 드세요. 다 식습니다."

양희수의 칭찬을 수줍은 미소로 받아넘긴 소녀는 슬그머니 일어나밖으로 나갔다. 소녀의 뒷모습을 넋 놓고 바라보던 양희수는 한참만에야 수저를 집어 들었다. 특별히 맛난 음식은 아니었지만 소녀의 맑고 깨끗한 심성과 정성이 담긴 음식이라 그런지 양희수는 순식간에 밥그릇을 비워냈다. 바로 그때 소녀가 숭늉 그릇을 들고 방으로 다시 들어왔다. 양희수는 구수한 숭늉을 받아 홀홀 마시고는 엽전 몇 닢과 함께 청홍 쥘부채를 내밀었다.

"왜 이런 걸 저에게⋯⋯."

엽전이야 그렇다 쳐도 비단으로 멋들어지게 만든 쥘부채는 아무래도 분에 넘친다고 생각했던 모양이다. 커다란 눈을 동그랗게 뜨고 쥘부채를 바라보는 소녀의 모습이 그렇게 귀여울 수가 없었다. 양희수는 문득 장난기가 발동했다.

"나는 이번에 영암 군수로 부임한 양희수라는 사람이란다. 고된 여정 중에 너처럼 어여쁘고 착한 소녀를 만나 정성 가득한 음식을 대접받으니 마음이 참 흐뭇하구나. 이 부채는 네가 마음에 들어 채단采緞 대신 미리 주는 것이니 이 다음에 나에게 시집오련?"

채단이란 혼인할 때 신랑 집에서 신부 집으로 미리 보내는 비단 아니던가. 양희수의 장난을 진담으로 받아들인 소녀는 그만 온 얼굴이 홍당무가 되어 버렸다. 양희수는 그 모습이 또 재미있어 유쾌하게 웃다가 소녀의 어깨를 다정하게 토닥여 주고는 길을 떠났다.

소녀의 고집

어느덧 세월은 흘러 소녀의 나이 열다섯이 되었다. 혼기가 되었다고 판단한 소녀의 부모는 매파를 불러들여 좋은 혼처를 구해 달라고 사정했다.

이때 소녀의 아버지는 장성 고을 관아에서 장교로 재직 중이었다. 굳이 매파를 통하지 않더라도 딸의 혼처 정도는 알아볼 수 있는 위치였음에도 굳이 매파를 불러들인 것은 더 좋은 집으로 시집보내고자 하는 마음에서였다.

그런데 그날 밤이었다. 난데없이 비단 쥘부채를 손에 쥐고 안방으로 들어온 소녀가 부모 앞에 다소곳이 앉았다. 그러고는 할 말이 있는 듯 입술을 옴죽거리면서도 쉽사리 말문을 열지 못했다.

"무슨 할 말이라도 있는 게냐?"

아버지가 묻자 소녀는 고개를 숙이며 쥘부채를 앞으로 내밀었다. 어머니가 별일 다 보겠다는 듯 쥘부채를 끌어당겨 손에 쥐었다.

"부채가 참 곱기도 하다. 그런데 이건 어디서 난 거니?"
"채단 대신……받은 거예요."
"채단? 채단이라고?"

부모의 두 눈이 둥그레졌다. 채단 대신 받은 물건이라면 이미 장래를 약조한 남자가 있다는 이야기가 아닌가. 부모는 기가 막혔다.

"대체 뭘 하는 사람이기에 너한테 이따위 부채를 주면서 그런 싱거운 소릴 한 게냐?"
"어머니, 아버지……. 전 이 부채를 준 사람이 아니면 시집가지 않을래요."
"뭐라고?"

부모는 기가 막혀 버럭 소리치면서도 소녀에게 부채를 준 남자가 누구인지 몹시 궁금했다. 이런 비단부채를 예사로 가지고 있을 만한 사람이라면 양반집 자제가 틀림없었다. 양반집 자제라면 올라가지 못할 나무가 아닌가. 여기까지 생각이 미친 부모는 이거 큰일 났다 싶었던지 정색을 하며 다그치기 시작했다.

"이걸 준 놈이 누구냐니까! 빨리 말하지 못해?"
"여, 영암……군수예요."

부모는 잠시 멍한 표정이 되어 딸을 바라보았다. 두 사람 중 먼저 장탄식을 쏟아내며 안 될 일이라고 소리친 것은 아버지였다. 관아에서 일하다 보니 영암 군수가 누구인지 금방 생각났던 것이다.

"영암 군수라면 다 늙어빠진 홀아비 아니냐?"

"호, 홀아비요?"

"이 어리석은 계집아이 같으니라구! 그래, 늙어빠진 군수 놈 소실이 되겠다는 거냐, 지금?"

"에구머니나, 소실이라구요? 그건 안 돼! 절대 안 된다! "

소녀를 앞에 둔 채 어머니와 아버지는 기가 딱 막힌 표정을 짓고 있었다.

"어머니, 아버지. 전 이미 3년 전에 그분에게 시집가기로 했어요. 그러니 제발 그분에게 보내 주세요."

그날 밤, 소녀의 부모는 온갖 폭언과 협박을 퍼부어대며 소녀의 마음을 바꿔 놓으려고 했다. 그러나 연약해 보이는 소녀는 생긴 것과 달리 고집이 보통이 아니었다. 목에 칼이 들어온다 해도 영암 군수 양희수를 포기할 마음이 없었던 것이다.

유씨는 타고난 예지로써 좋은 자리에 정실로 가지 못할 바에는 소실이라 하더라도 훌륭한 자식을 낳아 기를 바탕으로 양희수를 선택하고, 양희수를 놓쳐서는 안 된다고 생각한 건지 도 모른다.

그로부터 물경 여섯 달이었다. 여섯 달 동안 부모는 소녀의 결심을 꺾으려고 갖은 애를 다 썼으나 소용없는 일이었다. 결국 지칠 대로 지쳐 버린 소녀의 부모는 제 팔자려니 여기며 소녀를 양희수에게 보내기로 마음먹었다.

소녀, 늙은 군수의 꽃이 되다

이윽고 영암으로 양희수를 찾아간 소녀의 아버지는 대뜸 3년 전 장성에서 있었던 일을 상기시켰다.

"그날 우리 딸에게 점심을 대접받고 신물信物로 쥘부채를 선사한 게 맞습니까?"

이야기를 묵묵히 듣던 양희수는 한순간 아차 싶었다. 영암 군수로 부임하여 내려오던 날 시원한 물과 점심밥을 자신에게 대접해준 귀여운 소녀가 떠오른 것이다. 그런데 그 소녀가 혼처가 나왔음에도 신물을 이미 받았다는 핑계로 시집을 가려 들지 않는다는 이야기 아닌가.

"우리 딸이 군수님 아니면 시집을 가지 않겠다고 하니 책임지십시오. 우리 내외가 반년 동안이나 어르고 달랬는데도 요지부동이니 이젠 도리가 없습니다."
"허어, 이것 참……."

양희수는 당황하여 어쩔 줄을 몰랐다. 그러나 마음 한편으로는 소녀를 만나고픈 욕심이 간절하게 샘솟는 것 또한 사실이었다. 소녀가 그랬듯 그날 양희수도 소녀에게 참으로 강렬한 인상을 받았던 것이다. 하여 양희수는 오십 줄에 들어선 자신의 나이를 핑계로 몇 번 사양하다가 못이기는 척 혼사를 받아들였다.

소녀의 아버지가 장성으로 돌아가고 나서 양희수는 아무리 생각해도 꿈을 꾸는 것만 같아 온종일 제정신이 아니었다. 결혼 적령기에 접어들었다고는 하지만 자신과 마흔 살 가까이 차이 나는 소녀를 소실로 맞아들인다는 것이 민망하기만 하였다. 물론 다른 사람들의 눈 때문에 민망한 것이지 양희수의 마음 자체가 소녀를 아내로 맞아들이는 것이 마뜩찮았다는 뜻은 아니다. 오히려 양희수는 말라비틀어진 웅덩샘에서 기적처럼 물이 퐁퐁 솟아나기라도 하는 양 생기가 넘쳤고 한없이 기뻤으며 설렜다.

드디어 고대하고 고대하던 날이 되었다. 곱게 분단장하고 나타난 소녀는 3년 전의 그 순박한 표정과 총명한 눈망울을 그대로 간직하고 있었지만 부쩍 자란 키와 몸 때문인지 사뭇 성숙미가 감돌았다.

'저 아이는 갓 피어난 한 떨기 꽃이로구나.'

저절로 감탄이 새어 나왔다. 양희수는 척박한 대지처럼 늙어 버린 자신이 저 소녀를 능히 감당할 수 있을까 걱정이 앞섰다. 여색을 그리 밝히는 편이 아닌데다 주변 사람들의 날카로운 시선을 나 몰라라 할 수도 없는 처지였다. 그리하여 양희수는 소녀가 영암 관아에 도착하자마자 내아內衙에 거처를 마련해 주고는 자신은 동헌에서 지내며 별거하였다. 어린 소실에게 접근함으로써 타인의 눈에 채신머리없는 사람이라는 인상이 박힐까 봐 그렇게 한 것이었다.

물론 그러면서도 마음만은 늘 소실에게 가 있었다. 그렇다고 하루 빨리 합방을 하여 젊은 꽃을 꺾어 보려는 욕심이 있었던 것은 아니었다. 노쇠한 몸과 마음 탓인지 그저 고운 꽃을 가까이 두고 바라보는 것만으로도 그는 젊은 사람들이 집착하는 욕망쯤은 갈음할 수 있었다.

그런데 오래지 않아 양희수의 몸에서 기이한 일이 일어나기 시작했다. 어린 소실을 가까이 두다 보니 덩달아 마음이 젊어졌는지 하루하루 생활하는 것이 즐거웠고 식욕이 전에 없이 왕성해졌으며 그에 따라 뻣뻣하고 흐물흐물했던 육신에도 생기가 감돌았다. 바야흐로 양희수는 회춘의 계절을 맞이하고 있었던 것이다.

양사언이 태어나다

양희수와 젊은 소실이 비로소 합방을 한 것은 그로부터 3년이 더 흐른 뒤였다. 그때 양희수는 영암 군수 임기를 마치고 젊은 소실과 함께 한양으로 올라가 있었는데 그 집에는 이미 장성하여 아내를 맞은 양희수의 맏아들 내외가 함께 살고 있었다. 양희수는 며느리에게 체신을 세우고자 한양으로 올라가고 나서도 젊은 소실과 별거를 했다.

며느리보다도 나이가 어렸던 젊은 소실은 처신하기에 따라 입지가 곤란해질 수도 있는 상황이었다. 그러나 그녀는 뜻밖에도 법도나 마음 씀씀이가 장하여 나이 많은 며느리로부터 진심에서 우러나온 존경을 받았다. 그리하여 화목한 집안 분위기가 만들어졌는데, 그렇게 되기까지는 젊은 소실의 눈물겨운 노력이 있었음을 양희수는 잘 알고 있었다. 이렇듯 집안이 안정된 뒤에야 양희수는 며느리에 대한 괜한 걱정과 자격지심에서 벗어나 젊은 소실과 동침을 할 수 있었다.

두 사람 사이에 아들이 태어난 것은 그로부터 다시 3년이 흐른 뒤였다. 이때 태어난 아이가 바로 양사언이었으며, 오래지 않아 사언의 동생 사준과 사언이 태어났으며 이어 딸 또한 낳았다. 이들은 양희수와 더불어 자하동紫霞洞 별장에서 부러울 것 없는 생활을 누렸다.

이때 양희수와 유씨는 자식들 교육에만 열중하였는데 두 아들이 서자 신분이라는 사실이 부부의 마음속에 늘 커다란 짐처럼 자리하고 있었다. 아들 삼형제는 어릴 때부터 글씨를 아주 잘 썼으며 총명하여 글공부도 상당한 진전을 보였다.

"참으로 아까운 아이들이다. 저 녀석들을 어찌해야 좋단 말인가."

양희수는 한숨으로 땅이 꺼졌다. 그때마다 사언의 어머니는 자식들의 앞길을 어떻게 하든 열어 주리라 다짐하곤 하였다.

아들의 앞날을 위해 죽음을 택한 어머니

비록 자식들 앞날을 걱정하느라 한숨짓는 때가 잦았지만 어머니 유씨는 맏아들 사언의 나이 열다섯이 되던 해까지 행복을 누리며 살았다.

그러나 이승에서의 삶은 누구에게나 한계가 있는 법. 양희수는 가슴속에 맺힌 자식들에 관한 걱정을 끝내 풀지 못하고, 어느 날 갑자기 숨을 거두고 말았다. 열두 살에 양희수를 처음 만나 밥을 지어주며 일생을 의탁하리라 마음먹었으며, 그로부터 20년 남짓 그를 섬기며 살아온 사언의 어머니는 부질없는 세상 마감하고 남편의 뒤를 따르고픈 마음뿐이었다.

그러나 그녀에게는 해야 할 일이 한 가지 남아 있었다. 이미 청년기에 접어든 세 아들이 마음껏 뜻을 펼칠 수 있도록 길을 열어주는 일이었다. 그간 양희수와 아이들의 장래에 대해 한두 번 이야기를 나눈 것이 아니었다. 그러나 아무리 이마를 맞대고 의논해 보아도 답은 없었다. 초상 중이라 집에는 문중 어른들이 모두 모여 있었다. 마당 한 쪽에 우두커니 앉아 있던 사언의 어머니는 문득 저들에게 하소연이라도 해보아야겠다는 생각에 자리를 털고 일어섰다.

"어르신들, 천한 소실 주제에 나설 자리가 아니라는 것은 잘 알지만 지아비를 여읜 처지에 의지할 데가 없어 감히 한 가지 여쭈어 보려 합니다."

고인을 추모하며 술잔을 기울이던 문중 어른들의 시선이 일시에 그녀 쪽으로 쏠렸다. 그 중 한 사람이 허연 수염을 가만히 쓸어내리며 입을 열었다.

"말해 보게."

"서자는 등과하지 못하는 것이 나라의 법이라고 알고 있습니다. 고인께서는 재주가 있음에도 당신의 어린 두 자식이 신분의 굴레를 쓰고 살아가다가 좌절한 나머지 방탕한 생활을 하게 되지 않을까 늘 근심하곤 했습니다. 두 아이의 앞길을 열어 주고 싶습니다. 어리석은 저에게 그 방도를 좀 알려 주십시오."

문중 어른들은 약속이나 한 것처럼 난감해 했다. 그런데 그때 허연 수염을 쓸어내리던 그 노인이 사언의 어머니에게 뜻밖의 이야기를 들려주었다.

"그렇지 않아도 희수 그 사람이 내 집에 찾아와 두 아이의 장래를 물은 적이 있었네. 서자라고는 하나 문중에서 필요한 수속을 거쳐 적자로 족보에 올리는 것이야 그리 불가능한 노릇만은 아니지. 떡잎이 누렇다면야 논할 가치도 없겠으나 내가 보기에도 두 아이의 재주가 출중하여 그냥 버려두기 아깝다는 말일세."

노인은 이렇게 이야기하며 사언의 어머니를 빤히 바라보았다. 그녀는 문득 노인의 눈빛에서 심상치 않은 기운을 읽어냈다.

"하오면 저는……."

본능처럼 이렇게 중얼거리다 말고 그녀는 흠칫 놀라고 말았다. 자신의 두 아들이 적자가 되려면 그들을 낳은 어머니 또한 정실부인이 되어야 한다는 뜻 아닌가. 바꿔 이야기하면 그녀는 이 집에 있어서는 안 되는 존재였다. 아니, 세상에서 영원히 지워져야 할 존재였다.

짧지만 영겁처럼 긴 시간이 지났다. 그녀는 문중 어른들의 시선을 외면한 채 생각하고 또 생각해 보았다. 그러나 결론은 한 가지뿐이었다.

'비구니가 되어 모진 목숨 연장하겠다는 생각일랑 버리자. 그 또한 아이들에게는 짐 아니겠는가. 내가 완전히 사라져 버려야 아이들은 부담 없이 적자 행세를 할 수 있을 것이야.'

그녀는 품에서 패도佩刀를 꺼내 들었다. 그러고는 아이들을 부탁한다는 듯 문중 어른들을 가만히 돌아보다가 자신의 가슴에 패도를 꽂았다. 그녀의 희생정신 때문이었는지 유씨는 양희수의 묘와 함께 합폄合窆해 모시게 되었다. 그리고 양희수의 본부인 파평 윤씨와 자식이 없었던 또 다른 후처 진천 송씨는 각각 따로 모시었다.

이후 언제부터였는지는 정확하지 않지만 양희수와 유씨 외에 두 부인의 묘는 후손들의 보호를 받지 못하게 되어 실전 상태로 4백여 년간을 지내 왔다.

그러던 중 2005년, 30여 년의 교직 생활을 마치고 귀향한 15세손 현 포천문화원 부원장 양윤택 선생께서 두 어른의 묘를 찾기로 마음먹고 족보의 기록을 참고로 선산을 찾기 시작한 지 수개월의 노력 끝에 결국 두 분의 묘와 묻혀있던 표석을 찾아냈다. 양윤택 선생은 문중과 함께 2009년 5월, 4위位 합장으로 묘를 바꾸고 비석 또한 실록에 맞도록 비문을 찬하여 새롭게 단장하게 되었다.

서자, 문명을 떨치다

아무리 모정이 뜨겁다 해도 자식의 성공을 위해 스스로 목숨을 끊기란 쉬운 일이 아니다. 그런데 그 일을 실제로 행한 어머니의 모습을 지켜보아야 했을 자식들의 심정은 어떤 것이었을까.

양사언과 양사준은 당시 그리 어린 나이가 아니었다. 서자에 불과한 자신들의 처지를 깨닫고 그들은 내심 절망하고 있었을 것이 분명하다. 아무리 학문을 닦고 재주를 길러 봐야 세상의 손가락질을 받으며 음지에서 살아갈 수밖에 없는 운명이었다.

그런데 어머니가 죽었다. 하늘이 내린 신분의 형벌을 감수하느라 절규할 자식들을 위해서 말이다. 이들 세 형제는 어머니의 싸늘한 주검 앞에서 약속했다. 결코 어머니의 죽음을 헛되이 저버리지 않으리라. 정진! 그들의 앞날엔 정진만이 남아 있을 뿐이었다.

바야흐로 1546년(명종 1)이었다. 그해에 청주 양씨 집안에는 겹경사가 찾아왔다. 형 양사언은 식년 문과에, 동생 양사준은 증광시에 나란히 급제를 한 것이다. 이후 양사언은 대동승大同丞을 거쳐 지방관을 자청하며 삼등, 함흥, 평창, 강릉, 회양, 안변, 철원 등 여덟 고을의 수령을 지내는 등 40여 년의 관직 생활을 하였다.

사준은 1555년(명종 10) 왜구가 지경地境을 침략하여 연이어 10성城
이 함락되자, 김경석金慶錫의 종사관從事官으로서 군사를 이끌고 영암
靈巖에서 적과 싸워 크게 이겼다. 이때 영암 대첩에서 승리한 후「정왜
대첩征倭大捷」이라는 시를 남기기도 하였다. 이때의 전과로 1557년 4
월 평양 서윤으로 봉임封任하였는데 사헌부에서는 계를 올려 양사준
을 파직하여야 한다고 주장하였다. 파직을 요청한 이유는 '양 서윤은
수완이 좋고 멋을 부리며 창첩娼妾을 데리고 다닌다'는 것인데 명종
은 불윤不允하였다.

그러나 이와 같은 상고와는 별개로 양사준은 관직 생활을 함에 있
어서는 성품이 인자하고 행실이 예의에 어긋나지 않아 주변 사람들로
부터 칭송이 자자하였다고 한다.

막내 사기 또한 1552년(명종 7) 진사시에 합격하였다. 다음해 문과에
올라 관직 생활을 하는 동안, 형님들과 마찬가지로 주민을 먼저 생각
하는 선정을 펼쳐 가는 곳마다 사람들이 따랐으며 청백하여 칭송을
받았다. 또한 선조가 등극한 후 왜적의 침입에 대한 방어책을 진언하
는 상소를 올렸는데 훗날 그 예언이 들어맞았다.

사기는 어린 나이에 부모를 잃고 사언을 부모처럼 생각하고 모셨는
데 1583년(선조 16) 형 사언에게 직무상 문제가 생기자 7개월 동안 형의
곁을 떠나지 않고 보필하였다고 한다.

이렇듯 삼형제 모두 나란히 벼슬길에 올라 백성을 위해 선정을 펼
쳤으나 두 사람은 정치인이기에 앞서 학자이자 예술가들이었다.

이들은 어려서부터 함께 공부하며 항상 같이 다녀 한때 포천에는 "양봉래가 셋"이라는 소문이 날 정도로 그들은 모든 면에서 뛰어났다. 한음漢陰 이덕형李德馨이 어렸을 때 포천으로 공부하러 와서 삼형제를 만났는데 이들은 공부할 때 외에 금수정金水亭으로 가서 시를 화답할 때에도 자리를 같이 했다고 한다.

사언, 사준, 사기 삼형제는 중국의 소순, 소식, 소철에 비유될 정도로 문명을 날렸으며, 특히 양사언은 초서와 해서에 능한 서예가로도 널리 알려져 안평 대군安平大君, 김구金絿, 한호韓濩와 함께 조선 전기 4대 명필로 불릴 정도였다.

양사언의 시 중 그가 선유담仙遊潭에서 읊은 한 수를 소개한다.

桃花結子三千歲 도화결자삼천세
龍虎丹成日未斜 용호단성일미사
湖光海色落天鏡 호광해색낙천경
黃陽白雲樓紫霞 황양백운누자하

복사꽃은 삼천 년만에 열매를 맺고
용호의 단약1) 달이니 해도 저물지 않네.
호수와 바다 빛은 하늘의 거울을 떨어뜨린 듯
흰 구름은 노을 속에 깃드네.

---

1) 단약丹藥: 의서醫書『용호경龍虎經』에 나오는 말로 신선들이 달여 먹는 명약.

또한 사언의 동생 사기는 시작 능력은 매우 뛰어났음에도 자신을 앞세우지 않고 형 사언을 모시며 자신을 항상 낮추었다. 따라서 전해 지는 사기의 시는 많지 않으며 『봉래시집蓬萊詩集』 말미에 몇 편 실려 있는 것이 전부이다. 사기의 시 중 가장 많이 알려진 다음의 시는 조중봉趙重峰 헌憲이 상소문을 올리면서 인용하여 더욱 유명해졌다.

美人如玉隔三山 미인여옥격삼산
吟鬢蕭蕭一夜斑 음변소소일야반
願寄裏情明月影 원기리정명월영
和風吹入玉欄于 화풍취입옥난우

곱디고운 미인은 멀리 삼신산에 있고
귀밑 수염만 쓰다듬는 쓸쓸한 한밤중에
밝은 달그림자에 속마음 기탁하려 하니
화풍은 옥난간에 불어드네.

양사기 또한 예인이었던지 자신의 죽을 날짜를 미리 알고 예언을 하였는데, 스스로 말한 그날 그 시각에 죽었다고 한다. 향년 56세였으며 포천 군내면郡內面 하성북리下城北里에 있는 묘의 묘표墓表는 조카 만좌萬左가 찬하였다.

어린 나이에 본 어머니의 죽음, 그것도 자식이 차별받지 않고 마음 껏 재능을 펼치도록 죽음을 택한 어머니를 통해 삼형제의 감수성과 세상을 보는 깊이는 더욱 깊어졌을 것이다.

앞에서도 잠깐 언급한 양사언의 시,

태산이 높다 하되 하늘 아래 뫼이로다.

오르고 또 오르면 못 오를 리 없건마는

사람이 제 아니 오르고 뫼만 높다 하더라.

라는 시조 또한 양사언이 어머니 유씨를 그리며 쓴 시이다.

또한 양사언은 자연을 즐겨 회양淮陽 군수로 있을 때는 근처의 금강산을 자주 찾았는데 금강산 만폭동萬瀑洞 바위에 〈봉래풍악 원화동천蓬萊楓嶽元化洞天〉이라는 글을 새겨 놓았다. 양사언의 호 봉래蓬萊 또한 금강산의 여름 이름인 봉래산蓬萊山에서 연유한 것이다.

죽음을 초월한 어머니의 무한한 자식 사랑과 그러한 사랑에 보답하고자 정진하고 또 정진한 자식들의 반듯한 모습은 우리 역사 전체를 놓고 보더라도 흔치 않은 일이다.

쥘부채의 인연을 놓지 않은 유씨의 선택으로 사언, 사준, 사기는 이 세상에 태어나게 되었고 또한 어머니가 자신의 생명을 바침으로써 삼형제는 현실에서 신분으로 인한 차별을 받지 않고 자신의 능력을 발휘할 수 있었다. 그렇다고 하더라도 신분 사회가 낳은 하나의 비극적인 사건이 아닐 수 없다.

양사언의 어머니 문화 유씨와
아버지 청주 양씨 양희수의 가계

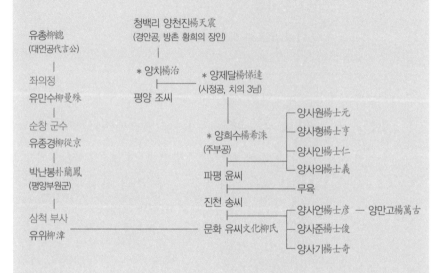

* 양치는 천진의 5남으로 세종 후궁 혜빈 양씨의 종숙부이다. 함경도와 황해도 양도의 병마사
를 지냈으며 단종 복위 사건에 연루되어 포천에 입향하기도 하였다.

* 양제달은 양치의 3남으로 통훈대부 선교랑을 지냈다.

* 양희수는 사정공의 독자로 조봉대부 돈녕부를 지냈다.

어머니 문화 유씨 가계의 내력

문화 유씨의 **증조부 유만수**柳曼殊는 고려 첨의중찬 경璥의 후손으로서 고려 말 조선 초의 대신이었다. 공민왕 때 문벌로 벼슬에 나갔으며 우왕 때 조전원수助戰元帥가 되어 이성계와 함께 황해도 각지로 침범한 왜구를 물리치는 공을 세웠다. 1383년(우왕 9) 금포金浦 원수로 있을 때, 왜적선 120척이 침입하자 정지鄭地의 협력을 받아 남해 관음포觀音浦에서 적선 17척을 불사르고 왜적을 몰아내었다.

이후 동지밀직사사를 거쳐 경상도 원수가 되었으나, 이성계를 따라 압록강에서 회군하여 개경 숭인문 방어전에서 최영 장군에게 퇴패退敗하고 만다. 창왕 때 이방원(태종太宗)과 같이 해주에서 왜구를 막아낸 공로로 왕으로부터 궁시弓矢의 하사를 받았으며 공양왕 때 문하찬성사에 이르렀다. 이태조李太祖가 개국하자 개국 좌명開國佐命 공신에 책록되어 영의정에 이르렀다가, 후에 정도전의 난에 연루되어 정도전과 같이 사형되었다. 유만수의 자는 득휴得休, 본관은 문화文化이다.

문화 유씨의 **조부 유종경**柳從京은 순창 군수를 지냈다.

문화 유씨의 **아버지 유위**柳湋는 조선 선조 때의 문신으로서 시인이자 서예가로도 유명하였다. 집안이 가난하였음에도 어려서부터 독서에 열중하였으며, 11세에 부친상을 당하여서도 조금도 그릇됨이 없이 장례의 예를 갖추었다고 한다. 부모에 대한 효가 극진하고 형제간의 우애가 매우 두터워 관직에 천거되어 창평 현령을 지냈다. 임진왜란이 발발하였을 때에는 도원수 권율의 종사관으로 활약하였다.

특히 경세치용經世致用의 학문에 관심이 깊었다고 하며 문무를 모두 겸비한 인재로서 시사詩思, 필법筆法, 사기射技에 뛰어났기 때문에 삼절三絶이라 불리었다.

아버지 청주 양씨 가계의 내력

청주 양씨淸州楊氏의 **시조 기**起는 원래 중국 출신으로 원나라에서 대광보국숭록대부에 올라 도첨의정승에 이르러 황제의 명을 받고 노국 대장공주(충렬왕 비)를 배종하여 고려 충정왕 때에 들어와서 정착하게 되었다. 그 후 삼한三韓 창국공신으로 상당백上黨伯에 봉해지고 청주로 관적貫籍(본적지)을 하사받음으로써 후손들이 본관을 청주로 하여 세계世系를 이어왔다.

시조 **기의 아들 양지수**楊之壽가 광정대부에 올라 도첨의 찬성사를 역임하고 청백리에 녹선되었다. 고려 공민왕 때부터 조선조 초까지 정계 활동을 하였으며 서평군西平君으로 봉하였다.

시조 **기의 손자 양백연**楊伯淵의 태어난 해는 확실하지 않다. 공민왕 초에 판각문사로 있을 당시, 밀직 신귀辛貴의 처 강씨를 간통하여 헌사의 탄핵을 받고 파면되는 일이 있었는데 이 또한 기록이므로 함께 밝히는 바이다. 강씨는 당시 찬성 윤성允成의 딸이었다.

양백연은 뒤에 상호군 최영崔瑩의 휘하에서 종군하며, 1363년(공민 12) 김용金鏞이 일으킨 홍왕사興王寺의 변을 평정시키는데 공을 세워 일등공신에 추성익위공신推誠翊衛功臣이 되었으며, 개성윤開城尹에 임명되었다가 극성방어사가 되었다.

1365년 밀직부사로 원나라에 가서 왕비 노국 공주의 죽음을 알리고 돌아와 서북면도순위사가 되었다. 1370년(공민 19) 서북면 부원수로서 지용수池龍壽, 이성계李成桂, 임견미林堅味 등과 함께 동녕부東寧府를 공격하여 공을 세웠다. 이듬해 전라도 도순문사가 되었다가 동강 도지휘사가 되어 예성강에 침입한 왜구를 격퇴하였다. 이후 몇 벼슬을 거치고, 1375년(폐왕 우 1) 심왕 고瀋王暠가 반적叛賊 김의金義를 거느리고 온다는 소문이 있자, 문하평리상의로서 안주상원수가 되어 이에 대비하였다.

또한 1377년(폐왕 우 3)에는 서강 부원수로서 이성계 등과 함께 왜구를 수차례 격퇴하여 찬성사에 올랐고 제조정방을 겸임하였다. 그 뒤 왜구의 침입이 빈번해지자 왜구에 대비하다가 진주 반성현班城縣에서 왜구를 또 한차례 크게 처부수고 개선하였다.

그러나 안타깝게도 이때부터 전공戰功을 믿고 교만을 부리다가 이인임李仁任, 임견미 등의 미움을 받게 되어 합주陜州(현 경남 합천陜川)로 귀양 갔다가 1379년(폐왕 우 5) 살해당하였다. 시호는 충간忠簡이다.

양사언의 **고조부 양천진**楊天震은 고려 공양왕조에서 보국대부 호조

전서를 지냈으며 중국에 주청사로 들어가 세공歲貢을 완전히 삭감시
킨 공로로 안악군安岳君으로 봉하였으며 청백리에 뽑혔다. 조선조 초
까지 벼슬 활동을 하였으며 시호는 경안공景安公이다.

양사언의 **증조부 양치**楊治는 1400년(정종 2) 태어났다. 조선 전기의
무신이자 충신으로서 세종 때 김종서金宗瑞가 여진족을 토벌하여 6진
을 개척할 당시 종사한 공을 인정받아 함경도 병마절도사, 영암 군수
등을 지냈다. 그러나 세조가 계유정난癸酉靖難으로 단종을 폐위시키
고 왕위를 찬탈하는 한편 박팽년朴彭年 등 사육신이 화를 입자 관직을
버리고 기지리(틀무시)에 은거하여 두문불출하였다.
1483년(성종 14) 하세하였으며, 호는 퇴은退隱으로 충목단忠穆壇에
추배追配되어 있다. 또한 세종 때 단종의 유모였던 양혜빈楊惠嬪의 종
숙부이기도 하다.

시조 기의 또다른 **증손 양영수**楊英秀는 밀직부사와 상장군을 역임
하며 가문을 중흥시켰다.

양배楊培는 1411년(태종 11) 태어났으며 사망한 해는 정확한 기록이
없다. 태종조에서 만호였다가 통정대부 동래진 병마절도사를 역임하였
으며 강원·경상도 관찰사였다. 자헌대부 이조판서로 추증되었다.

세종의 제3후궁 혜빈 양씨惠嬪楊氏는 일체의 기록이 남아 있지 않으

며 1457년(세조 3) 단종 복위의 옥사로 인하여 사사되었다. 혜빈 양씨는 3남을 두었는데 세종의 12남 한남군 어와 14남 수춘군 현, 16남 영풍군 천이 그 소생으로서 이들 세 아들도 어머니 혜빈 양씨와 함께 단종 복위 옥사로 같은 해 5월에서 6월 사이 모두 사사되었다.

이 외에도 이조 때 무신으로 무예에 뛰어났던 **양정**楊汀은 세조 때 좌익공신佐翼功臣으로 양산군楊山君에 봉해지고 공조판서와 지중추원사를 거쳐 평안도 절제사에 이르렀다.

또한 사언士彦 외에도 임진왜란에 의병을 일으켜 금산錦山 전투에 참가하였다가 7백 의사義士와 함께 장렬히 전사한 **양응춘**楊應春과 호종 공신扈從功臣으로 이조판서를 지내고 홍농군弘農君에 봉해진 **양순민**楊舜敏, 그리고 아버지 양사언의 뒤를 이어 서예에 뛰어났던 **양만고**楊萬古 등이 청주 양씨 가문을 빛내었다.

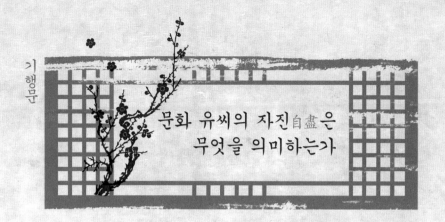

문화 유씨의 자진自盡은
무엇을 의미하는가

목숨보다 소중한 것이 있으니

우리들은 흔히 "저 사람은 법 없이도 살 사람이다" 라는 말을 한다.
이 말의 참뜻은 정말 무법인 사회에서도 살 수 있는 사람이 아니라,
실정법이 없어도 전해져 내려오는 습속에 의해 질서를 충분히 지킬
수 있는 사람이라는 뜻이다.

고금을 통해 볼 때, 법의 원천인 도덕을 앞세워 참되게 살아갔던 이
들은 얼마나 될까. 권력을 갖고 있는 자가 악행과 포악을 휘두르기 쉽
듯이, 조선 시대의 신분제도의 특혜를 누리며 위세를 부리는 양반 귀
족이라는 넘지 못할 거대한 벽 앞에서 힘없는 백성들은 몸부림을 칠
수밖에 없었다.

양사언 영정

　요즘도 마찬가지로 벽은 존재한다. 많은 사람들이 벽을 향해 정면 돌파하는 방법을 택하는 대신 부정이나 편법으로 일을 해결하려는 경우가 많고, 현실에서는 그런 이들을 가리켜 지혜롭다, 수완이 좋다고들 부러워하기도 한다.

　양사언, 양사준, 양사기 삼형제를 후일 문과 급제자로 탄생시킨 어머니 문화 유씨는 이러한 타인들과 달리 비겁하게 우회하는 방법을 선택하지 않았다. 한마디 가르침이 아니라 죽음으로써 강한 교훈을 남기고 떠난 것이다.

양사기 묘소 전경

양사기 비문

조금 성격이 다르기는 하지만 명예를 위하여 자신의 목숨을 내어놓은 어머니가 또 있다. 신숙주가 비인륜적이라며 손가락질 받던 수양 대군의 탐욕에 휘말려 진퇴를 결정하지 못하고 있을 때였다. 가문과 여덟 아들의 몰락을 걱정하지 않을 수 없는 절체절명의 순간이었기 때문이다.

신숙주의 부인 무송 윤씨는 대대로 예를 중요시하며 살아온 집안 출신으로서 오빠는 세조 때 영의정을 지낸 윤자운尹子雲이다. 당시 세인들은 신숙주를 향하여 변절자, 배신자라 낙인을 찍었고 아들 8형제는 바깥출입을 할 수 없을 정도의 조롱을 받으며 고통 받고 있었다. 이런 상황을 보다 못한 윤씨는 자신의 죽음으로써 가문의 명예를 더럽히지 않고 자식들이 비난받지 않도록 만들었다.

남편 신숙주와 맏아들 신주申澍는 함께 명나라 사신으로 떠났다 압록강을 건너 돌아오는 중에 이 비보를 전해 듣게 된다. 이 충격으로 아들 신주는 병을 얻어 22세의 젊음을 뒤로 하고 아내(한명회의 장녀)와 아들 신종호만을 남기고 떠나고 말았다.

부인의 죽음으로써 세인들의 비난은 차츰 줄어들었고, 또한 여덟 형제의 입지도 좋아져 학문에 열중할 수 있었다고 하니 무송 윤씨의 희생은 안타깝지만 헛되다고만 볼 수는 없을 것이다.

세상에 남긴 발자취 묻어 놓을 수 없구나

다시 양사언의 어머니 문화 유씨의 이야기로 돌아와 보자. 문화 유씨의 유택이 어디에 있는지 알아낼 수가 없었으나 '봉래 선생 묘소 부근에 가보면 후손들을 만날 수 있겠지' 하며 조금은 무모한 마음으로 무작정 길을 나섰다.

양사언의 묘소가 있는 포천 길명리에는 양씨들은 거의 떠나고 한두 분이 남아 있을 뿐이다. 그중 한 분이 자신들보다 집안 내력을 잘 알고 있는 분이 있다며 소개해 주었다.

> "오랫동안 서울에서 교육에 몸담으며 고등학교 교장으로 퇴임하신 양윤택楊潤宅 선생을 찾아가 보시지요. 현재는 포천문화원 부원장으로 계시는 분입니다."

양치 신도비

하여 필자는 양윤택 선생을 찾아뵙고는 연유를 말씀드렸다. 하늘이 내린 교육자의 풍모를 풍기는 선생은 기꺼이 필자에게 많은 정보를 제공해 주었다.

선생의 안내로 처음 찾은 곳은 포천 땅 신북면 기지리機池里라는 곳으로서 마을 입구에 우람하게 세워놓은

楊治 退隱公 神道碑
양치 퇴은공 신도비

가 여지없이 눈길을 사로잡았다.

문화 유씨의 시조부인 양치는 함길도와 황해도 두 도의 병마절도사(무관 종2품)를 지낸 분으로서, 큰 누님은 방촌 황희의 부인이었고, 세종의 후궁 혜빈 양씨는 양치의 종질녀가 된다.

신도비명을 간략하게 읽어보니 당시 수양 대군의 횡포가 어느 정도였는지 가히 짐작이 가고도 남았다. 비문은 면암 최익현의 증손자인 성균관 관장 최창규崔昌圭 선생이 짓고 17세손 양윤택 선생이 감동監董하여 2000년에 세웠다.

마을 이름 기지리는, 마을 양편으로 둘러 처진 산세가 마치 베틀의 모양과 같고, 아주 먼 옛날 마을에 연못이 있었기 때문에 베틀과 연못을 합하여 틀못이라 하였다가 지금은 변음되어 틀무시라고 부르게 된 것이다. 틀무시의 한자음이 바로 기지리이다.

동네 안쪽 약 1킬로미터쯤에는 양치 선생의 묘소와 배위 평양 조씨

퇴은재 전경과 퇴은재 현판

의 묘소가 모셔져 있었고, 그 가까운 곳에 양치의 호를 따서 만든 재
실이 있었는데 현판에는 '퇴은재退隱齋'라고 쓰여 있어 이곳이 바로
청주 양씨들의 터전임을 알 수 있게 해 주었다.

우여곡절 끝에 함께 모셔진 묘소에는

낮은 언덕을 넘어서는 순간 마치 딴 세상에 온 듯한 곳이 있었다.
멀리서 봐도 묘원을 손질해 놓은 것이 평범한 후손들은 아닌 듯하여
저런 모습이 바로 우리 민족의 정신적 맥脈이로구나 하는 마음에 가
슴이 뜨거워 왔다.

이미 본문에서 밝힌 바대로 초배初配 숙인 파평 윤씨와 계배 진천
송씨의 유택은 오랜 세월 실전되었던 것인데 양윤택 선생께서 이곳저

곳을 밟아 유택을 찾아내어 선조 양희수 공과 세 부인을 함께 모시는 큰일을 했다고 전해 들으니 참으로 존경스럽게 느껴졌다.

　묘소 봉분과 벌에는 마치 신의 발자국인양 점점이 잔디를 심어 놓았고 나이 먹은 문인석과 망주석은 부동으로 주인의 체백을 수호하고 있어 한결 돋보였다. 용두龍頭가 없는 빗돌은 좌측에 세워 놓고 다시 용두를 얹은 오석의 빗돌에는

朝奉大夫 行 敦寧府主簿 淸州楊公 希洙之墓

淑人 坡平尹氏 淑人 鎭川宋氏 淑人 文化柳氏

조봉대부 행 돈녕부주부 청주양공 희수지묘

숙인 파평윤씨 숙인 진천송씨 숙인 문화유씨

라고 적혀 있었다. 주부공 양희수 선생께 한마디 여쭈어 보았다.

양희수 묘역 전경

양희수 신도비

"초배 파평 윤씨에게서 이미 훌륭한 아들을 취하였는데 다시 며느리보다도 나이가 적은 문화 유씨를 취함은 후일 불행의 씨앗이 되겠다고 생각하지는 않으셨는지요. 그 결과 봉래蓬萊, 풍고楓皋, 청계淸溪 같은 문재를 얻어 이 나라에 크게 기여한 바는 되었지만 그 과정에서 청춘의 유씨 부인은 스스로 생을 마감하였습니다. 이러한 역사를 어떻게 생각하고 계시는지요."

이에 주부공은

"사람이 살아가면서 모두 정도正道만을 걸을 수는 없소. 나도 어찌할 수 없는 선택으로 한때 비난도 많이 받았소. 또 나를 따라온 집사람을 보고 많이 놀랐으나 차츰 그 연유를 알게 됨에 이렇게 속 깊은 여인이었구나 하는 마음에 많이 미안하였다오. 지금도 후손들의 앞날을 두고 항상 기도한다오. 나그네 양반, 너무 허물 말아 주구려."

하였다. 양희수 선생이 문화 유씨에 대해 갖고 있는 애정을 알고 나니 필자는 더이상 아무 말도 할 수 없었다.
유씨의 정절과 자식에 대한 애정 또한 당할 사람이 없겠구나. 489년 전의 사랑이 이렇게 이어지고 있었다.

태산이 높다 하되
하늘 아래 뫼이로다

기행문

양사언의 묘소를 찾아서

봉래蓬萊 양사언楊士彦 선생의 묘소를 찾아가는 길. 필자는 이날따라 유난히 마음이 울적했다. 독도 영유권을 주장하며 망발을 쏟아낸 일본인들 때문에 분노에 사로잡혀 있다가 간신히 안정을 되찾은 뒤끝이라 더 그런지도 모를 일이었다.

　　'오늘도 걷는다마는 정처 없는 이 발길······'

가수 백년설이 부른 〈나그네 설움〉이라는 노래가 갑자기 떠올라 흥얼흥얼 불러 보다가 필자는 한숨을 푹 내쉬었다. 참으로 비극적이고

양사언의 어머니 문화 유씨　• 263 •

절망적인 가사이다. 이 노래는 우리 민족이 한을 뿌리며 살아가던 일제강점기 때 만들어졌는데 세상에 발표되자마자 폭발적인 사랑을 받았다. 이 노래에 등장하는 나그네는 자기 것을 빼앗긴 채 타지를 전전하는 사람을 상징한다. 이는 나라 잃은 조선 백성의 처지이기도 했다. 그랬기에 온 백성이 자신의 신세를 한탄하듯 이 노래를 즐겨 불렀다.

한국 사람치고 그 당시 이야기를 듣고 피가 끓지 않을 이는 아무도 없을 것이다. 일제강점기도 그렇거니와 수백 번에 걸친 외침을 겪으면서 우리 민족은 눈물과 희생만을 강요당해 왔다.

이제는 그러한 굴욕의 역사를 청산해야 한다. 우리가 우리 자신에게 낙인찍듯 정의해 놓은 민족관, 혹은 민족성이라는 것도 과감하게 떨쳐 버릴 때가 되었다. 역사는 똑같은 비극을 반복하지 말라고 존재하는 거울이다. 역사에서 우리가 취할 교훈을 찾아내어 변화를 모색해 보자는 이야기이다.

우리는 흔히 우리의 민족성을 냄비에 비유하곤 한다. 기쁜 일이나 슬픈 일이 생기면 순간적으로 부글부글 끓어오르다가 언제 그랬느냐 싶게 가라앉는다 했고, 어려운 일이 생기면 국가나 사회를 버리고 본인만 살고자 뿔뿔이 흩어져 버린다 했다.

그러나 곰곰 생각해 보면 일반 백성은 기쁜 일이 있을 때 마음껏 신명을 냈고, 비극적인 일이 발생했을 때는 모두가 떨쳐 일어나 한마음으로 그것을 극복하고자 했을 뿐이지 냄비처럼 와르르 일어났다가 힘없이 꺼져 버린 적은 없다.

역사를 거울삼아 살펴보면 백성보다는 지도층 인사들에게 문제가 있어 비극이 재생산되었다고 보는 것이 옳다. 자신이나 당파의 이익을 뒤로하고 대승적 차원에서 큰일을 올곧게 실천한 지도자가 우리 역사에 얼마나 되었던가. '지도자 또한 백성이라는 방대한 텃밭에서 나오는 것 아니냐, 따라서 이는 지도층만의 문제가 아니다' 라고 반박한다면 할 말이 없다. 그러나 다음의 예를 살펴본다면 책임 소재는 명확해질 것이다.

조선의 전란 역사를 보면 침략한 적이 탐욕스럽다는 비난이 저절로 튀어나오지만 우리 스스로 전란을 불러들였다는 자괴감에 빠져드는 때가 한두 번이 아니다. 명분과 체면을 따지며 당파 싸움에 도끼 자루 썩는 줄 모르는 사이 백성의 삶은 피폐해졌고, 국력은 쇠진했다. 병든 토끼가 옆에 있는데 그것을 덥석 삼키지 않을 맹수가 어디 있으랴. 왜국이나 청나라의 눈에 비친 조선은 말 그대로 병든 토끼였을 것이다.

전쟁이 일어나자 당파 싸움에 여념이 없던 신하들은 왕을 호종하여 몽진한다는 핑계 하에 도성과 백성을 버리고 남으로 북으로 몸을 피하기 바빴다.

몽진 길에 오른 이들이 철석같이 믿은 것은 장수들이었을 것이다. 그러나 마지막까지 분투하며 조국을 구하는 데 최선을 다해야 할 장수들 또한 의로운 길을 버리고 도피하거나 스스로 자폭, 자살한 예가 많이 보인다.

임진왜란 때의 신립 장군과 김여물 장군이 이러한 예에 딱 들어맞는다. 이들은 천하의 요새인 조령 지역을 버리고 만여 명의 병사를 독려하여 충주 달천강변으로 이동하였다. 그러나 군마는 늪에 빠져 걸을 수가 없었고, 무기가 실린 수레 또한 길이 막히게 되었다. 이런 상황에서 적병을 맞았으니 7천여 명의 귀한 생명이 꺾인 것은 당연한 결과였다. 엎친 데 덮친 격으로 남은 병사와 힘을 합쳐 적과 싸워도 시원치 않을 장군들이 달천강으로 뛰어들어 자살해 버렸다.

그런데 이보다 더 어처구니없는 일이 종전 후에 벌어졌다. 싸움 대신 비겁한 죽음을 택한 장군들에게 죄는커녕 충신이니 공신이니 하며 칭호를 내려 주며 시호를 선사하고 전답을 하사한 것이다. 조정에서 이런 짓을 하니 국난을 맞이하여 용감하게 싸우려 들 장수가 어디 있겠는가.

과거의 치욕스러운 역사가 재발되지 않도록 하려면 위에서 나온 문제들을 모두 해결하면 될 터이다. 정치인들은 자신이나 당파의 이익을 위해서가 아니라 나라와 국민을 위해 봉사해야 할 것이며 국민은 조선 시대의 힘없는 백성처럼 지도층의 처분에 모든 것을 내맡긴 채 살아갈 것이 아니라 지도층 인사에게 변화를 요구해야 한다. 뿐만 아니라 냄비 민족이니 뭐니 하는 말로 스스로를 비하하지 말고 이 나라의 주체로서 당당하게 살아가야 한다. 그것만이 급변하는 세상에서 우리의 자존을 지켜내는 길이라고 생각한다.

살아가는 방법과 죽음의 선택

필자가 찾아가는 봉래 선생은 어머니의 숭고한 죽음이 있었기에 그 인생을 화려하게 꽃피울 수 있었다. 앞에서 거론한 숱한 권신과 부끄러운 장수들의 삶과 죽음은 봉래 선생 어머니의 그것과 판이하게 다르다.

필자는 다시 한 번 〈나그네 설움〉의 앞부분을 흥얼거리며 자동차의 속도를 높였다. 그간 우리 선현의 묘소라면 안 가 본 곳이 드물 정도로 팔도의 땅을 샅샅이 뒤지며 돌아다녔다. 그러고 보면 필자도 나그네인 셈이다. 역사 인물들의 혼백을 찾아 이곳저곳 떠도는 나그네.

그러나 백년설 선생의 노래 속에 등장하는 나그네와는 질적으로 다르다. 스스로 좋아서 하는 일인데다 묻혀 있는 역사의 한 줄기를 찾아내어 세상에 널리 알리고자 나선 길이기 때문이다. 오늘처럼 폭염이 쏟아지는 날은 물론이려니와 태풍이 불고 눈이 내리는 날에도 필자의 역사 기행은 멈춘 적이 없었다. 날씨가 좋지 않으리라는 기상청의 예보는 필자의 의욕만 더욱더 강인하게 무장시킬 따름이었다.

휴가철이라 그런지 포천으로 향하는 4차선 도로에는 자동차 행렬이 줄줄이 이어지고 있었다. 피서를 떠나는 사람들은 모두 즐거운 표정이었다. 그러나 필자는 길이 열릴 때마다 들뜬 사람처럼 자동차의 속도를 높이면서도 내심 걱정이 많았다.

120리 길을 달려 포천에 닿는 것이야 어려운 일이 아니겠으나 봉래 선생이 천년 유택을 마련한 포천군 일동면 길명리 금주산을 찾아가는 일이 아득하게만 느껴져서였다.

행락 차량이 줄을 잇는 가운데서도 120리 머나먼 길을 어렵지 않게 좁힌 필자는 마침내 금주산金珠山 기슭에 당도하여 숨을 돌릴 수 있었다. 그러나 주변을 둘러보던 중 금주산의 웅장한 규모를 확인한 필자는 새삼스레 낭패감을 맛보았다. 저 거칠고 웅장한 산을 샅샅이 뒤지고 다니며 선생의 묘소를 찾을 수는 없는 일 아닌가.

생각다 못한 필자는 가뭄에 콩 나듯 지나다니는 행인들을 붙잡고 캐묻기 시작했다.

"이곳 어디쯤 봉래 선생의 유택이 있다는데 좀 알 길이 없을까요?"
"봉래라고요? 봉래라면 금강산에 있는 것 아닌가요? 여긴 없습니다."
"금강산이 아니라 '태산이 높다 하되 하늘 아래 뫼이로다' 라는 시조를 남긴 양사언 선생님 말입니다."
"양사언이요? 그 시조는 학창 시절에 배워서 알고 있긴 한데…… 잘 모르겠으니까 딴 데 가서 물어 보세요."

행인들과의 대화는 이런 식으로 소득 없이 끝나곤 하였다. 이런 답답한 대화가 몇 번 반복되다 보니 그 자리에 주저앉고 싶었다. 갈증은 심하고 길은 보이지 않았다.

그러나 지성이면 감천이라고 했다. 지금껏 단 한 번도 선현의 유택을 찾는 일에서 만큼은 물러선 적이 없었던 필자는 군청과 문화원을 바쁘게 오간 끝에 봉래 선생의 유택을 찾아낼 수 있었다.

포천에서 아침이 가장 먼저 찾아온다는 봉래 마을 길명리. 그곳 길명리를 포근하게 감싸듯 자리한 것이 금주산이다. 산기슭에 서서 가만히 올려다보니 봉래 선생의 유택이 보일 듯 말 듯 필자의 눈에 들어왔다.

몸은 비록 땀에 젖고 갈증은 극에 달했지만 먼발치에서 보기에 거대한 바위덩어리 같은 선생의 유택을 향해 쉬지 않고 달려 올라갔다. 마침내 선생의 묘소 앞에 도착한 필자는 이곳을 찾느라 길에서 흘린 땀과 정성 때문이었던지 만감이 교차하는 듯한 감회에 잠시 빠져들었다. 아마도 그러한 감회 때문이었을 것이다.

"여보시오, 동자. 이곳이 봉래 선생의 유택이 맞습니까?"

시립한 채 지키고 선 석물에게 필자가 말을 건네자 시립한 석물이 필자를 향해 돌아서며 이렇게 대답하는 것만 같았다.

"오늘은 지나치게 무더운 날씨라 아직 기침을 하지 않으셨습니다."

"그렇군요. 저는 우리 선현의 역사 흔적을 찾아 전국을 떠도는 나그네입니다. 마침 선생의 유택을 물어물어 찾아왔으니 조용히 살펴보고 가겠습니다."

필자는 가벼이 웃으며 이렇게 중얼거린 후 선생의 묘소 앞에 섰다.

유택은 상중하로 나란히 마련했는데 묘 앞에는 꽃무늬가 있는 비석 두기가 서 있었고, 거기에는

通政大夫 行 安邊都護府使 楊公 之墓
통정대부 행 안변도호부사 양공 지묘

양사언 묘소 전경

라고 적혀 있었다. 통정대부란 벼슬은 정3품 당상관으로 문인에 해당하는 벼슬이다. 또 안변도호부사라 했는데 우리나라에서 처음 생긴 도호부는 안동安東(현 경주), 안서安西(현 해주), 안북安北(현 안주), 안남安南(현 전주) 등이었다. 그런데 얼마 후 안동과 안남은 안전한 곳이라고 하여 폐지시켰고, 그 대신 안변(현 등주), 안남(현 수주) 도호부를 설치했다고 하니 안변도호부는 북쪽 변방이었지만 매우 중요한 방어진이었음을 알 수 있다.

선생의 묘소 아래쪽에는 숙부인淑夫人 음성 박씨陰城朴氏 부인과 숙부인 간성 이씨杆城李氏 부인의 묘소가 있었다. 음성 박씨 부인은 선생의 초취初娶였는데 당시는 선생의 벼슬이 없었거나 아주 낮았기 때문에 작호를 쓰지 않았다가 나중에 숙부인으로 추증이 되었으며, 반면에 숙

위의 묘는 양사언, 아래의 묘는 음성 박씨 간성이씨의 묘소

양사언 묘비

간성이씨 묘비

부인 간성 이씨는 선생의 벼슬이 정3품 당상관일 때까지 생존하였다.

두 부인의 묘소는 물론이고, 선생의 유택까지 다른 곳과 달리 호석을 높이 쌓아 놓았는데 이것은 아마도 유택지의 토질이 사토인데다 도굴 방지 효과를 얻고자 조성해 놓은 듯했다.

마치 조각 공원 같은 유택을 뒤로 하고 돌아서려는데 홀연 노인의 음성이 필자의 귓전을 울리기 시작했다. 역사에 대한 오랜 집착이 때때로 필자에게 이처럼 이명 현상을 안겨주고 있었다. 그러나 필자는 실제 상황인 양 노인의 목소리에 귀를 기울였다.

"과객 양반, 이 폭염을 이겨가며 나를 보러 이곳까지 먼 길을 왔는데 대접이 없어 미안하게 되었소. 사정을 좀 이해해 주구

양사언 시비

려. 그리고 누가 되었든 나와 같이 불행한 씨앗은 남기지 말아야 한다고 세상으로 돌아가거든 꼭 전해 주구려. 역사는 나를 보고 명필가니, 문과 급제자니 말하지만 남모르는 설움이 얼마나 많았는지 모른다오. 그것이 너무 한이 되어 세상과 세월을 원망해 보기도 했으나 끝내 세상을 원망하며 낙심하고 있을 수만은 없었소. 우리 어머니 때문이었지요. 혹, 과객 양반이 아시는지 모르겠으나 우리 어머니 유씨 부인은 당신의 세 아들을 위해 목숨을 버리셨다오. 스스로 가슴에 칼을 꽂은 어머니의 모습을 바라보면서 어린 마음에 어머니를 따라가고 싶었으나 그럴 수가 없었다오. 어머니의 죽음을 헛되게 할 수 없었기 때문에 우리 형제는 젊은 피를 말리면서 학업에 매달렸소. 덕분에 부족한 재주로 과거에 급제하고 이름도 얻었으나, 한은 한대로 남아 세상을 달리한 지금까지도 나오는 것은 한숨이요, 돌아서면 피눈물이라오. 태산은 참으로 높고 험한 산이오. 일찍이 내가 읊은 시조 속에 등장하는 태산은 자식을 위해 세상을 달리한 내 어머니였다오. 가까이 가고 싶어도 갈 수 없는 어머니는 태산 그 자체였지요. 욕된 세상에서 복락福樂을 누리고자 태산 같은 어머니의 목숨을 빼앗아 버린 불효자식의 한을 과객 양반은 생각해 본 적이 있소?

구구한 이야기 다 집어치우고 그대에게 부탁 한 가지만 하리다. 이 강산 곳곳에는 나와 같은 한을 안고 살아가다가 불귀의 객이 되어 버린 분들이 참으로 많다오. 가급적이면 그 분들을 모두 찾아뵙고 한 줄의 기록이라도 남겨 주시구려. 그대가 역사를 연구하고 기록하는 작가라는 사실을 알기에 부탁하는 것이니 부디 나의 청을 외면하지 마시구려. 서자도 고아도 천인도 다 이 나라 백성 아니겠소? 그들이 가진 능력을 발휘할 수 있도록 적극적으로 권장하고 그러한 것들을 하나로 모을 수 있을 때 이 나라는 강성해질 수 있을 것이오. 그러니 내가 살던 시대, 잘못된 제도를 후손들에게 널리 알려 다시는 그러한 억압과 차별이 일어나지 않도록 해 달라는 것이오."

양사언 선생의 장황한 이야기가 모두 끝나고 얼핏 정신을 차려 보니 서산에 걸린 저녁 해가 핏빛 노을을 황홀하게 뿜어내고 있었다.

필자는 양사언 선생의 부탁 때문에라도 이 땅에서 억울하게 차별받고 억압당하며 살아가느라 뜻을 펼칠 수 없었던 분들의 한 맺힌 인생을 모두 찾아내어 세상에 내놓으리라 마음먹었다.

억압과 차별이 없는 세상, 누구나 가진 재주와 포부를 맘껏 펼쳐나가는 열린 세상. 일그러진 일생을 산 우리 선조들이 후손에게 그러한 세상을 어서 만들어야 한다고 애원하고 있었다.

양사언 선생의 일생은 험난한 가시밭이었다

사람은 어느 집 누구의 후손으로 태어나느냐에 따라 그 운명이 결정되기도 한다. 선생은 세상이 어지럽던 1517년(중종 12) 낮은 벼슬자인 아버지와 소실인 유씨 사이에서 태어났다. 그러나 겉으로 드러나는 그러한 출신이 한 사람의 인품과 내면에 대해서 무엇을 말해줄 수 있을 것인가.

부모의 사랑과 은혜로 삶을 얻었기에 양사언은 위로 나라에 충성하고 부모에게 효도하며 복된 삶을 누리고 싶었을 것이다. 그러나 어머니 유씨가 양희수의 소실이었기에 서얼의 신분으로 태어난 양사언은 그럴 만한 처지가 되지 못했다. 대부분의 서자가 그러했듯 양사언 또한 험난한 소년 시절을 보내면서 양반에도 중인에도 끼지 못하는 자신의 처지를 알아 갔다.

그러나 양사언은 곧 중대한 인생의 전환기를 맞이한다. 공교롭게도 그의 삶을 뒤바꾸어 놓은 것은 아버지와 어머니의 잇따른 죽음이었다. 본문에서 이미 소개했듯 향수를 모두 누리고 죽은 아버지와 달리 어머니의 죽음은 서자인 자식의 앞날을 열어주고자 결행한 것이었기에 양사언의 가슴은 무너져 내렸다.

어머니의 죽음으로 적자가 될 수 있었던 양사언은 이후 우여곡절을 겪은 끝에 문과에 등과하여 여덟 고을의 수령을 지냈다. 그러나 편법으로 적자가 된 몸이었기에 양사언은 늘 신분 문제에서 자유롭지 못했다. 사연이야 어찌 되었든 신분을 속인 셈이었고, 그것이 들통 나면 그간 쌓아올린 모든 것이 우르르 무너질 것이기 때문이었다.

양사언은 원래 천성이 곱고 겸손한 사람이었다. 그는 늘 쫓기는 듯한 심정이었으면서도 천성을 잃지 않으며 살아갔고, 신분이 탄로 날

지도 모른다는 두려움을 느낄 때마다 더더욱 자신의 마음을 닦고, 재주를 키워 가는 일에 전력을 다하였다. 덕분에 양사언은 청렴결백한 벼슬관과 학자로서 이름이 높았다.

그러나 양사언은 행복과는 거리가 먼 운명을 타고난 사람이었던 듯 그의 인생행로에 또 하나의 불행이 기다리고 있었다.

그는 일찍이 북변의 변란을 예지하고 마초馬草를 많이 비축하여 위급에 대비했다. 그런데 그 때문에 세상을 달리하게 될 줄은 그 자신도 몰랐을 것이다. 함경남도 안변군 서곡면 능리에 있는 이성계의 증조부 추존왕 익조의 무덤인 지릉智陵에서 화재가 일어났는데 양사언이 그 책임을 모두 지게 되었던 것이다. 아무래도 그가 비축해 둔 마초에 불이 옮겨 붙으면서 피해가 더 커졌던 모양이다. 그 일에 연루되어 해서海西(현 황해도)로 귀양을 갔던 그는 2년 뒤 풀려나서 돌아오는 길에 객사하고 말았다.

양사언은 40년간이나 관직에 있으면서 부정을 단 한 번도 저지르지 않았고, 사후에는 유족에게 재산을 한 푼도 남기지 않았다. 이런 점만 놓고 보더라도 양사언은 국가에 꼭 필요한 관리였음이 분명하다. 나무 한 그루를 키우자면 몇 십 년이 걸린다. 그런데 정작 쓸 만한 재목이 되자 그곳에 불을 질러 재로 변하게 만들었다면 이처럼 어리석은 노릇도 다시없을 터였다. 양사언의 죽음이 꼭 이랬다. 나라에 귀하게 쓰일 인재를 알아보지 못하고 제거해 버리는 데만 힘쓴 임금과 신하들의 처사를 떠올리니 참으로 한심한 조선의 역사였구나, 하는 생각을 지워내기 어려웠다.

필자는 온 몸을 휘감아 오는 듯한 허탈함을 가까스로 뿌리치며 귀
경길에 오르기 위해 돌아섰다.

양사언 묘비문

봉래蓬萊 양 선생楊先生 아들인 종정공宗正公이 선생의 시를 인쇄하
여 세상에 펴내고, 또 악석樂石을 마련하여 선생의 행장을 갖추어 그
고을에 살고 있는 조경趙絅에게 명銘을 부탁하였다.

경絅(찬자撰者)이 말하기를

"선생의 혁혁赫赫한 성명盛名이 어찌 편석片石에 명한 뒤에라
야 후세에 전해진단 말인가? 선생은 정덕正德 정축丁丑년(1517,
중종 12)에 태어나 만력萬曆 갑신甲申년(1584, 선조 17)에 졸하였으
니 지금은 다시 50년이나 흐른 셈이지만 우리 고을의 부녀자,
어린이, 농부들이 선생이 살던 마을을 지나갈 때는 반드시 선
생이 살던 마을이다 하고 선생의 묘소를 지나는 자는 반드시
선생의 묘소라 하니 어찌 이것을 가르쳐서 그러겠는가? 조그
마한 우리 마을뿐만 아니라 사방의 사람들이 선생의 성명을
모르는 자가 어디 있단 말인가? 사람마다 애모愛慕의 정을 느
껴 마치 직접 보고 들은 듯이 여김과 같거늘 선생의 성명盛名
을 전하는데 과연 편석의 명이 있어야 한단 말인가?"

하니, 아들 종정공이 말하기를

"비록 그렇다 하더라도 우리 선생의 효우孝友, 행치行治[2], 역관
歷官의 시종始終에서 한두 가지만이라도 내세에 밝히지 않을
수는 없다."

하였다.

이에 경은 사양하지 못하여 서술하여 말하길 선생의 휘는 사언士彦
이요, 자는 응빙應聘이며 호는 봉래蓬萊이다. 또한 해객海客이라고도
하였다. 선생은 본래 한漢나라 태위太尉 양진楊震의 후예인데, 7세조
기起가 원元나라 성종成宗 때에 상국相國으로 제국 장공주齊國長公主를
모시고 고려에 이강釐降(하가下嫁)하니, 충선왕忠宣王 상당백上黨伯에
봉하였는데 이런 까닭으로 청주 양씨淸州楊氏가 되었다. 후에 휘 진振
은 국조國朝[3]에 들어와 개국공신에 녹훈되고 공조전서工曹典書가 되
었는데 선생의 고조高祖가 되시는 분이다. 이 분이 휘 치治를 낳으니
황해절도사요, 절도사가 휘 제달悌達을 낳으니 선교랑이며, 선교랑宣
教郞이 휘 희수希洙를 낳으니 돈녕주부敦寧主簿인데 첨사僉使 문화文化
유위柳湋의 따님을 취하여 선생과 아우 사준士俊, 사기士奇를 낳으니
모두 문장과 경술에 능하여 세상에서 삼걸三傑이라 하였다 한다. 선생

---

2) 행치行治 : 행실行實과 치적治積.
3) 국조國朝 : 조선을 지칭함

은 낳으면서부터 미목眉目이 수랑秀朗하고 신정神精하여 보는 이마다 묻지 않아도 이 세상 사람이 아닌 듯한 인상을 받았다.

나이 스물네 살에 「단사부丹砂賦」를 지어 진사進士가 되었는데 탁호坼號[4]도 하기 전에 동진자同進者들의 구전口傳이 자자藉藉하였다. 부모의 상을 당하여 6년간을 여묘廬墓하고 상복을 벗은 후에야 병오문과丙午文科에 급제하였다. 삼등三登, 함흥咸興, 평창平昌, 강릉江陵의 네 고을을 두루 맡았는데 떠난 후에는 거사비去思碑가 세워졌다. 들어와서 성균과 사성司成 종부시정宗簿寺正이 되었다가 다시 나가서 회양淮陽, 철원鐵原의 군수가 되니 좋은 산수를 즐기려고 자청한 것이었다.[5] 회양에 있는 몇 년 동안은 매양 견여肩輿[6]로 금강산에 왕래하였는데 초연히 세상을 잊고자 하는 뜻이 있었다. 만폭동萬瀑洞의 돌에 크게 여덟 자를 써서 새기니 평론자들의 말에는 최치원의 '쌍계석문雙溪石門'이란 글씨가 오히려 못하다 하였다. 그 후에 또 안변安邊을 맡아 나갔는데 안변은 북관北關의 중심지로 풍수는 사납고 잔인하였다.

선생은 정사를 함에 있어서 효제孝悌로 교화함에 힘쓰니 교화가 크게 행해졌는데 지금까지도 백성들이 선생을 칭송하기를 부모의 은혜처럼 중하다 하고 해가 지나도 식을 줄을 모른다. 감사監司도 전도全道에서 고과考課 제일로 조정에 아뢰어 통정通政의 품계에 오르게 되었

---

4) 탁호坼號 : 가렸던 성명을 터서 호명함.
5) 양사언이 변방 지역에서 부임하고자 한 이유는 산수를 사랑하여 즐기고자 하는 마음보다, 그의 본래 출신이 서얼이었다는 데 더 큰 비중을 두어야 할 것이다.
6) 견여肩輿 : 뚜껑이 없는 가마

는데 문득 큰 못을 파고 꼴蒭을 쌓아두면서 말하기를

"후일 군마軍馬의 주둔을 위해서 준비한다."

라고 하였는데, 이듬해 계미癸未의 적난翟亂[7]에 대병이 북으로 진군하니 열읍列邑은 만급挽汲에 곤란을 겪어 이민吏民[8]이 질책을 받아 죽는 일까지 있었으나, 그 고을만은 안연晏然하였으니 사람들은 더욱 선생의 신인神人 같음에 감복하였다. 얼마 후에 지릉智陵[9]에 화재가 있었는데 수토관守土官으로 마침내 문법文法에 걸려 해서海西(현 황해도)로 귀향 갔다가 곧 풀려날 무렵에 병으로 돌아가시니 향년 68세였다.

그 해에 영평현永平縣(현 포천) 금오산金烏山으로 귀장歸葬하니 선생이 손수 잡아놓은 곳이었다. 선생은 일재逸才[10]로 학문을 통하지 않은 바가 없었고 책은 읽지 않은 바가 없어, 식견은 고매하고 조리操履[11]는 고결하였으며, 효우孝友는 천성을 다하였고 지성은 과인過人하여 형을 섬기고 동생을 사랑함에 있어서 각각 도리를 다하였는데 형이 일찍이 병이 짙으니 똥을 맛보아 생사를 증험證驗하기까지 하였고, 날아가던 솔개가 감동하여 쥐를 떨어뜨려 약으로 썼더니 다시 소생하였다. 이러한 일들은 옛날에도 일찍이 없었던 일로 생각한다. 처음 급제

---

7) 적난翟亂 : 경원慶源 지방에 거주하던 여진족, 니탕개尼湯介의 난.
8) 만급挽汲 : 우물에서 물을 퍼 올림./ 이민吏民 : 지방의 아전과 백성.
9) 지릉智陵 : 이태조의 증조인 익조翼祖의 능.
10) 일재逸才 : 큰 재주.
11) 조리操履 : 마음으로 지키는 지조와 몸으로 행하는 행실. 조행操行.

하면서 40년간 명읍名邑을 맡아왔었으나 들어가서는 일전一錢도 사사로이 저축한 일이 없고 나들이 할 때에도 말 한 필 대령시키지 않았으며 처자를 위해서는 추호도 계산을 안 하면서 이르기를

"내가 돈을 몰라야만 조선祖先에게 욕을 끼치지 않게 된다."

하였다. 또 남격암南格庵(남사길南師吉)을 스승으로 섬겨 임진壬辰의 일과 선묘宣廟 40년간의 일을 미리 말하였는데 여합부절如合符節로 맞았다. 또 풍악楓岳의 동쪽 경치 좋은 다섯 곳을 골라 각각 작은 정자를 짓기로 하였다. 글씨를 씀에는 해서楷書나 초서에 모두 극진하였으니 깊이 완법琬法을 얻어 일찍이 크게 비飛자를 써서 장자障子(영창)를 만들었는데 하루는 괴상한 바람이 불어 바닷속으로 휩싸고 들어갔다. 그런데 그 날이 바로 선생이 세상을 떠난 관화일觀化日[12]이었기에 태학생太學生 유서경柳西坰(유근柳根)이 그 일을 기記로 쓰기까지 하였다.

오호라! 사람이 일선一善 일예一藝가 없었으리오마는 직위는 거기에 그치고 도학은 거기에서 막히고 말았단 말인가? 그러나 세상의 작록과 부귀가 어떻게 감히 선생의 마음을 잡아맬 수가 있었단 말인가? 비록 선생이 지닌 바에서 치수緇銖 만큼만이라도 척매斥賣[13]하여 세인世人의 좋아한 바와 바꾼다면 선생이 어찌 턱 한 번이라도 끄덕였을

---

12) 관화일觀化日 : 졸일卒日.
13) 치수緇銖 : 극소량./ 척매斥賣 : 싸게 팔다.

것인가? 썩은 쥐새끼 같은 것들은 진실로 선생의 도道에는 도움이 안 되었기 때문이다.

선생의 전배前配 음성 박씨陰城朴氏는 자녀가 없었고 후배 간성 이씨杆城李氏는 정승 이지방李芝芳의 5세손인데 조부 종손宗孫은 진사요, 고考 시춘時春은 문학을 하였으나 등제는 아니하였다. 박씨는 3남 3녀를 두었는데 2남 2녀는 모두 일찍 죽고 종정공만이 독존獨存하였는데 이름을 만고萬古라 하였다. 계유년癸酉年에 사마司馬하여 경술년庚戌年년에 문과하였는데 대재大才가 있어 능히 가업을 이을 만하나 아들이 없어 숙부의 손자를 택하여 후사를 이으니 이름을 두신斗新이라 하였다. 딸은 충의忠義 이서李緖에게 시집을 가서 극준克峻을 낳았다. 서자庶子는 만세萬世, 만선萬善, 만춘萬春, 만상萬祥인데 만세와 만춘은 자녀가 있다. 서녀庶女 3인은 모두 자녀가 있다.

명하여 말하기를

> 원기元氣가 배태胚胎하여
> 이인異人을 독생篤生하였구나.
> 내외를 두루 견주어 보아도
> 그 신령스러움이 우뚝하도다.
> 오랑캐의 침입을 대비하여 고을을 지켰고
> 풍속을 교화하여 덕이 사방에 미쳤도다.
> 적의 침입에 대비하지 않고 풍속을 교화하지 않았다면
> 어찌 마음 놓고 요천寥天에 들어갈 수 있었겠는가.

공께서 남긴 주옥같은 시편

세상 사람들이 두루 읽어 즐기는도다.

내가 선생을 명銘하지만

이것은 보잘것없는 글에 불과하도다.

찬서전撰書篆: 조경趙絅 撰

1630년(인조 8)

옛말에 사람의 몸 전체를 천 냥이라고 하면

눈이 구백 냥이라 하였다.

그 중요한 눈이 불편한 몸인데다,

남편을 일찍 여읜 어려운 형편이었음에도 불구하고

이씨 부인은 좌절하지 않고 노력과 인내로써 아들을 키워냈다.

이러한 어머니의 헌신을 바탕으로 하여

이이李珥와 송익필宋翼弼의 문인으로서 실력을 닦으며,

덕성을 갖춘 높은 인품을 지닌 인물로 성장한다.

명문 벌족을 탄생시킨 앞 못 보는 처녀

서성의 어머니
|고성 이씨|

명문 벌족을 탄생시킨 앞 못 보는 처녀

서성의 어머니 고성 이씨

국가의 안위를 위해 평생을 바친 서성 선생

혼히들 말하기를 우리 국토를 손바닥만하다며 그 협소함을 표현한다. 하지만 손바닥만한 땅일지언정 인류의 역사 이래 단 한 번도 역사가 단절되지 않은 복 받은 땅이다.

물론 그 복은 천여 번의 외침을 만나고, 그 외침 속에서도 물러남 없이 목숨을 바쳐 이 땅을 지켜온 선현들이 계셨기에 누릴 수 있는 복이라 해야 할 것이다.

그러나 그 나라의 백성이라고 해서 누구나 그러한 자랑스런 역할을 다 했던 것은 아니다. 때에 따라서는 국익을 걱정하기는커녕 오히려 동족을 괴롭히는 것은 물론이요 조정을 뒤엎는 일에까지 앞장섰던 파럼치한 반역자들도 많이 존재했다.

하지만 오늘 필자가 밝히고자 하는 인물은 부모에게는 극진한 효성으로 본분을 다하고 벼슬관으로는 밤낮없이 나라 걱정에 잠 못 이루던 청백리 출신 서성徐渻 선생이다.

서성의 자는 현기玄紀라 했고 호는 약봉藥峰, 본관은 대구大丘이며 사후에는 충숙忠肅의 시호를 받았다. 1558년(명종 13)에 태어나 1641년(인조 19) 74세로 세상을 뜰 때까지 서성의 일생은 수많은 격변 속에서 이루어졌다.

조선조 왕후 중에서도 가장 악비라 일컬어지는 문정 왕후文定王后 윤씨尹氏는 어진 임금이었던 인종을 죽게 하고 천성이 선했던 아들 명종明宗을 손아귀에 넣고는 친정 동생 윤원형尹元衡과 간신 덕수 이씨德水李氏 이기李芑 등을 앞세워 포악하고 잔인한 정치를 펼쳤다.

이때 서성은 인재 백여 명을 살생시키는 을사사화乙巳士禍의 회오리바람이 나라를 휩쓸고 간 후인 1586년(선조 19) 29세의 나이로 별시 문과에 급제했다. 한편 이때부터를 사림정치士林政治의 시작이라고 한다.

서성은 초임으로 관직 생활을 6년간 이어가던 중 1592년(선조 25) 4월 14일 임진왜란을 만나 혹독하게 불어닥친 전쟁의 한가운데서 갖은 고생을 다하였으며, 52세 때부터는 광해군의 치세를 만나 10년 동안의 유배 살이까지 겪게 된다.

65세 때 인조반정이 일어나 다시 조정으로 복귀하였으나 다음해 봄에 일어난 이괄의 반란을 맞게 되고, 69세에는 여진족인 청나라가 침략한 정묘호란丁卯胡亂이 터져 그 뒤처리에 온갖 노력을 다해야 했다.

이렇듯 내외의 전쟁과 급격한 변란의 시대를 살았던 서성의 일생은 영광은 적고 갖가지 고생과 수모로 가득하기만 하였다.

짧지만 아름다운 인생

약봉의 아버지는 함재涵齋 서해徐嶰이며 어머니는 고성 이씨固城李氏이다.

서해는 1537년(중종 32) 출생하여 1559년(명종 14)에 사망하니 그가 세상에 머문 기간은 겨우 22년에 불과하다. 출생으로부터 죽는 날까지 모두 합쳐서 22년이라면 인생으로서 무슨 꽃을 피웠겠으며 무슨 발자취가 있으리오마는 서해의 경우에는 후세에 전하는 일화가 한 둘이 아니다. 이러한 서해의 일생은 짧은 역사를 비단처럼 아름답게 수놓고 있으니 그 까닭인즉 사후에 그의 후손들이 크게 번창하고 출세했기 때문이다.

서해는 아호雅號를 함재涵齋라고 했으며, 퇴계退溪 문하에서 수업했다. 1553년(명종 8) 16세의 어린 나이로 안동군 일직면 망호의 고성 이씨固城李氏 가문으로 장가를 갔는데 이때 규수의 나이는 14세의 소녀였다. 아내 고성 이씨는 1558년(명종 13) 경상도 안동에서 태어났다.

서해는 이씨가 앞을 보지 못하는 불구의 몸이긴 했지만 경제적인 여건이 자신보다 좋았음은 물론이고, 가문과 인물이 뛰어남을 장점으로 보고 아내로서 택했는지도 모른다.

둘의 혼약에 대해서는 다음과 같은 이야기가 전해져 온다.

서해가 숙부를 모시고 혼인을 하기 위해 규수가 사는 마을로 나섰다. 근처 주점에서 잠시 쉬면서 마음을 가다듬고 있는데 주모가 서해를 보고는 어느 집으로 장가를 가느냐고 물어 대답해 주자 주모가 혀를 차더니

"그 집 처자는 다 좋은데 딱 한 가지가…"

하며 뒷말을 흐렸다. 이상한 생각에 서해와 숙부가 그 연유를 자세히 물으니 규수가 눈이 어둡다는 것이었다. 숙부는 선대의 문장가였던 서거정의 집안에서 그런 규수를 들일 수는 없다며 서해에게 그냥 돌아가자고 재촉하였다.

그러나 서해는 한참 생각하더니

"제가 신부를 거절한다면 저 신부는 어떻게 되겠습니까? 이것도 운명이고 인연이니 장가를 들도록 하겠습니다."

하고는 규수 댁으로 향하였다. 이씨는 비록 눈은 어두웠지만 외양과 학덕을 갖춘 훌륭한 처녀였고, 혼인은 성사되어 두 사람은 부부가 되었다.

일찍 아버지를 여의다

서해는 비록 어린 나이에 결혼을 했지만 앞을 내다볼 수 있는 선견지명이 있었고, 고성 이씨 부인은 이러한 남편을 받들어 서씨 가문의 기둥과 대들보가 되겠다는 굳은 결심을 지니고 있었다.

서해는 혼인 이후 그 당시 풍속에 따라 처가에서 잠시 살게 되었고, 그러던 중 20세가 넘은 1558년(명종 13) 첫 아들을 낳았다. 그 첫아들이 바로 역사의 한 획을 그었던 약봉 서성 선생이다.

그러나 약봉을 얻은 지 불과 1여 년 만인 1559년(명종 14)에 서해는 22세의 젊은 나이로 세상을 떠나고 만다.

20세에 홀로 된 이씨는 하늘과 같이 알고 받들던 남편이 죽자 남편의 뒤를 따르겠다는 결심도 했었지만, 강보의 어린 아들을 생각해서 마음을 고쳐먹었다. 남편을 따라 죽는 것보다 남편을 대신해서 자식을 잘 키우는 것이 현명한 아내의 도리임을 누구보다도 잘 알고 있었던 것이다.

그러던 얼마 후에 이씨는 이웃에 사는 불량배들이 과부집을 털자고 공모하더라는 소문을 시녀들로부터 전해 듣게 되었고 이씨 부인은 부랴부랴 이곳을 떠나 한양으로 갈 준비를 갖추고는 서둘러 집을 떠났다.

서해와 이씨 부인이 짧게나마 행복을 누렸던 집에는 당시의 흔적이 아직도 남아 있다. 서해는 거실 기둥에 자신의 아호인 함재 두 글자를 크게 써서 붙였는데 서해 자신이 그 아호를 매우 사랑한 것으로 보인다. 거실은 소호헌蘇湖軒이라고 불렀는데 4백여 년이 지난 지금까지도 건재하다. 최근 정부에서 소호헌을 문화재로 지정해서 보존하고 있으며 특히 약봉 선생이 출생한 내실을 태실胎室이라고 하는데 국보적인 평가를 받고 있다.

서해의 묘는 포천군 소홀면 송우리 태봉에 있었는데 아마도 고성 이씨가 죽은 다음에 남편 함재공函齋公의 무덤을 아들인 약봉 선생의 묘소 내로 이장한 것으로 보인다. 묘표墓表는 약봉 서성이 직접 찬撰하였다.

한양에 올라온 어머니와 아들

서둘러 한양에 올라온 이씨는 한양 서쪽 고갯마루에 있는 낡은 집으로 이사를 하였으나 자식과 함께 살아갈 일을 생각하니 앞날이 막막하기만 하였다. 그래서 하는 수 없이 사대부 양반 부인으로는 선택하기 힘든 어려운 일을 시작하였다. 한양 벼슬관들의 집에 이씨가 직접 담근 약주와 독특한 맛을 지닌 약과, 약식, 약주 등을 만들어 판 것이다.

이씨가 만든 음식들은 맛이 좋아 많은 사람들이 찾았고 덕분에 경제 사정도 좋아졌다. 이씨는 이렇게 번 돈을 모아 어린 아들의 교육에 아낌없이 투자하였다.

후세인들은 이씨가 살던 곳이 고갯마루에 있는 약주를 빚던 곳이라 하여 약현藥峴이라는 지명이 생겼다 하며, 서성의 아호가 약봉인 것도 이것과 무관하지 않다.

옛말에 사람의 몸 전체를 천 냥이라고 하면 눈이 구백 냥이라 하였다. 그 중요한 눈이 불편한 몸인데다, 남편을 일찍 여읜 어려운 형편이었음에도 불구하고 이씨 부인은 좌절하지 않고 노력과 인내로써 아들을 키워냈다.

이러한 어머니의 헌신을 바탕으로 하여 이이李珥와 송익필宋翼弼의 문인으로서 실력을 닦으며, 덕성을 갖춘 높은 인품을 지닌 인물로 성장한다.

이후에 점차 가세가 늘어 집을 새로 짓게 되었을 때, 자손들이 새로 지을 집의 규모를 상의 드리자 이씨는

"마루가 열두 칸 되는 집을 지어라. 조만간 그 집도 좁을 것이다."

라고 하였다. 그 말대로 얼마 가지 않아 자손들이 하나둘씩 과거에 급제하고 후손이 번성하게 되니 마루가 열두 칸이 되는 넓은 집도 좁아서 큰일을 치르기 버거울 정도였다고 한다.

또한 집을 지을 때 처마에서 떨어지는 빗물로 건물의 크기를 짐작해 내어 잘못된 점을 일일이 지적해 주었으며, 거의 상량上樑할 때쯤 되자 집 기둥을 하나하나 손으로 더듬어 보더니 그 중 대청기둥이 하나가 거꾸로 섰음을 발견해 즉시 고치도록 하였다고도 하니, 고성 이씨와 혼인하던 날 아버지 서해가 보여 주었던 선견지명은 과연 대단하다고 밖에 볼 수 없을 것이다.

이후 서성의 집안에서는 수많은 고관대작을 배출해 내었는데, 얼마나 그 수가 많던지 숙종 임금께서 어전 회의장에 모인 신하들 중 서성의 후손들이 많은 것을 보고 문文 쥐떼[1]라고 표현할 정도였다고 한다.

으뜸가는 신하로 성장하다

어린 서성은 모든 어려움과 재난을 극복해 낸 어머니 고성 이씨의 사랑을 받으며, 또 스스로 힘써 배우고 열심히 익히더니 1586년(선조 19) 28세에 문과에 급제하여 병조 좌랑으로 벼슬길에 오르게 된다.

처음에는 권지성균관權知成均館 학론學論의 자리에 있었으며 그 후 사관에 뽑혀 검열, 시교, 봉교가 되었다가 전적典籍, 이후에는 사헌부 감찰로 옮기었고 예조좌랑이 되었다. 그 뒤 병조兵曹가 되니 이때 조장되는 자가 서성의 재주를 알고 조의 일을 맡겼는데 모든 어려운 일을 쉽사리 처리하여 동료들이 모두 탄복하였다고 한다.

서성은 학문에서도 탁월한 실력을 보였는데 그 자제들이 기록한 가장家將에 의하면

> 평소에 공부하기를 매우 좋아하여 여러 경전들을 깊이 연구하

---

1) 서씨를 '쥐'에 비유해서 말하는 것과 관련하여 '문과에 급제한 많은 서씨들'이란 뜻으로 표현한 것이다.

지 않은 것이 없었는데, 한결같이 실천하고 사색하기를 위주로 하였기에 박학하면서도 간약簡約하였으며, 앎과 행동이 함께 나아갔으므로 전문적으로 학문만 하는 선비들도 따라갈 수 없는 데가 있었다.

고 전한다.

아마도 약봉은 당시 세속에서 흔히 선비라고 칭하는 이들의 행태와는 달리 실질적으로 지행합일知行合—의 실천적 삶을 독자적으로 꿋꿋하게 살았던 것으로 이해된다.

벼슬길에 오른 지 6년이 지난 1592년(선조 25), 임진왜란이 일어나 왜적이 서울을 핍박하자 당시 선조를 모시고 있던 서성은 왕을 호종하였으며, 호소사號召使 황정욱黃廷彧의 요청으로 그의 종사관이 되었다.

그들이 함경도 회령에 이르렀을 때 국경인鞠景仁이라는 자가 반란을 일으켜 임해군과 순화군 두 왕자는 물론 황정욱과 서성까지 함께 포로로 잡아버렸다. 회령 아전이던 국경인이 부랑아를 모아 반란군을 만든 것이다. 국경인은 그들을 왜군에게 넘겨줄 속셈이었으나 서성은 특유의 기지를 발휘해 홀로 탈출에 성공하였으며, 경성鏡城에서 군사를 일으켜 평사評事로 제수 받고 국경인을 토벌하였다. 또한 서성은 선조의 명령으로 행재소行在所에 이르러 병조 정랑, 직강이 되어 명장 유정劉鋌을 접대하였다.

그 후 암행어사로 삼남三南을 순찰하고 돌아와 제용 감정濟用監正에 특진되었으며 경상도, 강원도, 함경도, 평안도, 경기도 관찰사를 역임하고 호조 · 형조 · 공조의 판서와 판중추부사를 지냈다. 조정에서는 익히 서성이 문무에 능함을 인정받고 있었기에 각 도의 관찰사로 내려 보냈는데, 모든 일을 무리 없이 수행해 내어 능력의 탁월함을 증명하곤 하였다.

당시에 사람들이 이항복李恒福에게 쓸 만한 인재가 있느냐 물으면

"그것은 두 말할 것도 없이 서성이오."

라고 이야기 하였다고 한다. 뿐만 아니라 서성은 선조 때에는 이름 있는 일곱 신하의 한 사람으로도 꼽혔다.

서성은 도승지 시절에 이항복과 이덕형의 억울한 죽음을 해명하고 다시 명예를 회복시켜 줄 것과 정철과 성혼을 헐뜯는 정인홍 일파를 처벌해야 한다고 주장하다가 왕의 미움을 사기도 했다. 그러나 서성에게 정치적으로 가장 큰 시련은 광해군 때 맞이하게 된다.

광해 임금의 국문을 반박하다

1613년(광해군 5) 계축옥사癸丑獄事가 일어났을 때 서성은 반역죄에 연루되어 광해군이 친히 그를 국문하게 된다. 이때 서성은 자신이 이 사건과 무관함을 조목조목 밝히며 다음과 같이 자신의 결백을 주장하였다고 한다.

"저희 집안은 대대로 가난하고 미천하여 사족士族이 된 지 사백년 동안 왕실과 혼인한 일이 없으니 이것이 첫째로 불가한 것입니다. 저희 5대조 이하 모두 쉰 살에서 예순 살로 생을 마쳤고, 죽은 아비와 백부伯父는 나이 스무 살에, 중부仲父는 마흔 다섯 살에 모두 일찍 세상을 떠났으므로 단명한 집안이라는 이름이 났으니 이것이 둘째로 불가한 일입니다. 저희 어머니는 스물한 살에 남편을 잃고 지나치게 슬퍼하고 상심한 나머지 삼십도 못 되어 머리가 세고 이가 빠졌으며 마흔여섯 살에는 두 눈이 완전히 멀어 지금은 날씨가 흐리고 맑음과 검고 흰 것을 가리지 못하여 아주 폐인이 되고 말았으니 이것이 셋째로 불가한 것입니다."

그러자 명분에 밀린 광해군도 차마 서성을 죽이진 못하고 귀양을 보내 버렸다. 그리하여 서성은 단양과 영해에서 11년간 기나긴 유배 생활을 하게 된다.

그러다 1623년(인조 1) 일어난 인조반정仁祖反正 이후 형조의 판서가 되어 다시 등용되었으며, 또한 대사헌을 지냈다. 다음해인 1624년 이괄李适이 반란을 일으켰을 때 왕을 따라 모신 공으로 병조판서에 오르고 1627년(인조 5) 정묘호란丁卯胡亂 때에도 인조를 강화도로 호종하여 숭록대부로 승격되었다.

약봉이 살았던 16세기 말 17세기 초의 조선 왕조는 전쟁과 변란의 연속이었다. 그리고 '사림정치'의 시대라는 말뜻에 걸맞게 일반 사류

士類들 사이에서는 국학인 성리학의 학풍이 무르익어 있었고, 인간관계에서 성리학의 도덕적 가치를 따지는 의리론義理論과 명분론名分論에 과한 논쟁이 치열하게 펼쳐지고 있었다.

그리고 도덕적 · 정치적 관점의 차이로 인하여, 또 사류들끼리 당파를 지어 상대를 공박하는 당론을 전개하고 있었다. 전쟁과 변란을 겪으면서도 실질적이며 적극적인 대책의 마련보다는 명분과 의리의 가치를 지켜야 한다는 명목 아래 오히려 근거가 불확실한 논의로 끝없이 빠져드는 행태를 드러내고 있었던 것이다.

그런 실정과 대조해 보면 어디까지나 실질을 중시하면서 자기 직무에 묵묵히 최선을 다하는 처신으로 일관한 약봉의 삶은 독자적인 의미를 지닌다 할 것이다. 현실이 난국에 처한 때일수록 말로 떠들기보다 실질과 실천을 중시하는 인간의 사상과 처신이 크게 부각되기 마련이다.

서성은 평소 학문을 즐기고 서화에도 뛰어났으며, 역학에도 밝아이인기李麟奇, 이호민李好閔, 이귀李貴 등과 남지기로회南池耆老會를 조직하여 토론하기도 하였다.

서성은 1639년(인조 9) 향년 74세로 작고하여 대구의 귀암서원龜巖書院에 제향되었다. 이후 영의정에 추증되었으며 시호는 충숙忠肅이 내려졌다.

서성의 어머니 고성 이씨와
아버지 대구 서씨의 가계

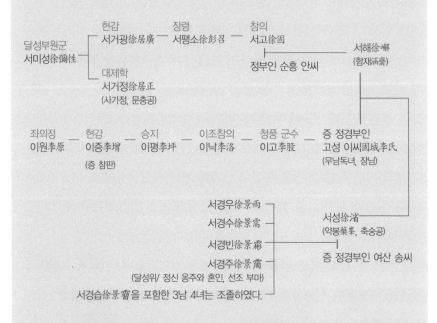

어머니 고성 이씨 후손의 벼슬관 내력
* 영의정 7명: 문중, 종태, 명선, 지수, 용보, 당보, 매수
* 좌의정 1명: 명균
* 국구 1명: 종제
* 판서 4명: 문유, 종옥, 경보耕輔, 정순
* 관찰사 1명: 원리
* 대제학 5명: 유신, 명응, 영보, 유구, 기순
* 참판 1명: 경보競輔

서성의 어머니 고성 이씨 가계의 내력

고성 이씨의 **5대 조부 이원**李原은 고려 말인 1368년(공민왕 17) 밀직
부사 강岡의 아들로 태어났다. 조부는 수문하시중 암嵒이다. 정몽주鄭
夢周의 문인으로서 1382년(우왕 8) 진사가 되고, 3년 뒤인 1385년 문과
에 급제하여 사복시정을 거쳐 예조 좌랑과 병조 정랑 등을 역임하였
다. 1392년 조선이 개국되자 지평이 되었다.

1400년(정종 2) 좌승지로 있을 때 이방원이 자신의 동복형인 이방간
의 난을 평정하고 왕위에 오르는데 협력한 공으로 1401년(태종 1) 좌명
공신 4등에 책록되고 철성군鐵城君에 봉작되었으며 같은 해 공안부소
윤을 거쳐 대사헌이 되었다. 대사헌으로 있을 때 순군 윤종을 구타한
죄로 한때 파직되기도 하였으나 이듬해 복직되어 경기 좌우도 도관찰
출척사가 되었다.

1403년에는 승추부제학으로 있으면서 고명부사가 되어 명나라에
다녀왔으며 이후에도 계속하여 수많은 관직을 거치고 또한 겸하였다.
1421년(세종 3) 1월 사은사로서 명나라에 다녀왔으며 12월에는 좌의정
으로 승진하였다.

그해 우의정 정탁鄭擢과 함께 도성수축도감도제조가 되어 8도의 정
부 32만5천여 명을 징발하여 1422년 1월부터 두 달 동안 토성이었던
도성 성곽을 석성으로 개축하였다.

이원은 고려 말기부터 문명文名이 알려져 조선 초기의 국기를 다지
고 제도를 확립하는데 많은 공헌을 한 충신이었으나 말년에 이르러서

는 지나친 위세를 부려 사람들의 지탄을 받게 되었다. 결국 1426년(세종 8) 많은 노비를 불법으로 소유한 혐의로 사헌부의 탄핵을 받아 공신녹권功臣錄券을 박탈당하고 여산礪山에 안치되었다가 귀양 생활 중 유배지에서 죽고 말았다. 세조 때 이르러 관작이 회복되었다.

자는 차산次山, 호는 용헌容軒, 시호는 양헌襄憲이며 그의 저서로는 『용헌집容軒集』, 『철성연방집鐵城聯芳集』이 있다.

고성 이씨의 **조부 이낙**李洛은 이조참의吏曹參議로서 만년에는 벼슬을 버리고 임청각臨淸閣을 지어 풍류를 즐기었다. 경상북도 안동에 있는 임청각은 1963년 보물 제182호로 지정되어 관리되어 오고 있다.

고성 이씨의 **아버지 이고**李股는 1519년(중종 14) 현량과에 급제하고 병조 좌랑과 정언 등을 역임하였다. 부임 도중 병으로 사직한 이후에는 벼슬에 나가지 않고 학문을 닦는 데만 열중하였다. 진천鎭川의 백원서원百源書院에 제형祭亨하였다.

서성의 아버지 대구 서씨 가계의 내력

서성의 **5대 조부 서미성**徐彌性은 호조 전서 의義의 아들로 1383년(우왕 9) 태어나 조선 시대 문신을 지냈다. 1399년(정종 1) 진사에 장원으로 급제하여, 경기 경력과 사헌부 집의를 거쳐 안주 목사를 역임하였

다. 순충보조공신純忠補祚功臣, 보국숭록대부輔國崇祿大夫, 달천 부원
군達川府院君으로 추증 및 추봉되었으며, 자는 자상子常이다. 1429년
(세종 11) 별세하였다.

서성의 **고조부 서거광**徐居廣은 언양 현감彦陽縣監을 지냈다. 서거광
은 양촌陽村 권근權近의 외손자로서, 권근은 고려 말과 조선 초기에 가
장 현달한 가계 출신이다.

서성의 **조부 서고**徐固는 장령 팽소彭召의 아들로서 1522년(중종 17)
생원이 되고, 1526년(중종 21) 별시 문과에 병과로 급제하였다. 이후 사
간원 정언, 이조 좌랑을 거쳐 1548년(명종 3) 충주 목사와 예조 참의 등
을 지냈으며 이조 판서가 증직되었다. 자는 백공伯鞏이다.

서성의 **아버지 서해**徐嶰는 1537년(중종 32) 태어나 1559년(명종 14) 23
세의 나이로 요절하였다. 이황李滉의 문인으로서 일찍부터 성리학을
깊이 연구하여 20세에 이미 문장과 학문이 높은 경지에 이르러 사림
士林의 존경을 받았다. 대구의 귀암서원龜巖書院에 제향되었으며 자는
정지挺之, 호는 함재涵齋이다.

서성의 아들들

서성의 **첫째 아들 서경우**徐景雨는 1573년(선조 6) 태어나 1601년(선조 34) 진사가 되고, 1603년 정시 문과에 병과로 급제하여 승문원에 등용되었다. 여러 벼슬을 거쳐 청주 목사가 되었으나 1613년(광해군 5) 아버지가 유배당하자 벼슬을 버리고 은퇴하였다. 그러나 1623년(인조 1) 인조반정仁祖反正으로 다시 등용되었으며 1625년 예조 참의, 승지 등을 지냈다.

그 이듬해 대사간이 되고 1627년(인조 5) 정묘호란丁卯胡亂이 일어나자 왕을 강화도로 호종하였으며 1630년 좌승지, 1637년(인조 15) 대사헌 그리고 형조와 이조의 참판을 지내고 경기도 관찰사를 거쳤다. 이후 형조 판서로서 1643년(인조 21) 성절 겸 진하사가 되어 청나라에 다녀왔고, 이듬해 우의정에 올라 기로소耆老所에 들어갔다. 1645년 병으로 은퇴를 청원하여 판중추부사의 한직閑職을 맡았다. 1645년(인조 23) 하세하였으며 자는 시백施伯, 호는 만사晩沙이다.

서성의 **둘째 아들 서경수**徐景需는 1575년(선조 8) 태어났다. 1605년(선조 38) 진사에 합격하였으며 음사로 양천 현령, 호조 좌랑, 형조 정랑 등을 역임하고 1633년(인조 11) 종친부 전첨, 1635년(인조 13) 단양 군수로 관직을 마쳤으며 이조 판서가 증직되었다. 1646년(인조 24) 세상을 떠났으며 자는 시중施中이다.

서성의 **셋째 아들**은 **서경빈**徐景霦으로 1576년(선조 9) 태어났다. 1627년(인조 5) 생원에 합격하여 음사로 내시교관, 장례원 사평, 과천 현감 등을 역임하였다. 이후 여러 차례 제수除授[2]에도 나가지 않았으며, 1645년(인조 23) 수직壽職[3]으로 첨지중추부사가 되었다. 1664년(현종 5) 하세하였으며 자는 자온子溫이다.

서성의 **넷째 아들 서경주**徐景霌는 1592년(선조 25) 선조宣祖의 딸인 정신 옹주貞愼翁主와 결혼하여 달성위達城尉에 봉해졌다. 이해에 임진 왜란이 일어나자 환도할 때까지 왕을 호종하였으며 이후에도 항상 선조의 곁을 떠나지 않았다.

또한 총관과 상의원 제조를 겸하였으며, 인조 때에는 상의원 및 관상감 제조와 총관을 겸하였다. 1579년(선조 12) 태어나 1643년(인조 21) 하세하였으며 자는 자순子順, 호는 송강松岡이다.

서성의 **다섯째 아들 서경습**徐景霫은 조졸하였다.

---

2) 제수除授 : 추천의 절차를 밟지 않고 임금이 직접 벼슬을 내리던 일.
3) 수직壽職 : 해마다 정월에 80세 이상의 벼슬아치와 90세 이상의 백성에게 특전으로 주던 벼슬.

남아있는 역사의
기록을 찾아서

약봉 선생이 계신 설운리雪雲里를 찾아가다

서울에서 150리 지점에 있는 포천
에는 약봉 서성이 부모님을 모시고
잠들어 있다. 그 길로 가는 입구에서

藥峰 徐先生 墓所 入口

약봉 서선생 묘소 입구

라고 쓰여진 표석을 발견할 수 있
었다. 포천은 이웃하고 있는 연천과

서성 묘소를 알리는 표석

경계를 이루고 있는데 두 군을 좌우로 끼고 한탄강이 흐르고 있다.

이날의 목적지는 포천시 내에 있는 설운리로 마을 이름의 유래는 다음과 같다. 1905년까지 군 소재지가 군내면郡內面 구읍리舊邑里에 있을 때 장을 보러 가면 거리가 30리가 걸린다 하여 '서른'과 같은 의미로 '서른리'로 불리다가 법정리法定里 지정시에 비슷한 어감인 설운리로 정하고 한자는 상징적으로 사용하게 되었다고 한다.

마을 한 가운데에 세워진 약봉의 신도비는 마치 한 마리의 봉황이 앉아있는 자태와도 같았다. 비의 보존을 위해 세워진 비각이 비석으로의 접근을 막고 있어서 자세하게 볼 수 없는 것이 좀 아쉬웠다.

비각 바로 위쪽에 만년유택을 잡은 약봉과 증 정경부인 여산 송씨의 혼령이 좀 의아한 표정으로 필자를 맞아주었다. 어제까지만 해도 오랜 가뭄 끝에 단비가 한참을 내렸었지만 이날은 청명한 하늘과 생기 도는 풀잎 향기를 맛볼 수 있었다. 쾌청한 날씨 덕분인지 약봉 선

서성 신도비

생께서 정경부인과 함께 방문을 열고 나와 묘소 앞에 놓여진 혼유석
魂遊石에 앉아 계시는 것만 같았다.

> "그대는 뉘시기에 아무런 기별도 없이 남의 집을 불쑥 찾아오
> 신 게요."
> "약봉 선생님. 뵙게 되어 참으로 광영스럽습니다. 역사 기록에
> 서 선생의 발자취를 확인하고는 마음속으로 흠모하고 있다가
> 살아생전에 선생을 한번 뵙고 싶은 마음에 이렇게 전갈도 없
> 이 찾아뵙게 되었습니다."
> "그렇습니까. 손님에게 대하는 예는 아니오나 나는 이만 자리
> 에서 일어나야겠으니 나에 대해 자세히 알고 싶다면 우리 집
> 문패를 살펴보시오. 그리고 제실 뒤쪽에 나의 조부모님과 오
> 늘의 내가 있기까지 노심초사하시며 혼신을 기울여주신 거룩
> 한 선고先考 내외분께서도 계시니 뵙고 가도 좋소."

말을 마친 약봉 선생은 부인과 함께 홀연히 사라져 버렸고 필자는
그 뒤를 향해 감사의 인사를 올렸다. 그리고 선생이 알려 주신대로 우
선 묘비 문을 살펴보았다.

  贈 大匡輔國崇祿大夫 議政府 領議政 兼 領 經筵 弘文館 藝文館

  春秋館 觀象監事 世子師 行 崇祿大夫 判中樞府事 義禁府事

  知經筵 春秋館事 同知成均館事 五衛都摠府 都摠管 贈 諡 忠肅 徐公之墓

配位 贈 貞敬夫人 礪山宋氏 祔左

증 대광보국숭록대부 의정부 영의정 겸 영 경연 홍문관 예문관

춘추관 관상감사 세자사 행 숭록대부 판중추부사 의금부사

지경연 춘추관사 동지성균관사 오위도총부 도총관 증시 충숙 서공지묘

배위 증 정경부인 여산송씨 부좌

서성의 묘비

모두 91자로 되어 있는 비문은 필
자가 지금까지 찾아본 어느 벼슬관의
비문보다 글자수가 많았지만 이해에
는 많은 도움이 되었다.

약봉 선생이 가리켜 준 곳에는

묘소 아래쪽에는 웅장한 재실齋室이 있었다. 재실의 구조는 겹으로
되어 있었는데 숭덕사崇德祠란 명패를 달고 있었고, 외부인의 접근을
금하는 문무석이 버티고 서 있어서 사진만 겨우 1장 찍고는 올 수 있
었다.

재실 뒤편은 마치 뒷마당 같은 곳이었는데 소박하지만 잘 관리되어
있는 묘소 4기가 있었다. 하단에는 약봉의 조부와 조모의 묘소가 자리
하고 있었는데 묘비는 인고의 세월을 이기지 못하여 변색이 완연하였
지만 글씨는 그런대로 살펴볼 수 있었다.

贈 資憲大夫 吏曹判書 兼 知經筵 春秋館 成均館事 弘文館 大提學

藝文館 大提學 世子左賓客 行 通政大夫 禮曹參議 徐公 諱 固之墓

貞夫人 順興 安氏 祔左

증 자헌대부 이조판서 겸 지경연 춘추관 성균관사 홍문관 대제학

예문관 대제학 세자좌빈객 행 통정대부 예조참의 서공 휘 고지묘

정부인 순흥 안씨 부좌

서성의 조부 서고의 묘비

배위는 증贈자를 뺀 정부인 순흥 안씨 부○라고 씌어 있는데 약봉의 조부는 예조에 속한 정3품관이었으나 아들이 귀하게 되어 증직으로 정2품관이 된 듯하다.

제일 상단에는 약봉의 부모님이 계셨는데 역시 오랜 세월로 인해 퇴색된 묘비와 키 작은 문인석이 필자를 맞아 주었다. 묘비에 적힌 비문은 다음과 같았다.

贈 大匡輔國崇祿大夫 議政府 領議政 兼 領經筵 觀象監事 處士 徐公之墓

○貞敬夫人 固城李氏 祔左

증 대광보국승록대부 의정부 영의정 겸 영경연 관상감사 처사 서공 지묘

○정경부인 고성이씨 부좌

비문 끝부분에 적혀있는 '처사 서공 지묘'라는 문구는 다른 비문에서는 좀처럼 볼 수 없는 솔직한 표현이라 인상적이었다. 처사란 벼슬한 일이 없는 일반 선비를 가리키는 명칭이기 때문이다. ㅇ로 표한 부분은 비문이 오래되어 있어 식별이 불가능하였다.

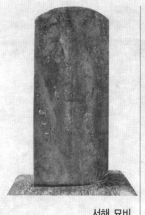

서해 묘비

서해 부부와 시부모의 묘소가 바뀐 까닭은

필자는 우선 참배를 한 뒤 묘비문을 보기 위해 유택을 지키는 문인석에게 양해를 구하였다. 실제로 보기 전에는 나박懦薄하고 작은 체구의 문인석을 생각했었는데 관복을 갖춰 입고 엄한 표정을 하고 있는

서성의 유택을 지키고 있는 문무인석

자태가 고인故人을 닮아서인지 어렵게 느껴졌다.

필자가 공손하게 인사를 드린 후, 모시고 계시는 고인 내외분을 좀 뵙고 싶다고 말하자

"바로 아랫집에 계시는 부모님 댁에 문안을 가셨으니 잠시 기다리시오. 내가 이곳에 온 이후로 하루도 빠짐없이 행하고 계시니, 우리 내외분은 천하가 다 아는 효자와 효부라 칭송이 자자하다오. 손님은 그런 것도 모르고 오셨소이까."

하며 농 섞인 면박을 주었다. 필자는 계면쩍게 웃다가 한 가지 의문이 들어 다시 말을 건넸다.

"그런데 서해 선생 내외분과 부모님의 유택이 자리가 바뀐 듯 보입니다?"

서해의 묘소(위)와 서고의 묘소(아래) 전경

"이곳을 찾은 손님들이 모두 같은 질문을 하시더이다. 내용인즉, 원래 아버님의 유택을 이곳에 먼저 잡았었는데, 약봉 후손들께서 예의에 좀 벗어난 듯하긴 하지만 조상님들을 함께 모시자는 뜻으로 이렇게 된 것이오니, 손님께서는 너무 흠잡지 마시기 바라오."

이렇게 대화가 오가던 중 유택의 주인이신 함재 서해 선생이 배위이신 고성 이씨의 손목을 잡고 다정하게 올라오는 모습이 보였다. 한눈에 보아도 앞을 보지 못하는 고성 이씨는 무척 수척한 모습이었으나 높은 덕행이 몸에 배인 정숙한 자태가 매우 아름다웠다.

필자는 두 분의 다정한 시간을 방해하지 않기 위해 서둘러 다음 행선지를 향하여 발걸음을 돌렸다.

선생의 유년이 서린 약현藥峴을 찾아서

전날은 녹음이 우거지고 풀 내음이 풍기는 포천으로의 기행이었지만 오늘은 그 반대편에 있는 도심으로의 기행이었다. 자연 속에서 상쾌했던 어제와는 달리 필자는 도심의 매연에 가슴이 답답해짐을 느끼면서도 발길은 멈출 수가 없었다.

수많은 사람들이 저마다 사연을 간직한 채 지방행 기차에 오르내리고, 옛날 그때처럼 기적 소리 길게 토해내는 서울역. 바로 그 뒷마당이 조선 세종조 때 문신이신 최만리崔萬理 선생이 살던 곳이라 하여 이름 붙여진 만리동이며, 그 중간 지점쯤 비탈진 곳에 성직자들의 안식처인 중림동 성당이 있다.

지금은 만리동을 넘어가는 고개를 '만리동 고개' 라 하지만, 정경부인 고성 이씨께서 이곳에 살면서 약과, 약밥, 약주를 만들어 팔아 온 자리라 하여 '약현' 이라 했었고, 그곳에서 성장한 약봉 선생의 호가 약봉인 것도 이것과 연관이 있는 것이다.

중림동 성당에 남겨진 역사의 기록

필자가 역사의 흔적을 찾아 이곳까지 왔지만 약현이라는 흔적은 어디서도 찾아볼 수가 없었다. 그래서 지나가는 이에게 물어 보았더니

"여기는 보다시피 성당이지 약현이라는 곳이 아닙니다."

라는 대답만 돌아올 뿐이었다.

그래도 혹시나 하고 이리저리 두리번거리며 약현의 흔적을 찾고 있을 때 깜짝 놀랄 만한 것을 발견하였다. 건물 입구에 '약현의 집' 이라고 쓰인 현판이 걸려 있었던 것이다. 서울시나 문화재청에서 해야 했을 일인데, 이러한 역사의 기록이 중림 성당에 계시는 어느 신부님의 깊은 생각에서 나왔을 거라 생각하니 일반인들의 역사의식이 어떠한 정책보다도 중요하다는 사실을 다시 한 번 몸소 느낄 수 있었다.

약현 성당을 가리키는 표지판   '약현의 집' 현판

이곳이 약봉 선생이 성장한 곳이라는 살아있는 역사의 기록을 눈앞에서 확인하면서 필자는 이 나라를 수많은 환란 속에서도 지금까지 존재하게 한 위대한 충신과 그 뒤에서 항상 굳건히 버텨주셨던 고성 이씨 부인, 또 그와 같은 수많은 어머니들께 마음 속 깊이 감사의 인사를 올렸다.

서성 신도비문

유명조선국 증 대광보국숭록대부 의정부 영의정 겸 영경연 홍문관 예문관
춘추관 관상감사 세자사 행 숭록대부 판중추부사 겸 판의금부사 지경연
춘추관사 동지성균관사 오위도총부 도총관 시 충숙 서공 신도비명 병서
위신봉상왈 충 정사섭하왈 숙危身奉上曰 忠 正已攝下曰 肅

자헌대부 이조판서 겸 지경연 춘추관 성균관서 홍문관 대제학 예문
관 대제학 세자우빈객 김상헌金尙憲은 글을 짓고, 자헌대부 형조판서
겸 오위도총부 도총관 오준吳竣은 글을 썼으며, 가의대부 형조참판 겸
세자좌부빈객 김광현金光炫은 전액을 하다.

약봉藥峯 서공徐公의 식록食祿은 우리 선묘宣廟 때의 한창 성창할 무
렵이었다. 그때 조정에는 가장 선비가 많았었으나 연소年少 후진으로
문무재文武才가 있어 나라의 저서儲胥[4]가 될 만한 사람을 논할 때 공
보다 먼저 꼽을 만한 이는 없었다. 뒤에 간난艱難을 당하여 중외의 성
실聲實의 실상이 자주 바뀌기는 했지만 당세에 또 문무 대신으로 나라
를 짊어질 동량棟樑감을 논할 때는 공이 꼭 그 속에 끼었으니 공의 행
적을 의중에 두고 헤아린 것이었겠으나 불행히도 갑자기 죽었고 죽은
뒤의 증명贈命에 비로소 평상시 공에게 기대했던 바를 쓰게 됐으니[5]
애영哀榮[6]이 갖춰졌다 하겠다. 그러나 선비들은 공을 끝까지 쓰지 못

---

4) 저서儲胥 : 후일을 위하여 아껴 둠

하였음을 한탄하였으니 오호라! 환산渙散을 수습하여 덩치를 만들고 약한 바를 부조하여 강하게 만들어 세도世道로 하여금 답답하고 어쩔 수 없는 경지에서 면하게 하는 것이 하늘에 매인 일이 아니라 말한다면 이는 그릇된 생각일 것이니 공이 어디 쓰임을 다했었던가? 이것이 바로 천명인 것이다.

근안컨대 공의 휘는 성省이요 자는 현기玄紀이며 약봉藥峯이라 자호하였다. 대구 서씨大丘徐氏는 고려 때부터 현달하였으니 원조遠祖 한閈은 낭장郎將이었다. 6대를 내려와 판전객시사判典客寺事 익진益進이 있었는데 이분이 의義를 낳으니 호조전서典書요, 이분이 미성彌性을 낳으니 아조我朝에 들어와 안주安住 목사가 되었다. 이분이 거정居正을 낳으니 문장으로 명세名世하였고 품계는 이공貳公(좌우찬성左右贊成)에 올랐으며 달성군達城君에 훈봉勳封 되었는데 더욱 대가大家로 일컬어졌다. 이 분에게 형 거광居廣이 있어 현감인데 공에게는 고조가 된다. 그 분이 장령 팽소彭召를 낳고 장령이 참의 고固를 낳았는데 부자가 문과하였다. 고考의 휘는 해嶰로 증 의정부 영의정인데 군수 이고李股의 따님을 취하였으니 고故 재상宰相 이원李原의 후예다. 가정嘉靖 무오(1558, 명종 13)에 공을 낳았는데 공은 어려서 아버지를 여의고 숙부 사예司藝 엄崦에게서 길러졌다. 공은 번거롭게 끼고 가르치지 않았어도 스스로 면려勉勵하며 공부를 하니 학업이 일진日進하였다. 사

---

5) 영의정 증직을 말함.
6) 애영哀榮 : 슬퍼해 주고 영화榮華도 줌.

예가 몰하니 심상心喪[7] 3년을 입느라 지나치게 애훼哀毁하였는데 병病을 이롭게 하는 일일망정 더욱 분전墳典[8]에 침잠하여 하루도 독서를 폐한 일이 없었다.

…(중략)…

임진년에 왜구가 경성을 핍박하자 대가大駕의 서행西幸에 호종扈從하였는데 호소사號召使 황정욱黃廷彧이 자청하여 종사관從事官을 삼았다. 함경북도에 이르러 정욱 등이 두 왕자[9]와 함께 적에게 잡혔는데 공은 꾀를 써서 빠져나와 의병을 일으켜 평사評事 정문부鄭文孚에게 주어 연속 적을 파하고 승전을 하였으나 공功은 사양하고 차지하지 않았다. 부름을 받아 행재소行在所에 들어가니 지평을 제수하였고 병조정랑과 직강直講에 개수되어 유제독 정劉提督綎의 접반接伴을 맡았다. 이때에 숙모 송씨宋氏의 상을 듣고 사예공司藝公 때와 같이 하려고 해직을 청하니 유정劉綎이 공을 얻음을 항상 기뻐하던 참이라 지극히 강경하고 간절하게 물허勿許를 자청咨請[10]하였으나 결국 윤허를 받았다. 갑오甲午년에 지평을 배수하여 직강으로 옮겼고 어사御史가 되어 삼남三南을 순찰하였는데 묵수墨帥[11]를 탄핵하고 퇴강頹綱을 진작시키니 이목耳目[12]이 숙연肅然하였다. 공은 임금은 파천播遷하고 생민生民은 어육魚肉이 되어 국사가 지탱支撑하지 못하게 되었음을 생각하

---

7) 심상心喪 : 복제服制는 갖추지 않고 마음으로 복을 입음.
8) 분전墳典 : 삼분오전三墳五典, 상고上古의 서책명書冊名으로 고전古典이란 뜻.
9) 두 왕자 : 임해군臨海君과 신성군信城君.
10) 자청咨請 : 자문咨文을 보내서 청함.
11) 묵수墨帥 : 부정不正을 일삼는 장수.

고 더욱 강개하여 일신을 나라와 함께 하기로 작정하고 글을 올려 전수戰守할 계책을 아뢰었더니 재상이 그 계책을 기특하게 여겨 급히 공을 시험해 보려 하였고 중론衆論도 공의 재주를 추천하여 일면一面[13]을 맡기게 하려 하여 제용감濟用監의 정正으로 초승超陞시켰다가 경상감사를 탁수擢授하였다. 그러나 대간臺諫에서 너무도 취승驟陞이라 논하니 내섬시內贍寺의 정正으로 개수되었고 얼마 안 되어 영남이 좌우도로 갈리자 공으로 우도 감사를 삼았다. 공은 험고한 옛 성을 수축하고 사당을 지어 신라 시대의 사사死事[14]한 신하들을 제사지내면서 사기를 격권激勸하니 드디어 전도가 흘연屹然한 금탕金湯이 되었다. 임기가 다하자 몇 개월을 더 연장하였고 들어와 동부승지가 되었다가 병조참의 겸 비변사備邊司, 승문원의 부제조副提調에 개수되었고, 강화 부사를 특배하였으나 부임하기도 전에 강원 감사로 개수되었다. 공은 백성을 무마하고 조폐凋廢한 일들은 복구하였으며 왜적을 피하여 옮겨온 사녀士女들에게는 집도 주고 밥도 주니 구가성謳歌聲이 길을 메웠고 떠난 뒤에는 돌에 새겨 덕을 기렸다. 다시 병조로 돌아와 승지로 개수되어 차례대로 도승지까지 올라갔는데 사직하자 첨추僉樞에 제수되고 병조로 옮겨 다시 유장劉將을 접반하였다. 그때에 요동병遼東兵과 절강병浙江兵이 서로 다퉈 곧 불란拂亂이 일어나게 됐는데 유정이 공의 말을 받아들여 해결을 보았다. 품계를 올려 황해감사에

---

12) 이목耳目 : 인심人心의 뜻.
13) 일면一面 : 한 지방地方.
14) 사사死事 : 죽음으로써 임금을 섬김.

제수됐는데 안진이 말할 수 없이 쌓여 있었으나 공이 도임하자 씻은 듯 맑아졌다. 함경 감사로 이배됐으나 꺼리는 자가 막아 도로 전직을 맡기기에 공이 병을 칭탁 사직하고 퇴거하였다. 이윽고 호조참판을 배수하였는데 도임도 하기 전에 평안 감사로 개차改差되었다. 평양平壤의 요부徭賦는 본래 일정한 규례가 없어서 간리姦吏가 이를 기화로 작폐를 하였는데 공은 일체의 창혁刱革[15]을 정지시키고 조정하니 백성들이 크게 즐거워하였다. 임기가 다하여 도승지로 돌아와 경연經筵에 입시하여 한음漢陰과 백사白沙 두 현상을 신구伸救하고 정인홍鄭仁弘의 무리들로 성우계成牛溪 정송강鄭松江을 무훼誣毀한 자들을 논척하였는데 임금의 노여움이 어찌나 심했던지 좌우에서는 한마디도 감히 말하지 못하였었다. 공이 물러나오니 윤상尹相 승훈承勳이 공을 맞아 이르기를,

"내가 오늘은 부끄러워 공을 뵐 낯이 없소."

라고 하였다.

이 무렵 조사詔使 고천준顧天峻 최정건崔廷健이 나왔는데 공이 시종始終을 주선하였으나 실의失儀가 없었다. 한성부 판윤에 특승特陞하여 비변사, 훈련도감의 제조提調와 총관주사摠管身師 등 소임도 겸하다가

---

15) 창혁刱革 : 창刱은 신규新規, 혹은 개규改規.

형조판서에 제수되고 또 병조판서로 개차改差되었으며, 지추知樞[16]로
돌아왔다가 함경 감사로 나갔다. 이때에 공의 나이가 40여 세가 되어
의욕이 더욱 왕성하였는데 관할 군읍이 남북으로 수천 리였으나 궁변
窮邊 원성遠城까지 친히 답사치 않은 곳이 없었으며 규획規劃할 바가
있으면 시기時忌[17]도 어려워하지 않았다. 여진女眞의 부족 홀자온忽刺
溫이 갑자기 강대하여져 변리邊吏를 죽이고 우리 경내를 핍박하니 공
이 건청建請하여 토벌하였으나 병사 김종득金宗得이 갑작스럽게 군병
을 거둬 후퇴하고 말았다. 그러자 언론이 출병한 자체를 잘못이라고
공을 허물하여 파직되었다. 미구에 지추知樞 겸 지춘추관사에 제수되
고 호조판서로 옮겨 지의금부사를 겸하였는데 흉년이 들었으니 비축
이 있어 백성들은 유리流離와 기아를 면하게 되었다. 이윽고 경기 감
사를 배수하였고 임기가 다하자 지추로 돌아왔다. 선조께서 흥하자(4
자결) 품계를 더하여 우참찬에 제수됐는데 얼마 후에 능역이 완고치
못한 탓으로 파직되었다가 이듬해에 풀려 지추로 돌아왔고, 공조판서
에 개수되었다가 참찬으로 돌아와 대신을 대신하여 제도의 군사軍事
를 체찰體察하였다. 그 뒤에 개성 유수開成留守에 제수됐는데 활서猾胥
(활이猾吏)를 습속濕束[18]하고 구폐垢弊를 파헤치며 염혜廉惠를 숭상하
고 문사文事를 진작시키니 백성들이 그 정사를 좋게 여겨 대로에 비를
세웠다. 지추로 돌아와 참찬에 개수되었는데 그때에 부실한 옥사獄舍

---

16) 지추知樞 : 지중추부사知中樞府師.
17) 시기時忌 : 한 시대에 기휘忌諱로 여기는 일.
18) 습속濕束: 추진 나무단을 묶듯 단단히 단속함.

가 있어 공에게 둘러 씌워 관직을 빼앗겼다가 다시 지추로 서용敍用하였다. 계축년癸丑年 옥사[19]가 일어나자 간당奸黨으로 공에게 원한을 품은 자가 기어코 해치려 하여 금오金吾[20]에 나수拿囚를 청하니 단양丹陽으로 귀양 가게 되었고 영해寧海로 옮겼다가 또 내지內地인 원주原州로 옮기는 등 재적在謫 11년 동안 천객태遷客態[21]는 볼 수 없었고 문을 닫고 주역周易을 탐구하면서 사람들이 의난처疑難處를 물어오면 순순히 일러주고 귀찮아하는 빛이 없었다. 계해년癸亥年 금상께서 반정反正하니 형조판서로 기용하였는데 입대하여 진계陳戒함이 모두 옛날 대신들이 남긴 말들이었다. 또 고상故相 한효순韓孝純이 간당을 이끌고 모후母后를 폐한 죄를 논하고 그의 여러 아들들도 추후로 귀양 보냈다. 효순은 초방椒房의 근족近族[22]으로 사람들이 기탄忌憚한 바였는데 공이 이를 불고하고 통척痛斥하니 듣는 이마다 통쾌히 여겼고 혼조昏朝[23]에 횡왕橫枉을 당하여 신리伸理를 바라는 사람들이 위집蝟集[24]하였으나 모두 즉석에서 판결하여 각자 뜻을 이루고 돌아가게 하였다. 대사헌 겸 경연, 성균관사를 배수하였는데 마침 이괄李适이 반하자 다투어 이필移蹕(파천播遷)을 권했으나 공만이 분연히 임금에게 동가動駕치 말 것을 간하고 자신이 모병募兵할 것을 청했으나 받아들여

---

19) 옥사: 영창 대군 옥사永昌大君獄事.
20) 금오金吾: 의금부義禁府.
21) 천객태遷客態 : 재적자在謫者의 초라한 모습.
22) 초방椒房: 왕비를 지칭한 말. / 근족近族 : 인조비仁祖妃의 종조從祖.
23) 혼조昏朝: 광해조光海朝.
24) 위집蝟集: 많이 모이는 표현.

모정의 한국사

지지 않았다. 대가가 천안天安에 이르렀을 때 다시 대사헌을 배수하였
는데 창졸간에 조정의 위의가 문란해져 공에게 권섭權攝시킨 것이다.
적이 평정되자 호가扈駕와 숙문淑聞25)으로 두 품계를 올려 판중추부사
에 제수하여 형조로 개차改差하고 다시 병조로 옮겼는데 전후의 무선
武選에 청탁이 행해지지 않았다. 다시 판추判樞로 돌아왔는데 임금이
일찍이 경연에서 맹자의 의병설義兵設을 논하여 공이 이어서 그 뜻을
추연推衍하여 말하기를,

> "오랑캐들이 만일 관關26)을 범하면 우리나라에서는 마땅히 모
> 두를 내세워 난리에 나가 군신의 의리를 다해야 할 것입니다."

하니 상께서 크게 칭장稱奬하였다. 정묘년丁卯年에 서노西虜가 졸연
히 쳐들어오니 임금이 강도江都로 행행行幸하여 공은 종묘를 받들고
뒤따라갔는데 오랑캐들이 동맹을 요구하자 공은 누차

> "근본을 튼튼히 하고 군율軍律을 엄히 하며 해방海防을 굳게 하
> 고 삼현三縣27)을 방어할 것등의 계책을 건이하고 화의만을 전
> 적으로 믿어서는 안 된다."

---

25) 숙문淑聞 : 좋은 평판.
26) 관關 : 산해관山海關을 말하는 듯함.
27) 삼현三縣 : 세 고을, 어디를 지칭함인지는 미상.

라고 아뢰었으나 성찰省察치 않았다. 그 뒤에 나라의 시구蓍龜[28]라고 일컬어지면서 주화主和한 자들이 오랑캐가 두려워 우리나라에 귀화한 사람들을 보내주기로 하니 공이 막으려 하였으나 이루지 못하였다. 뒤에 유흥치劉興治가 반하여 진계성陳繼盛[29]을 죽이니 임금이 문죄問罪코자 하였으나 조의朝議가 난색을 보이자 공은 힘써 출병에 찬동하였다. 이윽고 판의금부사가 되어 무진 역옥戊辰逆獄[30]을 다스리고 숭록대부에 올라 종백宗伯(예조판서禮曹判書)과 지추知樞를 누차 맡다가 문득 병이 나 말미를 청하니 임금이 의원을 보내어 문병을 하고 내제內劑[31]까지 내렸으나 숭정崇禎 신미辛未(1631년, 인조 9) 4월 18일에 이르러 졸하니 춘추는 74이다. 임금은 2일간 철조轍朝하고 조제弔祭 부물賻物을 내렸으며 영의정에 증직하고 충숙忠肅이라 시호를 내렸으나 이는 예에 따른 것이다. 그해 6월 을묘일에 포천현抱川縣 설운리雪雲里 계좌원癸坐原에 종장從葬하여 부인 송씨宋氏와 합부合祔하였다. 공은 어려서부터 기질奇質이 있었고 장대하여서는 풍신風神이 준무峻茂하여 수염은 아름다웠고 눈빛은 광채가 있어 사람을 쏘는 듯하였으며 성품은 항건伉健(기고모氣高貌)하여 만부萬夫 막탈莫奪의 기개가 있었으며 소신대로 행하고 줏대 없이 남을 따르지 않았으니 마음에 취하지 않은 바라면 비록 귀신貴臣 요인要人이라도 조금도 굴한 빛이 없었고

---

28) 시구蓍龜 : 원로元老를 뜻함.
29) 유흥치劉興治 · 명인明人진계성陳繼盛: 명나라 사람明人.
30) 무진 역옥戊辰逆獄 : 유효립 옥사柳孝立獄事.
31) 내제內劑 : 궁중에서 쓰는 약제藥劑.

마음으로 허여許與한 바는 아무리 모연貌然(극소모極小貌)한 후진後進일
지라도 무간無間하게 대해 주었다. 그런 까닭에 사람마다 어렵게 여기
면서도 즐겨 사귀기를 원했던 것이다. 평소에도 남에게 일을 부탁한
바 없었고 또 남이 사촉私囑을 받아들이지도 않으면서 항상 말하기를

> "어떻게 하면 일생 동안의 일이 크고 작고 간에 정정井井(정돈
> 모整頓貌)할 수 있을까?"

하였다.

그러나 매양 국가의 이해를 논할 때는 말도 잘하였고 계략도 풍부
하여 끊임없음이 구슬을 꿰놓은 듯하여 듣는 이는 귀를 기울였고 임
금도 능하다고 여겼던 것이다. 좋은 책이라면 훑어보지 않은 것이 거
의 없었는데 주역의 탐구에 특별히 힘을 기울여 터득한 바가 많아 일
시의 기유耆儒들도 그 정심精深함을 추앙하였다. 즐거운 낯빛으로 어
머니를 섬기기를 종신토록 게을리 하지 않았는데 귀양 가 있으면서도
휘일諱日을 당하면 애훼哀毁함이 지나쳐 심신이 치패致敗하곤 하였다.
대대로 살림은 넉넉하였는데 공이 더 보탠 바는 없었고 자봉自奉은 간
소하게 하여 옷을 껴입거나 물들여 입지 않았고 집은 잉첩媵妾의 거
느림이 없었으며 임몰臨歿에 자제들에게 신칙하기를 후장厚葬치 말라
고까지 하였다. 공은 낭서郎署[32]에서 기로사耆老社에 이르도록 병과兵

---

32) 낭서郎署 : 하급 관리下級官吏

戈, 시석矢石, 질곡桎梏, 항양桁楊(고간拷間) 등 겪지 않은 일이 없었지만 두려워하거나 꺾이는 일도 없이 몸도 온전하고 명성도 간직하면서 험난을 면하고 평탄을 얻었으며 수도 누리고 벼슬도 현달하여 한때의 염칭艶稱을 받았는데 군자들도 이르기를,

"공의 재주는 참으로 따르기 어렵지만 복은 더구나 미칠 수가 없다."

하였다.

부인은 여산廬山 명족名族의 목사 녕寧의 따님이요, 영의정 질恎의 증손녀인데 대단한 부덕이 있어 공도 경중敬重하였다. 7남 4녀를 두었는데 맏아들 경우景雨는 대사간이요, 다음 경주景霌는 선조宣祖의 장옹주長翁主에게 장가들어 달성위達成尉에 봉해졌으며 나머지는 모두 요절하였다. 대사간은 1남 1녀를 두었는데 아들 원리元履는 시직侍直이오 딸은 판관 최연崔延에게 출가하였다. 전첨은 6남을 두었는데 형리亨履, 익위翊衛, 택리擇履, 정언 상리祥履, 광리匡履, 도사 홍리弘履, 명리明履이다. 현감은 2남 4녀를 두었는데 아들은 준리準履, 탄리坦履요, 딸은 이연, 권순열權順悅, 조윤석趙胤錫, 임종유林宗儒에게 시집갔는데 모두 사인士人이다. 위尉는 3남 5녀를 두었는데 아들은 현감 정리貞履, 정리正履, 진리晉履요 딸은 진사 김규金珪, 봉사 이명인李命寅, 사인士人 심항沈伉, 좌랑 권우權瑀에게 시집가고 막내는 미혼이며 내외의 증손은 남녀 약간인若干人이 있다. …(후략)

『소학』『대학』『효경』 등의 유학 경전을 직접 가르치고

그 잘못을 지적할 수 있었다고 하니

신씨 본인의 학문적인 깊이를 미루어 알 수 있을 것이다.

신씨는 교육을 하며, 자식들에게 항상 말하기를

"과부의 자식은 남이 더불어 사귀지 않는다는 옛글이 있으니

너희는 반드시 학문에 열 갑절을 더 부지런히 하여 가문의 명성을

떨어뜨리지 말아야 하느니라."

라 당부하였다.

높은 산이 따르는다

짙은 그림자가 있는 곳에는

이준경의 어머니
|평산 신씨|

짙은 그림자가 있는 곳에는 높은 산이 따른다

이준경의 어머니 평산 신씨

어머니의 지혜가 나라를 구하다

옛날 제나라의 민왕이 초나라 장수 요치淖齒에게 쫓기며 달아나다
가 마침내 요치의 손에 죽고 말았다. 그때 왕손가王孫賈는 민왕의 신
하였는데, 바다가 들끓는 듯한 난리 중에 모시던 민왕이 달아난 곳을
알지 못하고 집으로 돌아오고 말았다.

이 사실을 알게 된 왕손가의 노모는 크게 꾸짖으며 말하였다.

"옛말에 모시던 임금이 욕을 당하면 그 신하는 죽는다 하였으
니 네가 이제 임금을 섬기다가 임금이 가신 곳을 알지 못하고
집으로 돌아왔으니 장차 무슨 낯으로 세상에 나서겠는가."

노모가 하는 말의 뜻을 진정 깨우친 왕손가는 다시 나가 여러 군사를 거느리고 죽기를 각오하고 싸워서 초나라의 요치 장수를 잡아 죽였고, 모시던 민왕은 이미 죽었는지라 민왕의 아들 법장을 임금으로 받들어 나라를 구하였다.

사관이 그 충정을 가상히 여겨 죽백竹帛(책)에 그 사실을 기록하여 왕손가의 이름을 천추에 남겨 빛나게 하였다.

모시던 임금 민왕은 죽었으나 집으로 도피했던 신하가 다시 충신이 되고 망하게 되었던 나라가 다시 회복될 수 있었던 것은, 규중의 한미한 늙은 어머니의 경계와 꾸짖음이었던 것이다.

이와 같은 고사의 교훈을 보여주는 이가 우리에게도 있다. 자신에게 주어진 불우한 사정을 운명인 양 받아들이며 살아갈 수도 있었겠지만 이윤경과 준경의 어머니 신씨 부인은 자신의 비참한 처지에 비관하지 않고 남다른 의지와 목표를 정하여 아들들의 훈육에 매진하였던 것이다.

추락한 신분과 비참한 가난, 그리고 세상 사람들의 손가락질과 비웃음. 신씨 부인은 그 모든 악재를 가슴 깊이 감추고 어린 자식들의 작은 손에 두꺼운 책을 주며 정진하게 하였다. 그리고 그 뜻을 깊이 헤아린 아들들은 열심히 학문을 익히는 것만이 어머니에게 드릴 수 있는 효라 생각하고 배움에 정진하였다.

괴로운 현실 속에서 오직 자식들의 향학만이 어머니인 신씨 부인의 생명과 같았다. 신씨는 아들들의 성장과 함께 깊어 가는 학문 속에서 행복을 찾으며 현실의 어려움을 이겨나갔다. 그 결과 윤경과 준경 형제가 갈고 닦은 학식은 조선조 519년의 역사에 큰 보탬이 되었다.

『시경詩經』에 이르기를

'주나라 문왕의 많은 자손이 인후하고 종족이 선화한 경사는 꼭 후비의 덕이라 칭한다.'

하였으니, 가정과 국가가 어찌 다르다고 할 것인가.

기름진 땅에서는 씨앗이 편히 자라나

이윤경李潤慶과 이준경李浚慶을 걸출하게 길러낸 어머니 평산 신씨 平山申氏는 영의정 신효창申孝昌의 증손녀이자 상사원 판관 신승연申 承演의 딸로서 1480년(성종 11) 태어났다.

신씨와 혼인한 이수정李守貞은 1477년(성종 8) 5월 6일 태어난 광양 군廣陽君 이세좌李世佐의 넷째 아들이다. 이수정은 어려서 한훤당寒暄 堂 김굉필金宏弼 선생에게서 글을 배웠는데 재능과 학행이 뛰어나 스 승과 벗들이 높이 받들었으며 모재慕齋 김안국金安國, 정암靜菴 조광 조趙光祖와는 젊은 벗으로서 제일 가깝게 사귀었다.

1501년(연산군 7) 24세의 나이로 생원진사시에 장원으로 급제하였으 며 같은 해 23명 중 장원으로 문과에 급제하여 예문관 검열, 승정원 주서, 봉상시 주부를 거쳐 홍문관 부수찬에 뽑혀 동학 교수와 세자시

강원사서와 지제교를 겸하였다.

학문에 대한 능력뿐 아니라 인품 또한 뛰어났던 이수정에게 시집 간 신씨의 바람은 당시의 보통 여인들과 별반 다르지 않았을 것이다. 현모양처로서 집안을 잘 다스리고 남편을 잘 보필하며 자식들을 바르게 키워 부모에 효도하고 나라에 필요한 인재가 되도록 하는 그런 꿈 말이다.

이수정 일가나 신씨 양쪽 모두 집안도 좋고 인격 또한 나무랄 데 없었기에 그녀의 꿈은 순탄하게 이루어질 듯 보였다. 다음의 사건이 휘몰아치기 전까지는 말이다.

몰락해 버린 이수정 일가

이수정의 아내이자 두 아들 윤경과 준경을 훌륭히 키워낸 어머니 신씨의 역경을 이야기하기 위해서는 우선 남편 이수정의 아버지 이세좌李世佐 대로 거슬러 올라가야 한다.

양반 가문에서 곱게 자랐을 신씨에게 예상치 못한 고난이 시작된 것은 1498년(연산군 4) 무오사화戊午士禍로 귀양을 가는 화를 당하면서 시작된다. 이후 1504년(연산군 10) 갑자사화甲子士禍가 일어나자 이수정의 아버지 이세좌李世佐가 성종 재위 시절 폐비 윤씨에게 사약을 가져 간 형방승지刑房承旨였던 것이 화근이 되어, 그해 4월 4일 부친 이세 좌는 스스로 목을 매달아 숨을 끊어야 했으며 5월 13일에는 이수정의

4형제, 이어 5월 16일에는 작은아버지 이세걸李世傑이 참형을 당하고 만다. 또한 종조부從祖父인 좌의정 이극균李克均은 4월 15일 사약을 받았으며 이후 뼈까지 부수는 악형을 당하는 등 10명이 혹화酷禍를 당하고 친족 30여 명이 귀양을 가는 등 온 집안이 몰락해 버렸다.

1504년 12월 15일 연산군은 전교를 내려

"이극균李克均, 이세좌李世佐, 이파李坡의 시체는 들어 그냥 굴려서 수장收葬을 못하도록 전일에 명령을 하였지만 필시 수장하였을 것이니 지금 다시 파내어서 뼈를 가루로 만들고 몸을 부수어서 형적이 없도록 하는 것이 어떠냐."

하고 물으니 승지들이 아뢰기를

"이들은 죄가 중한 사람들이니 그렇게 하는 것이 마땅하옵니다."

라고 하였다. 이에 연산은 또다시 말하기를

"땅에는 영묘한 풀이 있고 하늘에는 신기한 새들이 날으니 간사한 사람들의 뼈를 가루로 만든 것을 바람에 날려 천지간에 있지 못하게 하라."

하였다. 그러나 당시 이세좌의 종은 아무도 몰래 널을 준비하여 시체를 짊어지고 산속으로 들어가 깊게 묻고 돌로 심표를 세운 다음 해남에 귀양 가 있는 이연경에게 비밀리에 알렸다. 그리고 자신은 산중으로 피신하여 다행히 이세좌는 악형을 피할 수 있었다.

죽임을 당한 당시 이수정의 나이 28세, 살아남은 아내 신씨의 나이는 서른이었다. 귀양 갈 당시 이수정의 큰아들 윤경은 7세, 둘째 아들 준경은 6세의 나이로 이들 모자는 충청북도 괴산槐山(청안)으로 향하게 된다.

어린 아들들을 이끌고 귀양을 가면서 신씨는 이후 사대부의 아내로서는 갖은 수모를 겪어 가며 피눈물 나는 세월을 감내해야 만했다.

모든 식구가 귀양길에 오르던 무렵에 대해 전해오는 말에 의하면 어머니 평산 신씨는 두 아들 윤경, 준경와 헤어져 악명 높던 장녹수의 집에 노비의 신분으로 들어갔다고 한다. 그 기록을 찾아볼 수는 없으나 당시의 사정을 고려해 본다면 그보다 더한 시련을 겪었으리라 여겨진다.

집안은 풍비박산이 나고 누구 하나 감히 도와주려는 손길을 내밀지 못할 정도로 살벌한 분위기 속에서 신씨의 아버지 신승연申承演만이 나서게 된다. 당시 판관이었던 신승연은 장인과 사위 간의 의리를 지키기 위해 밤중에 위험을 무릅쓰고 사형장에 버려져 있는 시체를 수습하고, 자신의 집안 세장지世葬地인 양평군 양서면 목왕리에 묘소 터를 택해서 편안하게 장사 지내 주었다.

그로부터 2백여 년 이상이 지난 후 이수정의 8세손 이명익李命益, 이명택李命宅 형제가 신씨 선묘의 형지形址로 가서 수찬공 이수정의 묘를 찾아보니, 좌청룡 우백호가 돌아 앉아 오목하게 된 자리가 결혈 結穴 끝이 서로 향하여 일자로 되어 있는, 가로로 명려明麗하고 평탄한 명당이 자리하고 있었다.

이윤경와 이준경 이후 가문은 번창하여 용진龍津(현 남양주)이 드디어 이씨 가문의 세장지가 되었는데 신씨의 아버지 판관공의 자제 직장공直長公의 손이 끊어져 충정공 이준경이 양자로 들어갔다는 사실이 충정공의 행장에 기록되어 있다.

그러나 이후 모두 무후無後가 되어 제사를 받드는 이가 없어 잡초가 무성하여도 보수할 이가 없자, 1744년(영조 20) 봄 정헌공 이윤경의 묘에 가토를 할 때에 명익·명택, 종제 명일, 종족제 문연·수연 등과 상의하여 신씨의 아버지 판관공의 묘소 또한 절의節義로써 함께 보수하였다.

과부의 자식은 더불어 사귀지 않는다

윤경과 준경은 나이 15세가 되면 죽을 운명이었으나, 1506년 다행히 중종반정中宗反正으로 연산군을 몰아내면서 목숨을 구할 수 있었다. 그러나 귀양 갔다가 돌아왔을 때 이수정 일가는 이미 몰락하여 오갈 데가 없는 형편이었다.

신씨의 아버지 신승연은 딸과 외손자를 데리고 함께 살면서 손자들을 귀여워하여 애정을 아끼지 않았다. 신씨의 아버지는 두 외손에 대

한 재능과 도량度量을 기특하게 여겨 딸에게 당부하기를

> "이 아이들은 현명하고 재주와 지혜가 뛰어난 아이여서 종당
> 에는 일세—世에 저명하고 훌륭한 인격자가 될 터이니, 네가
> 조심하여 잘 보호하여라."

하였다. 어머니 신씨는 이준경의 나이 5살 때에 이미 『소학小學』을
가르쳤으며 귀양을 가서 어려운 환경에서도 자식들에 대한 교육을 그
만둘 생각은 하지 않았다. 신씨는 이준경의 나이 10살이 되자 본격적
인 교육을 시작하였는데, 학문뿐 아니라 인격 수양에도 게으름이 없도
록 엄하게 주의를 기울였다.

신씨 친정의 사정이 좋았다고는 하나 『효경孝經』, 『대학大學』과 같
이 높은 수준의 책을 배우는 일이 쉽지는 않았을 터인데, 신씨는 아이
들에게 이를 직접 지도했다고 한다. 『소학』, 『대학』, 『효경』 등의 유학
경전을 직접 가르치고 그 잘못을 지적할 수 있었다고 하니, 신씨 본인
의 학문적인 깊이를 미루어 알 수 있을 것이다.

신씨는 교육을 하며 자식들에게 항상 말하기를

> "과부의 자식은 남이 더불어 사귀지 않는다는 옛글이 있으니,
> 너희는 반드시 학문에 열 갑절을 더 부지런히 하여 가문의 명
> 성을 떨어뜨리지 말아야 하느니라."

라고 당부하였다. 달리는 말에 채찍을 가하듯이 항상 준엄한 훈계

로 자식들을 담금질하였고, 어려운 형편임에도 교육의 시기를 놓치지 않고 가르쳤기 때문에 윤경과 준경은 후일 김굉필, 조광조, 이연경과 같은 세 석학의 문하에 들 수 있었다.

특히 이연경은 이수정의 큰형 이수원의 아들로서 갑자사화 당시 귀양을 가게 되었을 때 이세좌를 옆에서 극진히 돌보았다. 도로에서 멀리 떨어져 배행陪行을 하다가 험한 곳이 있으면 다치지 않도록 곁부축을 하고 공양하기를 게을리 하지 않았으니, 할아버지인 이세좌는 연경의 등을 어루만지며

"내 손자가 이와 같이 어진 것을 일찍이 알지 못하였다."

하며 안쓰러워하였다 한다. 그러나 이연경은 이세좌를 끝까지 지키지 못하고, 연산군이 수색하도록 보낸 사관 이희보와 중관에게 붙잡혀 이세좌는 참형을 당하고 이연경은 해남으로 귀양을 떠나게 되었다.

모진 폭풍우를 이겨내다

생을 접고 싶을 만큼 혹독한 시련 앞에서 부모를 붙잡는 마지막 희망은 자식인지 모른다. 신씨 또한 생계를 잇기 어려운 곤궁한 생활 속에서도 자식에 대한 교육만큼은 철저하고 분명하였다.

두 아들을 잘 교육시켜 명현明賢이 되게 한 어머니 신씨는 1524년

(중종 19) 향년 45세의 나이로 하세하여 부군夫君 이수정과 합장合葬하였다.

이렇게 길러낸 이윤경와 이준경이 어떤 삶을 살았는지 살펴보지 않을 수 없다.

이수정과 신씨 사이에서 태어난 큰아들의 자는 중길重吉, 휘는 윤경潤慶이며 호는 숭덕재崇德齋로서 1498년(연산군 4) 11월 12일 한성 연화방에서 태어났다. 어린 나이에 비하여 성숙하고 재주와 덕망이 뛰어났으며, 어른을 공경하고 부모에게 효도하며 우애가 두터웠다고 한다.

중종반정으로 유배에서 풀려난 이후, 1531년(중종 26) 진사시에 장원으로 합격하였다. 그 후 3년만인 1534년(중종 29) 문과에 급제하여 한림설서翰林設書와 남상南牀, 전랑銓郎, 삼사 옥당三司玉堂, 지제교를 두루 역임하고 대사간과 대사성을 거쳐 호남湖南 · 경기京畿 · 관북關北 · 관서關西 네 지방의 관찰사를 지내고 병조판서에까지 이르렀다.

또한 이윤경이 1555년(명종 10) 전주 부윤全州府尹이 되어 호남의 왜변倭變을 당할 때, 영암성靈巖城을 지켜 전승을 올렸음이 역사에 밝혀져 있다.

이윤경은 1562년(명종 17) 8월 10일 관서 지방의 각 진영을 순행하다 임소에서 향년 65세로 하세하니, 조정에서 관리를 보내어 치제致祭하였으며 시호를 정헌正獻이라 내렸다. 유고遺稿를 남겼으며 묘는 양평군 양서면 고요동에 있는데, 동생인 준경이 행장을 지었고 문간공文簡公 소재蘇齋 노수신盧守愼이 지은 신도비문이 있다.

배위는 정경부인 고령 신씨高靈申氏이며 슬하에 4남 4녀를 두었다.

아들은 첫째부터 중열中悅, 숙열淑悅, 계열繼悅, 서열庶悅이며 네 딸들은 유기柳沂, 윤해尹海, 송응기宋應期, 송응서宋應瑞에게 각각 출가하였다.

이수정의 둘째 아들 이준경은 어려서 어머니 신씨뿐만 아니라 외조부인 신승연과 황효헌黃孝獻에게서도 학문을 익혔으며, 자라서는 종형인 이연경에게서 서경덕, 성수침, 조식 등과 함께 조광조의 성리학을 배웠다.

그러던 중 이준경의 나이 21세가 되던 해인 1519년(중종 14) 다시 기묘사화己卯士禍가 일어나 사촌 형인 이연경, 재종형인 이약빙, 삼종숙 이영부(좌통례공 손자) 등이 파직당하고 재종형 이약수가 귀양을 가는 참상을 보며 다시 통곡하여야 했다.

이준경은 사화 때마다 집안이 큰 화를 겪는 것을 보고 관직에 나가지 않을 것을 결심했으나, 어머니 신씨의 간곡한 청으로 32세에 문과에 들어 조정에 나아가기 시작했다. 이듬해에는 기묘사화에 화를 당한 60여 명의 조광조 추종자들의 신원을 청하여 석방케 했으나, 이 때문에 간신배들의 모함을 받고 파직되어 이후 5년간 은거하면서 학문에만 몰두하였다.

이준경의 나이 38세 때인 1537년(중종 32) 김안로 등 간신들이 사사되자 다시 등용이 되었으며 42세에는 홍문관 직제학으로 당상관에 오르고, 45세 때 중종이 죽자 부고를 알리는 사신으로 명나라에 다녀온 후 형조참판으로 등용되었다.

또한 이준경은 을사사화, 임진왜란, 사색당파를 예언하면서면 이에 대비할 것을 주장함으로써 반대파들의 모함에 시달렸으나 결국 그의 예언이 모두 적중하여, 이후 걷잡을 수 없는 국난을 맞게 되었다. 특히 붕당의 피해를 예언한 이준경에 대해 이율곡 등은 그를 헐뜯어 모함하면서도 이준경의 양병설을 도용하여 빈축을 사기도 하였다.

이준경은 함경도 순변사로 오랑캐를 다스리고 전라도 순찰사로 왜구를 격퇴시키는 등 변방에서 나라를 지키다가 60세에 우의정, 62세에 좌의정, 67세에는 인신人臣으로서 최고의 관직인 영의정까지 이르렀으며, 영의정이 된 후에는 바로 윤원형尹元衡 일당을 타도하고 명종을 도와 나라를 재건하는데 심혈을 기울였다.

1567년(명종 22) 명종이 임종할 시 밤중에 이준경을 불러 눈물을 흘리니 준경도 함께 울면서, 명종이 후사가 없으므로 왕통을 이을 후계자를 정하기를 청하면서 서자인 선조로 후사를 잇게 하여 사직을 튼튼히 하였다.

또한 기묘사화와 을사사화의 피해자들을 모두 구제하고 조광조의 관작을 추증토록 하였으며 정몽주의 후손들을 돌보게 하고 남곤 등을 치죄함으로써 국정을 바로잡으니 백성들이 명재상이라고 추앙하게 되었다.

이준경은 나이 70이 넘어서는 사직하고자 하였으나 퇴계 이황이 극구 말려 73세가 되어서야 관직에서 물러날 수 있었다. 관직에서 물러난 다음 해인 1572년(선조 5) 74세의 나이로 서거하여 퇴계와 함께 선조 묘당에 배향되고 청백리에 녹선되었다.

이준경은 형인 숭덕제공 이윤경의 오른쪽에 묻혔다가 1580년(선조

13) 부인 풍산 김씨가 죽자 현재의 위치인 경기도 양평군 양서면 부용리芙蓉里로 옮겨 부인과 합장하였다.

이준경의 자는 원길原吉, 호는 동고東臯, 휘는 준경浚慶으로 시조 이집으로부터 7세손이다. 시호는 충정忠正이며 공의 묘역은 1987년 경기도 문화재 96호로 지정되었다.

이수정 또한 중종반정으로 설원雪寃되어 도승지 겸 홍문관 부제학에 증직되었으며, 명종조에 이르러 둘째 아들 동고상공 휘 준경의 현달顯達로, 영의정 겸 세자사의 증직을 더하였으며 신씨 부인은 정경부인에 봉작되었다.

이준경의 어머니 배위 증 정경부인 평산 신씨와
아버지 광주 이씨 수찬공 이수정의 가계

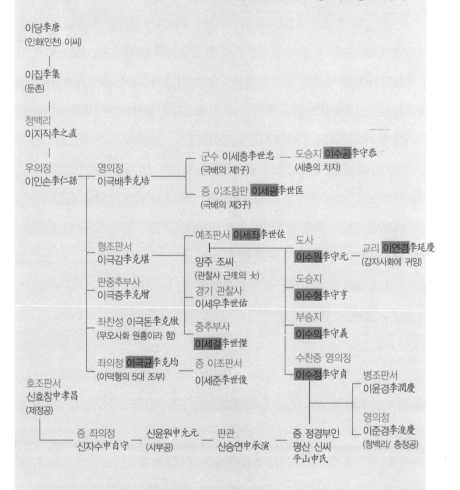

광주 이씨로서 형제, 부자, 숙질, 종반 등 갑자사화 때 참화당하고 귀양까지 간 인물을 포함하면 203명에 달한다. 색으로 진하게 표시된 10명이 갑자사화에 참화를 당한 인물이다.

어머니 평산 신씨 가계의 내력

평산 신씨의 **고조부 신효창**申孝昌은 조선 초기의 문신으로서 조선
이 개국할 당시 음관으로서 사헌시사에 올랐으며 상장군에 천거되었
다. 1394년(태조 3) 호조 전서의 직책을 맡았으며 1396년에는 대사헌이
되어 태조가 북행할 당시 동행하였다. 1404년(태종 4) 충청도 관찰사로
서 1년간 역임하며 사욕 없이 선정을 행하여 칭송이 자자하였다. 다음
해 동지총제의 직을 받아 서울로 돌아왔다.

1418년(태종 18) 봄에는 좌군도총제를 역임하였으나 그해 겨울에 탄
핵을 받고 삭직된 후 무주로 유배되어 7년간의 귀양 생활을 하였다.
1425년(세종 7) 서울로 돌아왔으며, 손녀가 세종의 왕자 광평 대군과
결혼하여 고신告身을 환수 받았다.

신효창이 태어난 해는 정확하지 않으며 1450년(세종 32) 세상을 떠났
다. 시호는 제정齊靖이다.

아버지 광주 이씨 가계의 내력

이준경의 **중시조 이집**李集의 초명은 원령元齡 호는 둔촌遁村 · 호연
浩然이다. 1314년(충숙 1) 태어나 충숙왕 재위시 과거에 급제하였다. 이
색李穡, 정몽주鄭夢周, 이숭인李崇仁 등과 서로 존경하는 친구였으며
또한 문장과 절개로 알려져 있다.

신돈에게 반대하여 신돈이 그를 죽이려 하자 아버지를 업고 영천永
川으로 도망가 동문생同文生 천곡泉谷 최원도(영천 최씨)崔元道의 집에
숨어 살았으며 1371년(공민 20) 신돈이 살해되자 비로소 돌아와 이름을
집集, 호를 호연으로 고쳤다.

봉순대부, 판전교시사로 잠시 있었으나 벼슬에 뜻을 두지 않고 여
주驪州 천녕현川寧縣으로 내려가 독서로 소일하였다. 이때「시편신립
詩篇新粒」에 대해 정몽주에게 물으니 정몽주는 글을 보내어 탄복하였
으며 1388년(우왕 14) 이집이 죽으니 정몽주, 이숭인 등은 함께 시를 지
어 애도하였다.

저서로는『둔촌집遁村集』이 있다.

이준경의 **고조부 이인손**李仁孫은 조선 세조 때의 상신相臣이다.
1395년(태조 4) 태어나 1417년(태종 17) 문과에 급제하여 여러 벼슬을 거
쳐 형조참판에 이르렀으며 세조가 섭정하게 되자 호조판서에 특진되
고, 세조 즉위 후에는 판중추원사에 승진하여 호조판서를 겸하였다.
의정부 우찬성을 거쳐 우의정에 이르렀으나 치사하였으며, 1463년(세
조 9) 병으로 세상을 떠났다. 자는 중윤仲胤, 호는 풍애楓崖, 시호는 충
희忠僖이다.

이준경의 **종고조부 이극배**李克培는 조선 성종 때의 대신이다. 1422
년(세종 4) 태어나 1447년(세종 29) 문과에 급제하여 이·병조판서를 역
임하고 1493년(성종 4) 영의정에 이르러 부원군에 피봉되었다.

그는 마음이 깊고 의지가 굳세 형·예·병·공·이·호조판서 중 5조에 역사하여 높은 직분에 있었음에도 필요치 않은 손님을 만나지 않았으며, 서사書史를 좋아하여 노년에도 손에서 책을 놓지 않았다. 1495년(연산군 1) 하세하였으며 자는 겸보謙甫, 호는 우봉牛峰, 시호는 익평翼平이다.

이준경의 **증조부 이극감**李克堪은 1427년(세종 9) 태어나 1444년(세종 26) 문과에 급제하였으며 1447년(세종 29) 중시에 합격하여 부수찬으로 선택되었다. 세조가 국정을 볼 때 의정부 검상이 되었으며, 세조가 즉위한 후 세자 보도의 책임을 맡고 광성군廣成君에 피봉되고 이어 이조판서에 이르렀다. 남달리 총명하여 보는 것은 모두 기억을 하였고, 평생 불필요하게 남을 대접하는 일이 없었으나, 형조판서 때 뇌물을 많이 받아 물의를 일으키기도 하였다. 1465년(세조 10) 세상을 떠났으며 자는 덕여德與, 시호는 문경文景이다.

이준경의 **셋째 종증조부 이극증**李克增은 조선 세조 때의 공신으로서 1456년(세조 2) 문과에 급제하여 예조판서에 이르러 익대·좌리의 공신이 되었으며, 광주군에 피봉되었다.

또한 국가의 경비 지출에 관한 식례를 통일시켜 문묘와 학사를 일신시키는 공을 세우기도 하였다.

1431년(세종 13) 태어나 1494년(성종 25) 하세하였으며 자는 경위景撝, 시호는 공장恭長이다.

이준경의 **넷째 종중조부 이극돈**李克墩은 조선 세조에서 연산군 때에 걸친 권신으로서 1458년(세조 3) 문과에 급제하여 1468년 중시에 합격, 1471년(성종 2) 좌리공신에 책록되어 광원군廣原君에 피봉되었으며 여러 벼슬을 거쳐 좌찬성에 이르렀다.

재주가 있고 전고典故에 밝아 중용된 이극돈은 『성종실록成宗實錄』을 편수하게 되었다. 당시 그는 훈구파의 중심으로서 신진 사림파와 반목이 심하였는데 실록 편수 중에 김일손이 자신의 허물을 써넣은 것을 보고 원망을 갖게 되었다.

그리하여 1498년(연산군 4) 유자광을 시켜 김일손을 탄핵하는 동시에 그 일당인 소위 영남학파를 모두 처단하였으므로 이극돈을 가리켜 사람들은 무오사화의 원흉이라 하였다.

1435년(세종 17) 태어나 1503년(연산군 9) 세상을 떠났으며 자는 사고士高, 시호는 익평翼平이었으나 후에 시호가 삭탈되었다.

이준경의 **다섯째 종중조부 이극균**李克均은 1437년(세종 19) 태어나 1456년(세조 2) 문과에 급제하였다. 성종 때 도원수를 지내고 1500년(연산군 6) 좌의정에 이르렀으나 1504년(연산군 10) 갑자사화에 인동仁同으로 귀양 가 사사되었다. 자는 방형邦衡이다.

1445년(세종 27) 태어난 이준경의 **조부 이세좌**李世佐는 문충공 서거정徐居正의 문하에서 수학하였으며 일두一蠹 정여창鄭汝昌, 뇌계雷溪 유호인兪好仁, 허백당虛白堂 성현成俔 등의 제현諸賢과 도의로 사귀었다.

첨정으로 1477년(성종 8) 문과에 급제하여 이튿날 대사간이 되었다가, 응방일應榜日에 주시主試에게 공손치 않다 하여 파면되었으나 곧 복귀하였으며 도승지 예조참판에까지 이르렀다. 1486년(성종 17) 호조참판으로서 정조사가 되어 명나라에 갔을 때 일 처리를 능란하게 하여 명나라 조정에서 칭찬을 받았으며 성종은 매우 기뻐하며 이세좌를 광양군廣陽君에 봉훈하였다.

그러나 1498년(연산군 4) 무오사화가 일어나자 김종직과 친분이 있다는 이유로 파면을 당하였으며, 1504년(연산군 10) 갑자사화에 연좌되어 김굉필 등 10여 명과 함께 거제도巨濟島로 귀양을 가던 도중 곤양군昆陽郡 양포역良浦驛에서 자살하라는 명을 받자 4월 4일 60세의 나이로 스스로 목매어 절명하였다.

이준경의 **재당숙 이수공**李守恭은 1464년(세조 10) 태어나 1486년(성종 17) 진사에 합격하였으며 1488년 문과에 장원급제하여 장령, 응교, 전한을 거쳐 사성이 되었다.

1498년(연산군 4) 무오사화로 창성昌城, 광양光陽 등지에 귀양 갔다가 1501년(연산군 7) 갑자사화에 김굉필, 이세좌 등 10여 명과 함께 피살당하였다.

이준경의 **큰아버지 이수원**李守元의 태어난 해는 정확하지 않다. 1493년(성종 24) 정조사의 일행으로 명나라에 다녀온 뒤 품계가 한 등급 올랐으며 이듬해 참봉과 봉사를 역임하였다.

1498년(연산군 4) 오위 부사직으로 산릉도감 낭청이 되었으나 그 자격이 문제가 되어 물러났으며, 1504년(연산군 10) 아버지의 옥사에 연루되어 함경도 북청으로 장배杖配되고 같은 해 난신亂臣 연좌緣坐의 예로 처참處斬된 후 효수梟首되었다.

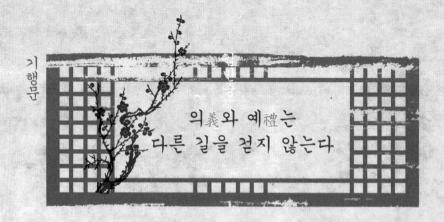

의義와 예禮는
다른 길을 걷지 않는다

통한으로 얼룩진 역사의 흔적을 찾아서

이수정의 아버지 이세좌는 연산 임금의 모후 폐비 윤씨에게 사약을
내리라는 성종의 어명을 받고 거역할 수가 없었을 것이다. 연산군은
후일 그 사건의 책임을 물어 충신 이세좌의 아들 4형제와 숙부, 조카
등을 모두 죽이니, 죽은 사람도 살아 있던 사람도 모두 죽음과 같은
삶을 살았던 그 역사를 어찌 피눈물과 통한의 역사라 하지 않을 수 있
겠는가.

그 중심에는 아버지 이세좌와 아들 넷이 있는데 이번에는 현재 양
평에 모셔진 증 영의정 이수정 선생과 배위 정경부인 평산 신씨의 유
택을 찾아 길을 나서기로 하였다.

필자가 수찬공과 배위 평산 신씨의 묘소를 찾아갔던 날은 매우 쾌청하였으나, 한여름의 중심에 선 무더운 날이어서 가는 내내 솟아오르는 짜증을 참기가 어려웠다.

목적지는 서울에서 그런대로 가까운 동북 방향, 천년 사직을 안고 살아가는 140리 길 양평 고을이다. 문명의 발전은 내가 사는 공간을 멀리 벗어나는 일을 이전보다 훨씬 쉽게 만들어 주었다. 차를 몰면서 양평으로 향하니 향긋한 풀 냄새가 이날의 더위를 쉽사리 넘기게 해주었다.

곧 한강변에 도착한 필자는 길게 이어지는 강을 바라보며 한강의 나이는 얼마인지, 고향은 어디인지를 묻고 있었다. 아무리 물어보아도 잘 가르쳐주지 않을 것임을 알고 있으면서 말이다. 한강 이 대답없는 질문을 하는 필자를 보고 빙그레 웃고 있을 거라는 망상을 벗 삼으며 가는 길에는 저 멀리 북한강에서 물안개가 꽃처럼 피었다가 사라지는 아름답고 신기한 광경이 펼쳐지고 있었다.

'이 몸은 무엇을 얻으려고 이 길을 가는가.'

다시 한 번 자문을 하며 길을 가던 중, 다산 정약용 선생의 유택을 안내하는 문지기가 보였다. 조선조 말기에 그가 없었다면 우리의 역사는 과연 어떻게 되었을까. 나라에 큰 힘을 보태고 가신 만인의 스승을 뵐 기회는 다음으로 미루고 떠나려는 필자의 눈에 몇 걸음 떨어진 길옆에서 폭염과 싸우며 서 있는 커다란 향나무 한 그루가 들어왔다.

'이 땅의 주인은 나요!' 하며 서 있는 흔들림 없는 향나무 사이로 아주 귀하신 분의 유택인 듯 커다란 봉분에 각종 석물이 갖춰진 것이 보였다. 궁금증을 참지 못한 필자는 유택의 주인도 볼 겸 잠시 쉬어 가야겠다 생각했다. 순간 역사 기행에 언제나 함께하는 자동차 또한 필자의 마음과 같았는지 평소와 달리 말을 듣지 않고 멈추어 버렸다.

웅장하게 조성된 유택의 주인은

묘소 입구는 비각으로 비신碑身을 둘러싸고 있어 잘 보지 못하고 비탈진 묘비로 향하였다. 그런데 묘비를 보는 순간 필자는 그만 돌아서고 싶었다. 묘비를 지은 사람은 간신 중의 대표 간신인 임사홍이었던 것이다. 재주가 많았던 임사홍은 유명 인사들의 비문과 신도비를 많이 찬하였지만 행동은 항상 그 반대쪽에 서 있던 인물이다.

임사홍이 지은 이 비문의 주인은 누구일까 하며 살펴보니 간이재簡易齋 한확韓確의 묘소였다. 한확은 서성 부원군西城府院君, 서원 부원군西原府院君 등으로 불리다가 사후 양절襄節이란 시호를 받았기에 세상 사람들은 그를 양절 선생이라 칭한다.

양절은 순창 군수 영정永矴의 아들이며 수양 대군(세조)의 사돈이다. 그의 장녀는 명나라 선종의 후궁으로 세력의 한 자리를 차지했고, 작은 딸은 수양 대군의 며느리가 되었는데 남편 도원군(덕종)이 세자로 책봉되었으나 급사한 후 월산 대군과 자산군(성종) 형제를 엄격하게 양육하였다. 그때 그 여인을 가리켜 소혜 왕후, 인수 대비라 하는데 얼마나 엄격하였던지 시아버지인 수양 대군도 함부로 대하지 못하였다 한다.

소혜 왕후의 아버지 한확은 자연스럽게 사돈 수양과 함께 계유정난癸酉靖難에 동조하고 단종을 폐출시킬 때까지 동행을 하였으며, 한확은 세조의 명으로 1455년(단종 3/ 세조 1) 명나라에 책봉사로 갔다가 돌아오는 길에 세상을 떠났다. 벼슬은 좌의정이었다.

한확은 본시 성품이 온유한 사람이었으나 사돈의 말을 외면할 수 없어 행했던 일로 인하여 후세인들에게는 환영받지 못하는 인물이 된 것이니 매우 안타까울 따름이다.

두물머리 버들가지는 미풍에 휘날리는데

우리의 산하 그 어느 곳이 아름답지 않을까만, 목적지인 양평 고을이 가까워 오자 아름다운 풍광이 눈을 사로잡았다.

양평군 양수리는 북쪽에서 실려 온 북한강물과 남쪽에서 뛰어온 남한강물이 함께 만난다고 하여 양수리兩水里라고 하며, 우리말로는 두물머리라고 한다. 이곳은 하천을 끼고 있는 넓은 들녘을 갖고 있는 남한강의 토적지로서 많은 수량과 광활한 토지를 가진 곳이기에 옛부터 사람이 살기 좋다고 하여 산 자도 죽은 자도 모인다는 길지吉地로 불린다.

양평군楊平郡은 고구려 시대에는 양근군楊根郡 또는 항양군恒陽郡이라 칭하여 오다가 신라 시대에 빈양군濱陽郡으로 개칭하였고, 고려 시대에 다시 양근군楊根郡이라 칭하여 조선 시대까지 같은 이름으로 불리었다. 현대로 내려와 1908년 9월 양근군楊根郡과 지평군砥平郡이 합병될 때에 양근군의 '양楊' 자와 지평군의 '평平' 자를 따서 양평군이라 이름하였다.

이날 찾아가야 할 곳의 행정구역 주소는 양평군 양서면 목왕리이다. 목왕리는 아득한 옛날에는 첩첩산중 두메산골로서 인가가 드문 외딴 마을이었으며 그 후 절말, 망골, 동막골로 형성되었다. 이 마을은 깊은 산골이었기에 나무가 많고 또한 무성하여 나무목 '木' 자와 왕성할왕 '旺' 자를 써 지금의 목왕리라고 부르게 되었다.

양서면사무소 부근에 와서 어느 어른께 목왕리로 가려면 어디로 가야 하느냐고 여쭈니

"목왕(왕)리는 없어."

하신다. 다행히 옆에 있던 아주머니께서 안쪽 멀리 있는 마을을 가리키며

"저쪽 골짜기에 마을이 있긴 한데 그곳은 아마도 구장골이라 할 거예요."

라고 가르쳐 주셨다. 주민들은 목왕리木旺里는 몰라도 구정승九政丞
골은 알고 있었다. 필자는 이날의 목적지를 못 찾는 것은 아닐까 하여
걱정이 되었다. 푹푹 찌는 날씨에 돌아갈 시간은 가까워 오고 하여 사
람들에게 묻는 일은 그만 두고, 우선 가리켜 준 골짜기로 가보기로 하
였다.

입구에서 볼 때는 매우 좁은 협곡인 줄 알았는데 들어서보니 상당
히 큰 골짜기였다. 우선 눈앞에 있는 안내판을 보니 계유정난의 군단
중에 한 사람인 김질의 처숙부 정창손의 묘역이었다. 한번 살펴보고
싶었으나 이번 기행의 목적지가 있었기에 다음으로 미루고 발길을 재
촉하였다.

드디어 바로 보이는 안내판을 보고 오늘 찾아가는 이수정 선생과
배위 평산 신씨의 유택임을 알 수 있었다.

필자는 그들의 아들 이윤경과 이준경의 유택이 이웃하고 있을 거라
직감하고 부근을 헤매기 시작했다. 안내 표석
도 없고 물어볼만 한 행인도 없었으나 그렇다
고 주저앉을 수는 더더욱 없었다. 무작정 이
골짜기 저 골짜기 헤매기를 한 시간쯤 한 후
에야 1미터도 되지 않는 작은 석패石牌를 발
견할 수 있었다.

廣州李氏貞齋公墓域
광주이씨 정재공 묘역

이수정의 묘비

이라고 쓰인 석패 곁에 이르자, 필자는 더위에 지친 심신이 피로에 지쳐 더 이상 한걸음도 옮겨 놓을 수가 없었다.

잠시 석패를 바라보다 긴 돌밭 길을 따라 가는데 사람들의 이야기 소리가 조금씩 들리기 시작했다. 때마침 이날은 고인의 후손들이 키만큼이나 자란 잡초를 베어내는 벌초를 하는 날이었다.

벌초를 하고 있던 광주 이씨 이수정 선생의 후손들

필자는 좀 전 마을 어른이 말한 목왕리가 생각이 나, 일행 가운데 제일 연세가 높아 보이는 분께

"이곳을 가리켜 혹 목왕리라 합니까?"

하고 여쭈어 보았다. 또 덧붙여

　　"구장골이라고 누가 얘기해 주었는데 그곳은 어디를 가리키
　　는 곳인가요."

　　했더니 주먹만한 땀방울을 흘리며 벌초를 하던 일행 중 한 분이 한
바탕 웃으시며

　　"목왕리가 아니라 목왕리입니다. 그리고 구장골이 아니고 구
　　정九政골 또는 아홉 정승이 이곳을 중심으로 하여 1킬로미터
　　반경에 유택을 잡았다 해서 구정九政丞골이라 합니다."

　　라고 말씀해 주었다.

　　마을 어른의 잘못된 발음이 혹 이 마을에서
불리는 이름일까 하여 물어본 목 '왕' 리 덕분
에 이수정 선생의 후손들과 더욱 격의 없이
대화를 나눌 수 있었다. 덕분에 그동안의 노
고가 싹 가시면서 필자는 머리에 인 따가운
햇볕에도 힘든 줄 모르고, 수찬공 이수정의
묘비를 살피기 시작하였다.

이수정과
배위 징경부인 평산 신씨 묘비

贈 領議政 行 弘文館副修撰 守貞 貞敬夫人 平山申氏之墓

증 영의정 행 흥문관부수찬 수정 정경부인 평산신씨지묘

라 쓰여 있었으며 뒷면에는 행록을 기록해 놓았다.

묘비 뒤쪽에 처음에 세운 듯한 옛 비석이, 나는 이제 늙고 병들어 할 일을 잘하지 못하니 앞에 보이는 청년 비석에게 물어보라 말하는 듯하였다. 오랜 세월이 흘렀음이 역력해 보이는 비석을 바라보니

'이 세상에서 아무리 강하고 존귀한 생명체라 하더라도 세월의 흐름에는 어찌하지 못하는구나.'

하는 마음이 절로 들었다. 필자의 예상대로 이준경의 묘소와 형인 이윤경의 묘소는 이웃하고 있었는데 이준경의 묘비를 먼저 살펴 보았다.

有明朝鮮國 大匡輔國 崇祿大夫 議政府

領議政 兼 領經筵 弘文館 藝文館

春秋館 觀象監事 贈諡 忠正 李公之墓

유명조선국 대광보국 승록대부

의정부 영의정 겸 영 경연 홍문관 예문관

춘추관 관상감사 증 시 충정 이공지묘

그 옆에 위치한 이윤경인 신도비에 적힌 글귀는 다음과 같았다.

이준경 묘비

兵曹判書 諡 正獻 廣州 李公 潤慶 神道碑

병조판서 시 정헌 광주 이공 윤경 신도비

이윤경 신도비

유택의 주인 이수정 선생은 참화를 당하였을 때, 벼슬은 홍문관에 소속된 종6품 부수찬이었는데 사후에 두 아들 병조판서 이윤경과 영의정 이준경이 귀하게 되니, 증직으로 영의정을 받았고 신씨 부인 역시 증직으로 정경부인이 되었다.

창졸간에 세상을 떠난 남편의 빈자리를 한탄과 원망으로서 주저앉지 않고 두 아들 윤경과 준경을 판서와 영의정으로 배출시킨 어머니 평산 신씨는 역사적으로 높이 평가되어야 할 것이다.

과연 우리 역사상 그 여인에 대칭할 만한 사람은 누구일까 하는 생각이 깊어갔다. 특히 오늘날 백년가약의 부부 인연을 맺고도 조금 힘들다는 생각이 들면 배우자는 물론 금쪽같은 자식도 미련 없이 버리고 마는 경우를 어렵지 않게 보게 된다. 그들에게 진정 풀리지 않는 문제가 있다면 이곳 양평군 양서면 목왕리에 잠들고 계시는 증 정경부인 평산 신씨를 한번 찾아보라 권해보고 싶다. 아무리 부족한 성품을 타고난 사람이라고 하더라도 한번쯤은 자신을 돌아보고 많은 것을 얻어 가게 될 것이다.

고인 두 분의 명복을 빌면서 회정하려는 순간 그곳에 있던 후손 중한 분이 마침 평산 신씨 할머니의 친정아버님 또한 이곳에 계신다고 하여 참배하려 다가섰다. 신승연 선생의 유택은 후손이 끊어지자 오래도록 실전해 있다가, 이수정 선생의 유택에서 백여 보 떨어진 곳에서 광주 이씨 후손들이 찾아 다시 모시게 되었다.

본래 딸과 사위가 묻힌 천하의 명당자리는 신승연 선생의 묏자리였다고 한다. 그러나 참화를 당해 종로 거리에 효수된 사위의 시신을 거두어 그 자리에 장사 지냈다고 하니, 신승연 선생 같은 분의 따님이었기에 그렇게 꺼져버린 가문을 일으키고 두 아들을 국가의 간성干城으로 성장시킬 수 있었으리라. 정경부인이 그렇게 자식을 성공시킬 수 있었던 것은 그 뒤에 서서 든든히 지켜 주던 장인 판관 신승연 선생의 힘도 매우 컸겠구나 하는 생각이 들었다.

판관공 신승연의 유택은 나이 먹은 빗돌이 외로이 서서 고인을 알리고 있었다. 그의 묘비는 오래 되어 글씨를 판독하기가 거의 불가했다. 대략 맞추어 보니

신승연 묘소

尙瑞院 判官 申公之墓 ○夫人 ○州李氏之墓

상서원 판관 신공 지묘 ○부인 ○주이씨지묘

  라 적혀 있었다. 당시 그는 각종 도장 어보御寶 및 패牌를 만드는 관
청 상서원에서 종5품 벼슬관으로 있었다. 신씨 부인의 옆자리에 계신
아버지 신승연 선생의 깊은 노고와 자애에 대한 공과, 한 시대를 살면
서 희생한 부인의 일생의 보람을 이제는 돌려받아야 할 것이란 생각
이 들었다.

  필자는 돌아가는 대로 정경부인 신씨의 덕성과 부덕, 자애가 무엇
인가를 깨우치게 한 역사의 이야기를 한 줄 남겨 후세인 만대를 이어
거룩한 어머니라 적을 것이라 다짐하며 신씨 부인에게 마지막 인사를
하였다.

구정승九政丞골 아홉 정승

구정승골이란 앞에서 언급된 바와 같이 아홉 정승이 목왕리 1킬로미터 반경에 유택을 잡았다 해서 붙여진 지명이다. 이 아홉 명의 정승에는 이수정과 그의 둘째 아들 이준경을 포함한 다섯 명의 광주 이씨가 포함되어 있다. 이윤경의 묘는 구정승골의 맞은 편에 자리하고 있다.

이름	본관	관직	비고
김사형金士衡	구 안동	좌의정	1398년(태조 7) 제1차 왕자의 난 때 공신 (정사공신 1등)
			후일 계유정난 때 밀고자
			김질의 증조부
			인조 때의 역신
			김자점의 8대조
신효창申孝昌	평산	증 영의정	김사형의 사위
			광평 대군의 처조부
			외손녀는 임영 대군의 배위
이수정李守貞	광주	증 영의정	영의정 이준경과 병조판서 이윤경의 아버지
이준경李浚慶	광주	영의정	이수정의 둘째 아들
			명종조 때 명재상
이민성李民聖	광주	증 영의정	한음 이덕형의 아버지
			간신 이산해의 사돈

이름	본관	관직	비고
이덕형李德馨	광주	영의정	이민성의 아들이자 이산해의 사위
			조선조 명재상 3분 중 한 분
민희閔熙	여흥	좌의정	참판 민응협의 아들
			우의정 민암의 형
민암閔黯	여흥	우의정	참판 민응협의 아들
			좌의정 민희의 동생
이종덕李宗德	광주	증 우의정	판서 이의익의 아버지
정창손鄭昌孫	동래	영의정	경기도 광주에서 근년에 이장함.
			김질의 처숙부
			폐비 윤씨에 관한 논쟁으로 부관참시당함.

이름은 구정승골에 묻힌 연대순으로 나열하였다.

정경부인 평산 신씨의 행장

부인 신씨는 좌의정공左議政公 자수自守의 증손녀요 사부공師傅公 휘 윤원允元의 둘째 아드님 상서원판관공尙瑞院判官公 승연承演의 따님이시다. 어릴 적부터 부지런히 글을 읽어 『효경孝經』과 『소학小學』 사서四書에 능통하고 경전經傳에도 조예가 깊었다.

당시 오극五克 집으로 이름을 떨친 세조조世祖朝 좌의정을 지낸 광주 이공廣州李公 인손仁孫의 손자 판중추부사 광양군廣陽君 세좌世佐의 아들 4형제 중 4남으로 뒷날 부수찬으로서 영의정에 추증된 수정守貞에게 출가하였다. 시증조부는 우의정이요 시조부는 형조판서요 시부는 판중추부사이니, 가문의 세력이 강성함을 염려하여 세상에서 살아가는 도리는 겸謙·공恭보다 나은 것이 없다고 경계했다.

정경부인 신씨가 시집간 것은 몇 살 때인지 전하는 기록이 없어 알 수 없으나, 연산군 4년 무오戊午(1498)에 연화방제蓮花坊第에서 낳은 첫아들이 양도 관찰사와 병조판서를 지낸 숭덕재崇德齋 이윤경李潤慶이요, 그 다음해 기미己未년에 낳은 둘째 아들이 바로 뒷날 상위相位에 이르러 권간權奸을 물리치고 사류士類[1]를 돌본 것이 유교 국인儒敎國人에게 추앙을 받으며 논자論者 중에는 5백년 상업相業[2]에 제1인자로 삼는 이도 있다 하는 이조 현상李朝賢相[3] 동고東皐 이준경李浚慶이다.

---

1) 사류士類 : 학문을 연구하고 덕을 닦는 선비의 무리.
2) 상업相業 : 정승 노릇. 곧 재상의 업무.

모정의 한국사

연산군 생모 윤씨 폐출 사사 당시에 관련된 조신朝臣들은 모두 대역 죄로 추죄하여 동성同姓 8촌 이성異姓 사촌까지 연좌시켜 살육한 갑자 사화 때, 신씨 부인의 시아버지(시부) 광양군 이세좌 한원공漢原公은 성 종 13년 8월에 폐비 윤씨에게 사약을 내릴 때, 형방 승지刑房承旨 허종 許琮과 허침許琛이 그의 자씨姉氏인 백세 부인百歲夫人 허씨(신영석의 부 인)의 말을 듣고 말에서 떨어져 병을 핑계하여 피신함에 따라 대방승 지로서 사약을 가지고 갔던 것이 원인이 되어 동고상공東皐相公의 할 아버지와 아버지 4형제, 종조부, 재종조부, 재종숙 등 온 가문이 이렇 다 할 죄도 없이 폭악 무도한 연산군과 당시의 봉령奉令 제신諸臣 유자 광, 임사홍, 유순 등 간흉배에 의하여 살육되고 그 외의 가족은 관서 의 노비로 분정分定되었으며 전 가산과 노비는 몰수되고 원근遠近 족 친族親들은 다 분산 유배되었다.

신씨 부인의 시부는 사사되고 부군 4형제는 모두 목을 베어 3일간 효수하고 종로에 버려둔 시체 중에서 판관공은 밤에 몰래 사위 수찬 공의 시체를 찾아내어 염습해 가지고 양근楊根 수리목 좌의정공左議政 公 묘소 우측에 장사했다.

이때 신씨 부인은 유배지를 떠나는데 유온乳?[4]이 데리고 따라온 아 들 7세의 윤경과 6세의 준경 형제와 함께 적소謫所에 이르러 곧바로 서둘러 아들 형제는 어머니 곁을 떠나 괴산槐山으로 유배되었다.

---

3) 현상賢相 : 어진 재상.
4) 유온乳媼 : 유모乳母.

형 윤경은 천성이 크고 넓고 아담하고 부드러워, 성질이 강하고 고집이 센 아우가 때때로 사납게 성내어도 순순히 타일러 인도하니 마을 사람들이 현명한 군자라고 하였다. 다음해 을축乙丑년에 하루는 주인집 실화失火로 아우 준경이 옷을 벗어 불에 다 태워버렸다. 유온이 이웃 마을에서 와서 불쌍하여 손을 잡고 울며 말하기를

"아가는 이제 입을 옷이 없으니 어떻게 밤을 지내지요."

하니 준경이 대답하여 말하기를

"그 옷에는 이가 많아서 내가 항상 고생하였다. 이제 다행히 불에 태워 밤에 편하게 자게 되었으니 유온은 염려 말라."

하였는데 말소리가 아무렇지도 아니하고 태연자약하였다 한다. 또 청안淸安(현 괴산)으로 옮겨졌다가 중종반정中宗反正으로 인해 3년째가 되는 병인丙寅년 가을에, 모자가 다 풀려나와 신씨 부인은 서울에 올라와서 아들 형제를 데리고 친정으로 가서 지내게 되었다. 판관공은 항상 외손자들의 머리를 어루만지며 딸에게 당부하기를

"이 아이들 형제는 기국器局이 기이하고 특수하여 장차 세상에서 뛰어나, 덕과 재능이 저명한 사람이 될 것이니 조심해서 기르고 보호하라."

하였다. 신씨 부인 또한 교육이 엄수하여 소학은 이미 5세 때부터 가르쳤고 효경과 대학을 주어 의방義方5)으로서 가르치고 항상 면려勉勵하여 말하기를

"고례古禮에 이르기를 〈과부의 아들은 드러난 재능이 있는 사람이 아니면, 그 사람을 벗으로 삼지 않는다〉 하였다. 너희 형제는 이미 의지할 곳을 잃었으니 나를 좇아 살되 한 가지 행동이라도 부족하거나 흠절欠節이 있으면 세상에서 버림을 받게 될 것이다. 십 배 부지런히 하여 가문의 명성을 떨어뜨리지 말라."

하고 구독句讀 하나 잘못 읽어도 회초리로 초달하니 아들 형제는 어머니 훈계를 공손히 받들어 싫어하거나 거역하거나 하는 얼굴빛을 일찍이 나타낸 적이 없었을 뿐 아니라, 이理가 아니면 행하지 아니하고 예가 아니면 보지도 듣지도 말하지도 아니하고 번잡한 곳이나 패례悖禮된 여항閭巷6)에는 출입하지도 아니하였다. 숭덕재는 무오戊午년에 동고는 기미己未년에 연년생으로 태어나, 한 살 차이로 외왕부外王父 문하에서도 함께 있으며 함께 배우고, 한 이불로써 함께 자며 한 밥상에서 함께 먹고, 붓 벼루도 함께 쓰며 서책도 함께 펴고 일용의 도구도 일찍이 네 것 내 것이 없고, 들어오면 반드시 함께 앉고 나가면 반

---

5) 의방義方 : 집안에서 아버지가 아들에게 주는 가르침. 의방지훈義方之訓.
6) 패례悖禮 : 예의에 어그러짐./ 여항閭巷: 백성의 살림집이 많이 모여 있는 곳.

드시 함께 가고 일찍이 한번도 서로 떨어진 적이 없었다.

또한 외조부를 따라 상주尙州 임소任所에도 함께 가서 황축제黃蓄齊 효헌孝獻 선생 문하에서 함께 배우고 약관弱冠이 가까운 15세·16세로 함께 돌아와서, 계유癸酉년에 숭덕재는 고령 신씨高靈申氏 현감 하종縣監河宗의 여女에게 장가들고, 동고는 갑술甲戌년에 풍산 김씨豊山金氏 양진楊震의 여女에게 장가들어 모부인母夫人은 둘째 며느리를 보니, 말이 온화하고 태도도 유순하고, 가르침을 성의 있게 들으니 극구 칭찬하였다.

때마침 불행하게도 친정아버님 판관공께서 돌아가셔서 며느리에게 하명下命하여 혼취婚娶를 갖추어 친정 남동생을 결혼시켜 한집을 마련하여 봉사奉祀를 맡게 하고, 친정과 시가 사이 음식의 공궤나 재산이나 비복에 이르기까지 구별 없이 지내게 하고, 아들 형제는 큰집 조카이며 한훤당寒暄堂 문하인 탄수灘叟 이연경李延慶 선생에게 취학하게 하였다.

아들 형제의 학문은 남을 위하는 학문이 아니라 나 스스로 몸을 닦는 위기지학爲己之學이었다. 두문불출하여 오로지 성현의 지취志趣를 함양하고, 의리지학義理之學의 거경궁리居敬窮理에 면면 역탐勉勉力探하여 학문이 날로 나아가 을해乙亥 병자丙子 양년에는 학궁學宮[7]에 출입하고 정축丁丑년에는 형제가 함께 정암靜菴 선생 사제私第에 가서 정암 선생을 배알하였다. 정암 선생은 대단히 좋아하시고 그 후 탄수

---

7) 학궁學宮 : 성균관.

선생에게 말하기를

"자네 집에는 쌍벽이 봉鳳과 같고 기린麒麟과 같아서 항상 좌
우에 두고 보아도 싫지 않겠더구나."

라고 하였다.

무인戊寅년에는 우인友人과 더불어 산사에서 주역周易을 읽을 때 조
남명曹南冥도 또한 함께 토론하였다. 신사辛巳년에는 집이 가난하여
모부인의 명령으로 봉록을 받기 위하여 벼슬길에 오르려고 여러 차례
장옥場屋8)에 굽혔으나 뜻을 이루지 못하고, 혹은 산사에 혹은 깊은 산
골 마을에 들어가서 형설螢雪 10년을 형제가 함께 갈고닦아 뜻을 높이
며, 밤새도록 대좌對坐하여 심신을 어루만지며 두 형제가 폐족弊族에
서 맨몸으로 살아남아 현달顯達은 원하지 않으나, 행여나 발신發身하
여 비관 박록卑官薄祿이라도 정직만 구했더니 신묘辛卯년 가을에 동고
가 등과하고 숭덕재가 사마에 뽑히어 잇따라 갑오甲午년에 석갈釋褐
하였으나 이 영화가 모부인에게 미치지 못하였다.

녹봉은 봉양에 따르지 못하고 모부인은 아들 형제의 지효至孝의 시
탕侍湯에도 백약百藥이 무효하여 갑신甲申년 정월 26일에 운명하였으
니 묘는 부군府君 묘에 부장附葬하였다.

그러나 신씨 부인은 아들 형제 교양에 평생을 마치고, 자신이 누리

---

8) 장옥場屋 : 과장科場에서 햇볕이나 비를 피하여 들어앉아 시험을 칠 수 있게 만든 곳.

지 못한 복을 자손에 남겨줌으로써 숭덕재는 형조판서에 이르고 동고는 영의정에 이르러 드높은 관작이 대를 이어가면서 자손이 번창하여 연산군의 혹화로 적족赤族이 된 가문을 다시 일으켜 수찬공은 아들의 귀貴로써 영의정에 증직되고 신씨 부인은 정경부인에 봉작되었으니 행장을 한원漢原 · 숭덕재崇德齋 동고東皐 유고遺稿에서 상고詳考하여 그 일단을 논술한 바이다.

신상철申祥澈 근찬謹撰[9]

---

9) 평산 신씨의 행장은 약 30년 전에 후손 신상철이 근찬한 것이다.

정재공 부수찬 증 영의정 비문

이공李公의 자字는 간중幹仲이요, 휘諱는 수정守貞이요, 호號는 정재貞齋 또는 소한재素寒齋인데, 광주인으로서 고려 말 집集의 후손이다. 증조는 우의정을 지낸 시충희공諡忠僖公 인손仁孫이요, 조祖는 형조판서를 지낸 광성군廣城君 시문경공諡文景公 극감이요, 고考는 판중추부사를 지낸 광양군廣陽君 세좌世佐이며, 비妣는 정경부인貞敬夫人 양주 조씨楊州趙氏인데 관찰사를 지낸 근의 따님이시다.

…(중략)

배 정경부인配貞敬夫人 평산 신씨平山申氏는 판관判官 신승연申承演의 따님으로, 현덕이 있어 두 아들을 명현明賢으로 가르치시니, 숭덕재崇德齋와 동고東皐 두 선생이시다.

갑자(甲子 1504)년 5월 13일 사화에 공의 부자, 형제, 숙질이 동시에 피화被禍되고 가옥이 파괴되고 사람이 죽었으나 아무도 감히 접근할 수 없는 참폭慘暴한 현장을 판관공判官公께서 구서지의리舅婿之義理[10]로 수찬공의 시신을 수습하여 자기 집 안 세장산世葬山에 안장했으니 그 은혜가 하해보다 깊도다. 불초不肖 명익命益이 수찬공 묘에 성묘했을 때, 평산 신씨들 선영이 좌우에 보이고, 가운데 수찬공 묘가 있어

---

10) 구서지의리舅婿之義理 : 장인과 사위 간의 의리

살펴보니, 청룡 백호青龍白虎가 둘러 쌓여 혈穴이 분명하게 맺혀 있고, 앞에 일자 문성一字文星으로 안산案山이 받혀 있어 명당明堂이 분명했다.

그러나 판관공께서 그 당시 사태를 볼 때 구서 지간의 정情을 특별히 표현할 수도 없었을 텐데, 그 옥쇄난분玉碎蘭焚[11]을 몹시 사랑한 나머지 묏자리를 선정하여 수장收葬하기로 결심했으니 그 의기를 매우 높이 평가할 것이다. 삼가 살피건데, 충정공께서 정헌공正獻公(형님이신 숭덕재공) 제사 때 글을 보면

> '외가에서 양육한 지 3주년이 되었고, 천일天日을 보고 돌아와서 외왕부外王父 곁에서 함께 자라면서 함께 배우고 함께 은조恩照를 입었다. 머리를 어루만지며 부지런히 학업 이루기를 기약했으며, 외왕부를 모시고 상주尙州에 수임隨任했다.'

고 했으니, 복소覆巢[12]를 당한 끝에 신근辛勤히 길러주시어 성립成立하여 국가 주석國家柱石이 되었고,

…(중략)

외선조外先祖 판관 부군 묘判官府君墓를 평산 신씨平山申氏 대표들과

---

11) 옥쇄난분玉碎蘭焚 : 충절을 위하여 깨끗하게 죽는다는 뜻.
12) 복소覆巢 : 새집을 엎어 알을 깨트린다는 뜻인데, 여기서는 아버지의 불행 때문에 아들까지 상한다는 뜻.

우리 숭崇 · 동東 양종회兩宗會 합의 하에 2002년 6월 15일 양서면 목왕리 78의 2번지 우리 세종산世宗山 경내로 이장하였으며, 매년 정재공貞齋公 시제일에 참사한 제관祭官 전원이 성묘하기로 하였다. 본문은 광리 대동보廣李大同譜에 의거 기록하였다.

갑신甲申 2004년 4월 12일

승 · 동 양종회崇 · 東兩宗會 짓고 세우다.